熬通宵也要读完的中国史

春秋小历——著

航空工业出版社
北京

内容提要

本书涵盖了王朝治乱兴衰的故事、帝王将相的传奇、才子佳人的往事、错综复杂又离奇曲折的古代案件等多个方面的内容，有历史的隐秘暗线、权谋较量的本质、拍案叫绝的案件剖析、小人物的史海翻卷、人性的阴晴冷暖，极具看点，让人不忍释卷，看见历史的细节，亦能观照现实，留下意味深长的叹息。

图书在版编目（CIP）数据

熬通宵也要读完的中国史 / 春秋小历著 . -- 北京：航空工业出版社，2025. 1.
ISBN 978-7-5165-3967-5

Ⅰ . K220. 9

中国国家版本馆 CIP 数据核字第 2024DV2043 号

熬通宵也要读完的中国史
Ao Tongxiao Yeyao Duwan de Zhongguoshi

航空工业出版社出版发行
（北京市朝阳区京顺路 5 号曙光大厦 C 座四层　100028）
发行部电话：010-85672688　010-85672689　读者服务热线：010-85672635

河北赛文印刷有限公司印刷　全国各地新华书店经售
2025 年 1 月第 1 版　2025 年 1 月第 1 次印刷
开本：710 × 1000　1/16　字数：358 千字
印张：23　定价：68.00 元

目录

第三章　穹顶之下的秘密，历史回声溯影

第四章　日月如磨蚁，万事且浮休——历史其实挺有趣

第一章

帝王的遗憾：是非功过，留待后人说

有些人活着，争的是一世之利，而有些人活着，留的是万世之名。

刘彻：未央宫变与巫蛊之祸

西汉征和元年（前 92 年），汉武帝刘彻在建章宫一觉醒来，突然发现一个陌生男子持剑站在宫门前，神色紧张，鬼鬼祟祟。

汉武帝当即大呼侍卫，不一会儿，一群侍卫闻讯而至，七手八脚一顿忙活，那持剑的男子反而趁乱逃跑了。

汉武帝大怒，把掌管宫门出入的门候处死。冬十一月，汉武帝又调动军队在未央宫大肆搜捕，结果却一无所获。

> 冬十一月，发三辅骑士大搜上林，闭长安城门索，十一日乃解。巫蛊起。(《汉书·武帝纪》)

这个神秘的男人，就这么消失了。

当时的西汉朝廷，丞相是公孙贺，公孙贺和汉武帝还有点亲戚关系。公孙贺的妻子卫君孺是汉武帝的皇后卫子夫的姐姐，所以公孙贺和汉武帝属于连襟。

公孙贺的儿子，叫公孙敬声。公孙敬声倚仗自己和皇帝是亲戚，在朝廷做官横行霸道、骄奢淫逸，甚至利用职务之便挪用军费供自己使用。你平时小打小闹皇帝还可以容忍，但是你挪用军费，汉武帝那肯定是不能容忍的，所以汉武帝很快就把公孙敬声关到了监狱里，听候发落。

儿子下狱，那么当父亲的自然会想办法救儿子。恰好，这个时候汉武帝正在全国搜捕阳陵大侠客朱安世，因为汉武帝怀疑朱安世就是前不久出现在宫门口的陌生男子。公孙贺立刻劝解皇帝别着急，我可以把朱安世抓住。

公孙贺请求负责追捕朱安世，想的是如果自己把朱安世给抓住了，把事儿给办好了，就算功劳一件，凭借着这份功劳，自己再向汉武帝求情，说不定汉武帝就能把儿子给放了。

朱安世行踪不定，很难追捕，但是公孙贺还真挺有本事，最终还是把朱安世给捉住了。

公孙贺以为自己捉住朱安世就能把儿子给保出来，没想到却遭到了朱安世的嘲讽。

朱安世对公孙贺说了这么一句话：

公孙丞相，你马上就要大祸临头，殃及全族了。

> 朱安世笑曰："丞相祸及宗矣。南山之竹不足受我辞，斜谷之木不足为我械。"(《汉书·公孙贺传》)

公孙贺压根没把朱安世的话当回事。

没想到朱安世真不是胡说，他在监狱里偷偷给汉武帝上书，揭露了一个惊天的大秘密。

> 安世遂从狱中上书，告敬声与阳石公主私通，及使人巫祭祠诅上，且上甘泉当驰道埋偶人，祝诅有恶言。(《汉书·公孙贺传》)

朱安世向汉武帝告发，丞相公孙贺的儿子公孙敬声和阳石公主私通，还偷偷在宫里扎木偶人给皇帝下蛊，以此来诅咒皇帝。

阳石公主，是汉武帝的女儿，公孙敬声和阳石公主私通，这就属于乱伦，是皇室丑闻，而扎木偶人诅咒皇帝，那更是重罪。

你扎个木偶人，然后在木偶人上写下汉武帝的名字，今天用刀割，明天用针扎，以此来诅咒汉武帝，这要是被皇帝知道，皇帝还不暴跳如雷。

朱安世这个人，史书上对他的记载不多，只知道他被称为阳陵大侠客，据《世说新语·自新》载："凶强侠气。"汉代所说的侠，不是行侠仗义，而是"以武犯禁"的意思。朱安世一直在民间混迹，没有什么政治背景和势力，他能知道这样的秘闻，实在是让人觉得奇怪。

汉武帝收到朱安世的告密之后，立刻开始对公孙一家展开调查，最终的结果是认定了朱安世的告密属实，于是公孙一家被灭族。

> 下有司案验贺，穷治所犯，遂父子死狱中，家族。(《汉书·公孙贺传》)

同时，这件事还牵连到了汉武帝的另外一个女儿诸邑公主及大将军卫青的长子卫伉，诸邑公主和卫伉都因此而死。

诸邑公主是汉武帝和皇后卫子夫的女儿，而卫青则是卫子夫的弟弟。

经此事件之后，卫氏外戚的势力基本被消灭。

我们很难说，这是皇帝的有心还是无意，但政治清洗已经发生，无可挽回。

但是，这事儿还没有彻底结束。

西汉京师长安城中的不安定因素仍在酝酿，长安方士云集，他们以旁门左道的奇幻邪术迷惑众人，结果这些东西传来传去传到宫里，开始在后宫的妃嫔之间盛行。她们纷纷开始扎起木偶人，诅咒和自己争宠的嫔妃。因嫉妒产生争执，便告发别人行大逆不道之事——诅咒皇帝。汉武帝知悉后大怒，数百名后宫之人及有牵连的大臣都被皇帝以操弄鬼神之名杀掉。

汉武帝老了，他已经不再是当年那个鲜衣怒马的少年郎了，他的精力一天不如一天，他的记忆力也明显开始衰退，鬼神之事在未央宫弥漫开来之后，老皇帝甚至患上了疑心病，他时常做噩梦，梦中有好几千个木偶人手持棍棒想要袭击他……

汉武帝由此开始怀疑，他身体和精神上的双重衰败，都是因为有人还在用某种异端的邪术诅咒他。

朝廷里有个叫江充的大臣，专门负责为汉武帝调查此事。他凭借汉武帝给他的无上权柄，肆意横行，到处以调查巫术为名随意嫁祸和逮捕大臣，堪称酷吏。的确参与过巫蛊之术而被江充查实和没有参与过巫蛊之术而被江充陷害的人不计其数，据史料记载，江充直接或间接害死的就有几万人。

可随着汉武帝的状态不佳，江充也陷入了一场巨大的危机之中。

江充素来和汉武帝的皇后卫子夫以及太子刘据不和，唯恐老皇帝驾崩，刘据登基后针对自己，于是便在汉武帝面前污蔑皇后卫子夫和太子刘据，声称母子二人都参与了扎木偶人诅咒汉武帝晏驾的邪恶活动。

消息传到刘据的耳朵里，刘据的第一反应不是顾及自身的安危，而是认为，未央宫里有大事发生。

江充通过罗织构陷的手段已经将刘据的罪名坐实，如果刘据认罪，那就是大逆不道，死路一条。

刘据怀疑，父亲汉武帝很有可能已经晏驾，而江充则秘不发丧，掌握了最高权力之后想要害死自己。

刘据很着急，但是他也没什么主意，于是他干脆找到了自己的老师石德。

石德和刘据说了很多，但是总结出来大概就是一句话：

天与不取，反受其咎，时至不迎，反受其殃，这先下手为强，后下手遭殃，难道殿下忘记秦始皇帝驾崩而赵高假传圣旨赐死长子扶苏的事情了吗？

在石德的劝说之下，刘据终于奋起反抗，杀掉了江充。

然而刘据的这个行为引起了更大的变故，因为太子刘据杀掉汉武帝刘彻指派的臣僚，即会被视为是谋逆的具体表现，更加糟糕的是，众说纷纭，汉武帝在宫里得到的消息是太子刘据已经谋反了。

当然，汉武帝这个时候虽然有点老糊涂了，但总不至于失去理智，所以他的意见是，太子未必谋反，而是被江充因巫蛊之事杀灭臣僚的事情给弄得害怕了，所以才会出现这样的过激反应。

因此，汉武帝旋即派出使臣，让使臣把太子刘据领进宫里来，他要当面问清楚。

但是，被派出去的使臣认定刘据已经谋反，他害怕自己去请刘据不成，反而被已经谋反的刘据杀掉，所以使臣压根就没去，出去溜达一圈就回来了，之后更对老皇帝打起了小报告，说刘据已经造反，还要杀掉我，幸亏我命大，这才逃了回来。

终于，在使臣的误导之下，汉武帝相信了刘据谋反，于是派出丞相刘屈氂带兵讨伐刘据。

甚至，刘屈氂的手上还有汉武帝亲自加盖玺印的诏书。

但是，就如同当年的公子扶苏不相信权宦赵高捏造出来的矫诏一样，刘据根本就不相信自己一向敬爱的父亲竟然会发兵攻打自己，所以坚信一定是未央宫里出现了变故，或许是汉武帝已经被控制，甚至汉武帝已经驾崩，因此导致权臣作乱，奸恶之人深居幕后，操弄权柄，想要趁机杀掉自己。

于是，刘据开始领兵和丞相刘屈氂在长安城中混战，双方交战五日有余，死伤数万，最终刘据不敌，只好出走长安逃亡。

刘据起兵，靠的是母亲卫子夫的帮助，卫皇后给了刘据象征着皇后实权的印玺和绶带，刘据才能调动一些兵力和朝廷抗衡。但卫子夫并非想要帮助刘据谋反，而是因为卫子夫同样相信一定是宫中出现了变故，有奸人作乱。她的行为不仅仅是基于母亲对儿子的天性之爱，更因为她相信刘据不会是悖逆父亲的恶徒，他的行为一定是正义的。

但最后，兵败出逃的刘据也意识到了自己判断失误，父亲汉武帝仍然健在，并且仍然大权在握，是自己陷入了扶苏之死的典故之中，由此才做出了错误的判断。倘若当时江充构陷自己时，自己可以冷静处理，第一时间找到汉武帝做出解释，就不会走上今天的这条道路。

更加残酷的事实是，未央宫戒备森严，即便贵为太子，没有皇帝的召见，也无法和皇帝见面。

最终，刘据选择了在长安城外悬梁自尽。从某种程度上来说，他是被逼死的，因为，他已经失去了所有的退路。

同样，皇后卫子夫更加没有办法解释自己给予刘据皇后玺绶，帮助刘据调动军队的行为，她无以言明，最终选择了以死明志，也在宫里自尽了。

后元二年（前 87 年），巫蛊之祸四年后。

这是雄才大略的汉武帝生命的最后一年。

他比以前更加衰老了。

杀掉了自己宠爱的钩弋，逼死了卫子夫和刘据母子，仇视过那个永远不可能回来的李陵，也残酷地处罚过那个敢直视自己的司马迁。

每一个人的谢幕和离去，都让汉武帝更加衰老，仿佛每一个人告别之际，都会从汉武帝生命中取走一些东西。

他也很后悔，不然也不会有后来的那份《罪己诏》。

他已经头晕眼花，虽然已经迈不开步，挪不动腿，可是，汉武帝仍然很自负。

他这一生啊，打过闽越，征讨过匈奴，出兵过南越，兵指西羌，马到南夷，降服朝鲜，剑指大宛。

常年的穷兵黩武，把西汉的社会民生逼迫到了濒临崩溃的状态，可也让那些他能在地图上看到的地方和他在地图上看不到的地方，都成为他的疆土。

东方朔、桑弘羊、窦婴、田蚡、卫青、霍去病……他曾经得到过很多，也曾失去过很多。

生命中的最后一刻，除了坦然地面对死亡之外，汉武帝会不会想起当年那个青葱烂漫的十六岁少年呢？

光阴百代，流水浮生，朕还有很多，想要做的事……

参考文献

1.《资治通鉴·卷第二十二》

2.《汉书·金日磾传》

3.《汉书·武帝纪》

4.《汉书·武五子传》

5.《汉书·卷六十三·武五子传第三十三》

朱元璋，早已走下神坛

很多人对于朱元璋的印象，一直停留在一幅十分热血的画面上，那就是：当元末农民起义的战火席卷中原大地，当“虎贲三千，直抵幽燕之地，龙飞九五，重开大宋之天”的口号响彻四海天边的时候，正在皇觉寺里敲钟的朱元璋立刻响应起义，奔赴战场了。

似乎，朱元璋就是为了造反而生的，似乎他承受了这么多年人生苦难的原因，就只是为了等待这一刻。这样的朱元璋形象，难免有些失真。

虽然朱元璋的父母及诸多亲人都死于元王朝残暴不仁的黑暗统治，虽然在封建帝制的压迫下，朱元璋成了孤儿，做过和尚，流浪过，乞讨过，虽然朝廷已经把朱元璋逼到了一个无法想象的境地，但朱元璋从来没有想过要造反起义。他在皇觉寺中唯一的盼头，就是每天晚上那顿谈不上特别丰盛的晚饭。吃饱饭，这不只是朱元璋一个人的梦想，也是那时节百姓们的普遍想法。

活在当下这个时代的我们，可能已经很难想象到，挨饿是一种什么感觉，饿死又是一种什么滋味。析骸以爨，弹尽粮绝，似乎离我们很遥远了。然而，在漫长的封建时代，挨饿却是常有的事儿。

千年前的先贤孟子一生所追求的最高理想，只有一句话，“乐岁终身饱，凶年免于死亡”。

意思是，平时大家都能吃饱饭，灾荒年月，只要不被饿死就可以了。

然而，这个看起来似乎有点可笑的“崇高理想”，穿越强汉、盛唐、富宋、大元，直到在朱元璋的时代，也未能彻底实现。

中国人对“吃饱饭”，是有执念的，在全世界范围内，只有中国人打招呼的其中一种方式是：吃了吗？

皇觉寺中的暮鼓晨钟或许真的有别于外面的兵荒马乱，所以在不长不短的僧侣生涯中，朱元璋似乎在这种东方哲学的教育下得到了某种启迪，使他觉得，自己这么多年来承受苦难和折磨，并非因为自己做错了什么，而是有着超越当前时间和空间的，更为深邃和神秘的理由。

所以，朱元璋从来没有想过要起义，而且还在建立大明，成为皇帝之后不止一次强调过：“元主中国百年，朕与卿等父母皆赖其生养……”

这句话的意思是，朱元璋一直认为，元朝是封建正统，朝廷里的百官，以及自己，包括自己的父母亲人，都是靠着元朝的庇佑才能生存下来。

所以，对朝廷持这种态度的朱元璋会去造朝廷的反，源于一个契机。

什么契机呢？他幼时的好友兼玩伴汤和在已经参加义军并且取得了一定成就的前提下，给朱元璋写了一封书信，邀请他入伙，跟着自己一起干。

一般来说，剧情应该是这样的：朱元璋读完书信之后心潮澎湃，久久不能自已，当即在自己那一间破旧的卧室的墙上写下了一首反诗，然后扬长而去，直接就去投奔汤和了。因为，总是挨欺负、受折磨的朱元璋窝窝囊囊地活了二十多年，好不容易有这么一个可以翻身、改变自己命运的机会，若不让他这么做，观众看着心里都憋气。

然而，真实的历史就是这么憋气。

看罢汤和写给自己的信后，朱元璋的心情十分平静，不仅十分平静，甚至感觉有点无聊。他认为，汤和不是在拉他共富贵，而是要把他拖下水，所以他一言不发，直接就把信给烧掉了，然后接着去扫他的地，磕他的头，撞他的钟。

是啊，朱元璋为什么要造反？虽然他在皇觉寺里做长工总是被其他师兄欺负，虽然开饭的时候自己只能最后一个上桌，往往还要吃其他人的残羹剩饭，但至少自己不挨饿了、不受冻了，自己有地方睡觉了，自己不用再流浪了，换作以前那个家破人亡的朱元璋，这样的日子他是想也不敢想的。

虽然活得不好，但至少能活下来，那朱元璋凭什么要造反呢？造反不是凭一腔热血，造反更不是家常便饭，造反是封建帝制时代下危险系数最大的一项活动。

古来功败垂成者多，而功成名就者少，他朱元璋凭什么拿自己的命去赌一个不确定的明天？

是的，在这样的关头，朱元璋没有展示出他的英雄气概，也没有迸发出他的豪情万丈，他所表现出来的，只有恐惧和犹豫，胆小和怯懦。

诚然，这看起来似乎并不光彩，不符合他作为中国历史上最为传奇的皇帝之一的光辉形象，但这才是一个正常人的正常反应。

我们不得不承认，我们往往把造反起义想象得太过简单了。

造反是把头别在裤腰带上过日子，是血淋淋的现实，而不是玩游戏。游戏输掉了可以重来，打不过可以续命，实在玩不下去，还可以随时结束。然而，在这个残酷无情，分分钟能把人的骨头吃得一根不剩的世界面前，朱元璋只有贱命一条。那么敢问，如果是你，你会怎么选？

前人不知后人之思，而后人亦不知前人之失，但我们可以想象得到，朱元璋在收到书信的那一夜，一定是辗转反侧，彻夜无眠。而当太阳照常升起时，朱元璋终于做出了决定：造反与我无关，我要接着做和尚。

一个人自己无法做决定的时候，往往会选择抛硬币。抛硬币的巧妙之处在于，你无须知道硬币的正反，当你抛出硬币的那一刻，你的心里就已经有了答案。朱元璋很穷，至少在那时他一枚硬币（铜板）也拿不出来，所以当他无法为自己的人生做出决定时，命运将会给予他新的指引。

早上起床，寺庙里的师兄告诉他，皇觉寺里已经有人知道你要投义军的消息，正准备到官府去告发你。事情发展到这一步，朱元璋才意识到，现在已经不是自己反不反的问题了，而是如果不反，自己就会被官府抓住杀头的问题。由是，在这种万般无奈、走投无路、极不情愿的境地下，朱元璋一咬牙一跺脚，反了。

这是一幕典型的逼上梁山，贫农朱元璋终于和过去那个胆小懦弱的自己划清了界限，走上了一条全新的道路。

这世上没有注定的英雄，也没有注定要去做的事情，有的，只不过是在命运的十字路口走向不尽相同的道路的苦命人。

这个苦命人当了皇帝之后，可以说是广受好评。

有人说，朱元璋是对百姓最好的皇帝，因为他制定了“三十税一”的极低赋税，他还定下了绑缚送官、剥皮实草的规则，可以说是爱民如子。

“绑缚送官”，是指朱元璋破天荒地施行了一条在现如今看起来都十分魔幻的政策，那就是，如果平民百姓觉得大明的某一位官僚贪污腐败，可以直接拿绳子把这位官员给绑了，然后把他送到朱元璋的面前来治罪。路途近的，沿路关隘不得阻拦，一律放行；路途远的，各地驿站还要奉送上一些银钱当作路费。

“剥皮实草”，是指朱元璋裁定，官员贪污六十两以上就要斩首，而被斩首的官员往往又会被完整地剥下皮肤，然后填充柴草，做成“稻草人”，放到各地州府道台的门口以儆效尤。

这些内容，可以说是一部分明粉老生常谈的内容了，他们也会因此得出“朱元璋是千古仁君，治国奇才，同时是对百姓好到骨子里的皇帝”这样的结论。

然而，事实真的是如此吗？

宋朝百分之七十的赋税都来自商业，元人粗犷，但也没有限制工商业的发展，然而朱元璋却开起了历史的倒车，限制商业发展，还搞起了海禁政策。

宋时的殉葬制度已经基本销声匿迹，人文关怀开始渗透到君王的宝座之上，然而朱元璋却恢复了这残忍的人殉制度——“太祖崩，伺寝宫人尽数殉葬”。

朱元璋即位后，曾经在他的老家凤阳兴建皇宫，最后却因为对基建并不满意而一怒之下杀害了几千名工匠。

坊间曾经流传过一幅朱元璋的妻子孝慈高皇后马氏的画像，把马氏的脚画得很大，朱元璋认为这是在污蔑皇后，盛怒不已，于是下令严查，但查来查去查不到具体责任人，索性把一整条街的人都杀了。

而这，只不过是凤毛麟角，翻遍皇帝所著《御制大诰》，你会发现更多由朱元璋所制造出的千奇百怪且并不合理的血腥案件。

他的确爱民如子，但并不妨碍他杀人如麻。比如，我们熟知的洪武四大案，空印案死了一万人，胡惟庸案死了三万人，郭桓案死了一万人，蓝玉案死了一万五千人，四桩案件加起来，死了五万五千人。这也就是说，朱元璋执政三十一年，平均下来，每天他就要杀掉将近五个人。这五个人里，有多少是真的罪有应得，又有多少是死于朱元璋的滥杀？

在得知了这些真相之后，你还会认为朱元璋是一代明主，是一位仁君吗？他还能在你的内心中存留完美无瑕的形象吗？手段残忍，杀人如麻，简直可以说是一个刽子手。

那么问题来了，朱元璋为什么这么热衷于杀人？

其实，这个答案很简单，那就是，童年和少年时代的凄苦遭遇，使得他缺失了人性构成中很重要的一个因素——信任。

他不再信任他的子民，所以他会因为各种各样的原因杀掉无辜的百姓。

他不再信任他的臣下，所以只要朝堂上稍微有那么一点点的风吹草动，都会挑动他敏感不安的神经。

他要捍卫皇权，要统治王朝，他要澄清吏治，他要四海升平。

他要全天下都无条件服从他的意志。

从安徽凤阳太平乡孤庄村走出来的朱元璋，他太过了解民间的疾苦，也太能体会底层人民的艰辛和不易，所以，就算他已经成为最高级别的统治者，他也无法和统治阶级站到一起，反而会屠刀向内，清算那些贪官污吏。

然而，百姓们也未必会接受他，当他在南京城内登殿受贺，俯瞰山河万里，静听山呼万岁时，人们只会恐惧这个据有天下的王，谁能想到，这曾经是一个痛失双亲，沦为孤儿，在皇觉寺里被监寺毒打，在流亡路上和野狗抢食物的人呢？

或许，只有朱元璋自己在镜子中看到自己那一张粗粝的脸庞时，他才能想到，自己是从何其卑微的地方爬上来的。

是的，大明王朝的开国皇帝，历史上最为传奇的帝王之一的朱元璋，他从来就没有从当年那个雷电交加的风雨之夜中走出来。

父母双亲骨瘦如柴、活活饿死的画面不断地在他的脑海中浮现、盘旋，使得他心碎，使得他痛苦，使得他不安，使得他在长夜中的沮丧和狰狞永远无法消弭。

这，才是朱元璋。

参考文献

1.《御制大诰》

2.《明太祖实录》

3.《国榷》

4.《明会典》

5.《大明律》

乾隆：我爱永失，永失我爱

很多人认为乾隆皇帝是一个十分多情、滥情，并且对爱情不抱有尊重的帝王。清宫剧里的乾隆往往妻妾成群，前呼后拥，皇帝本人更是始乱终弃，喜新厌旧，见一个爱一个。

这样的民间和文学艺术形象，对乾隆来说显然是不公平的。

事实上，乾隆并不是一个毫无下限、没有尺度的多情种，相反，他是一个十分痴情的人。虽然后妃众多，但乾隆皇帝一生之中只爱过一个女人，那就是他的第一任妻子——孝贤纯皇后富察氏。

雍正五年（1727 年），富察氏嫁给了宝亲王弘历，也就是后来的乾隆。不过，虽然富察氏当时是弘历的嫡福晋，后来还成了乾隆皇帝的第一任皇后，但史书上对她的记载，其实并不是很多。

史书上说她“恭俭，平素以通草绒花为饰，不御珠翠”，意思是说富察氏虽然地位尊崇，是人上人，但她平时性格温顺，生活简约，从来不用金银或者珠玉来点缀自己，而只简单佩戴一些通草绒花来略加修饰。

“由俭入奢易，由奢入俭难”，身为皇后能过得这么朴素，已经非常难得。然而史书又说她“以鹿羔绒制为荷包进上”，意思是富察氏会用动物的皮毛制作成荷包，然后赠送给丈夫乾隆。

取动物之皮毛做成荷包馈赠家人，这是后金女真人的一种古老习俗和传统，后人如此，是为了表示自己不忘祖先创业之艰辛。

惶惶满洲权贵，能做到这一点的，其实寥寥无几。

不论是皇室子弟，还是满洲八旗，自从跨过山海关，入主紫禁城之后，都开始变得懒散懈怠。有些八旗子弟的弓马本领已经荒废，不能作战，有些甚至出生就不学满语，乾隆皇帝对此盛怒无比。他认为满洲勇士已经被安定和富足磨灭了当年的勇敢和勤劳，所以登基之后，立刻对这些不精通满语和骑射的八旗子弟予以严重的处罚。

在这方面，富察氏和丈夫乾隆一直是心意相通的。

我们可以看一下，乾隆本人对于富察氏的评价：

> 宫闱内政，全资孝贤皇后综理，皇后上侍圣母皇太后，承欢朝夕……自妃嫔以至宫人。无不奉法感恩。
>
> 朕之得以专心国事……皇后之助也。

后宫内政，都是富察氏打理，侍奉母亲，也是富察氏操劳。宫人对富察氏一致的好评，我能做好这个皇帝，更要多亏富察氏的帮助。

然而，就是这样一位贤后，不过三十六岁就薨逝了。

痛失爱妻，乾隆悲伤无比，还专门写下了一首《述悲赋》来纪念富察氏。

乾隆是一个很爱写诗的人。据不完全统计，乾隆一生写了四万余首诗歌，而诗歌最盛的唐朝，终唐一朝两千多位诗人笔耕不辍，也不过写了五万多首。

唐代诗人张若虚用一首《春江花月夜》达到了孤篇盖全唐的境界，而乾隆虽然诗过四万，但绝大多数诗作的质量，实在是一言难尽。

比如，乾隆所作《咏花》，如今读来，难免让人发笑：

> 一朵两朵三四朵，五朵六朵七八朵。
>
> 九朵十朵十一朵，飞入草丛都不见。

乾隆不是陆游，即便他有陆游的精力，也没陆游的才华，然而他给富察氏写下的《述悲赋》却是一个意外。

《述悲赋》的开篇，是这样写的：

> 易何以首乾坤？诗何以首关雎？惟人伦之伊始，固天俪之与齐。
>
> 念懿后之作配，廿二年而于斯。痛一旦之永诀，隔阴阳而莫知。

为什么《易经》一开篇就讲乾坤？为什么《诗经》头一首就是关雎？乾坤就是阴阳，阴之谓女，阳之谓男，讲阴阳，就是讲男女，而关雎则是描写男女爱情的诗词。

乾隆认为，夫妻是一切人伦的开始。这样的想法，很显然是和传统儒家背道而驰的。因为，儒家的第一位是父与子，第二位才是夫妻。清朝当然也尚儒，但从山海关外崛起的他们，却从来不屑于假道学。清太宗皇太极得知自己的妃子海兰珠薨逝，一头昏死过去，而清世祖福临在爱妃董鄂氏病逝后更是精神恍惚，茶饭不思，很快因病驾崩。而现在乾隆失去了富察氏，年轻的皇帝内心更是痛苦不堪。

对所爱之人身后之事唯一能做的，就只剩下了厚葬。

然而，清朝有关皇后丧仪的规格在《会典》中早有明确记载，因圣祖康熙的皇后赫舍里氏病逝时正值三藩之乱，战况紧急，如果天下举丧，难免人心动摇，因此规定皇后薨逝，丧仪一切从简。这条规定从康熙始，一直到雍正的皇后乌拉那拉氏病逝，遵循至今，从未有过例外。然而乾隆为了追忆爱妻，却打破了祖制，为富察氏举办了盛大的殡葬仪式。

各省文武官员进京哭丧三日，百日内不准剃头，着孝服二十七天，停止嫁娶，全国陷入一片哀悼之中。并且，在这巨大的悲痛之中，乾隆皇帝的性格也逐渐发生了改变。

由于清朝是辫发，所以基本上十来天就要剃一回头，但皇帝下令官员百日不得剃头，因此在皇后之丧中，许多人不以为然，仍然照常修剪头发，皇帝盛怒，立刻把顶风作案的江南河道总督周学健和湖广总督瓜尔佳・塞楞额处死。

要知道，前者是一品高官，后者则是封疆大吏，如此重要的官员，只不过因为灵前不敬就被皇帝处死，这反映出当时的乾隆，内心已经完全被悲愤所控制。

再比如，大学士阿克敦因为在给富察氏死后写的册文中出现了一些微不足道的语句错误，乾隆二话没说，就把这位老臣判了绞监候。

又比如，乾隆认为给富察氏制造的宝册不够精美，于是工部全体官员被叫来问责。乾隆认为用来祭祀摆放的桌子不够整洁，于是把光禄寺的官员一律降职处理。

不仅仅是官员，因为皇后之死，乾隆对自己的子嗣们也有了很大的脾气。

皇长子永璜和皇三子永璋因在皇后的葬礼上表现得不够悲痛，被乾隆训斥。因为这件事，乾隆甚至在公开场合宣布：

> 此二人断不可承继大统……伊等如此不孝。

就这样，这两位皇子永久地失去了竞争储位的机会。

在父亲威严的斥责之下，皇长子于两年后在恐惧和不安中病逝。

因富察氏之死而受到乾隆处罚的官员不下百人，从大学士到巡抚，从总督到尚书，再到底层小吏，大清王朝的所有官员在此时此刻都感觉到了乾隆的心理失衡。

在乾隆初登帝位的很长一段时间里，他一直是一个风度翩翩、温文尔雅、十分仁慈且很有自制力的皇帝，官员们想不到，他居然会有如此残忍和冷漠，甚至稍微有些变态的一面。

为什么死去的人已经获得了永久的解脱，而生者却还要承受这难以预料的威严？

试问，乾隆皇帝为什么会变成这个样子？

答案很简单，因为乾隆爱他的妻子富察氏。

鲁迅曾说："人类的悲欢并不相通。"

但在乾隆的心中，富察氏的死无异于天塌地陷，他不明白，为什么别人不伤心？为什么别人不难过？为什么别人不能理解他的痛苦？

在残酷的封建帝制时代，皇帝对皇后、妃嫔的感情是复杂的。君主，是集权专制的代表，而乾隆作为封建专制的集大成者，本质上他应该对爱情、亲情这一类的东西看得很淡。所有的感情，都应该是为权力服务的手段。比如，乾隆对他的第二任皇后乌拉那拉氏就满不在乎，乌拉那拉氏薨逝时，乾隆甚至没有停止自己的出游和狩猎活动。

两者比较，高下立判。

无论如何，清高宗爱新觉罗·弘历，在富察氏病逝的乾隆十三年（1748 年），心态发生了巨大的变化。从这一年开始，乾隆不再葆有年轻人乐观积极的心态，而是变成了一个雷厉风行、手段残忍狠辣的人。

乾隆开始极力调整官场结构，澄清吏治，性格也开始逐渐暴躁，以前可以用细水长流的方式来解决的事情，他也开始趋于暴力。

妻子的死，逐渐演变成了一场改变历史走向的政治风暴。

嘉庆四年（1799 年），乾隆已经八十七岁高龄，这是他成为太上皇的第三年，也是他生命旅程的最后一年。

这一年，他写下了这样的诗句：宪书登寿八旬七，青邸成婚七十年。

这个已经有点糊涂的老人，浑浑噩噩且昏眊重腿，但却还是能回想起，自己七十年前在宝亲王府成婚的美好时光。

我爱永失，永失我爱。

或许，这才是一代帝王内心的写照。

参考文献

1.《清实录乾隆朝实录·乾隆帝册立嫡妃富察氏为皇后册文》

2.《清史稿·列传·后妃》

3. 姚元之（清）.《竹叶亭杂记·卷一》

顺治：我只爱美人，我不要江山

顺治皇帝有位妃子，董鄂氏，世称董鄂妃。

“董鄂”，属于满洲八旗中的固有姓氏，满文翻译过来的意思，是一种生长在水中的野草。

人的名字，其实只不过是一个代号，你可以起一个好听的名字，但你未必能有如你名字含义那样的人生。

然而，董鄂妃的命运就如她的名字一样，如风中残烛，如雨中落叶，如水中浮萍。

冥冥之中，她的命运成为一种注定。

满洲分为八旗，也就是八支军队，八旗军队不打仗的时候是在土地上耕种的百姓，而打仗时，则是在战场上骁勇善战的士兵。八旗是清人的社会组织模式，也是清朝的根本制度。

八旗中，正红旗、镶红旗、正蓝旗、镶白旗、镶蓝旗属于下五旗，地位较低；而镶黄旗、正黄旗、正白旗属于上三旗，地位较高。董鄂氏属正白旗人，是根正苗红，地位相当不错的八旗子弟。

并且，董鄂氏的父亲鄂硕还是正白旗中的高级军官，他常年在苏州、杭州、湖州一带驻兵，所以鄂硕的家眷一直都在江南地区生活。

所谓“树挪死，人挪活”，和那些喜欢在辽东过老婆孩子热炕头的女真人不同，董鄂氏在这片江南水乡温润之地受到了大量的江南士族文化熏陶，使她快速从无知少女转变为极具文艺气息的女子。在清朝满洲世家的女子中，董鄂氏这种秀外慧中、饱读诗书、深受汉文化熏陶的女子，可以说是寥若晨星，十分难得。

巧的是，此时的清朝皇帝顺治，也是个实打实的文学爱好者。

所以，顺治皇帝只不过是在人群中多看了董鄂氏一眼，从此就再也没能忘掉她的容颜。

顺治十三年（1656年）八月，顺治选中董鄂氏，册封其为“贤妃”。

要知道，紫禁城里的女人千千万，那可不是谁都能见皇帝一面的。

从紫禁城宽大的甬道走到宫殿内苑，距离其实并不算特别遥远，但有些人为了这短短的距离，却要奋斗一辈子。

多少秀女前赴后继地入宫，却终年未获圣眷，最终只能老死宫中，然而董鄂氏却一步到位，直接就封了妃子。

其实，中国历史上的一部分皇帝，长相很一般，甚至有些是十分丑陋的。董鄂妃天生丽质，美貌非凡，顺治皇帝则是当时备受推崇的英俊才子。如顺治和董鄂氏这种天造地设的佳偶，还真是不太多见。

同年十二月，皇帝晋升董鄂氏为皇贵妃。

读史到此，不禁感叹，这样的升迁速度，有清一朝都极为罕见。

封完皇贵妃之后，顺治还不满意，又对董鄂氏的亲族大加封赏，赏赐的奇珍异宝、古玩字画不计其数，单是黄金就给了一百六十两。不仅如此，顺治还在紫禁城里为董鄂氏举行了盛况空前的册封典礼，还专门在典礼当天大赦天下。

有清一朝将近三百年的时间里，因为册立皇贵妃而大赦天下的，这是第一次，也是最后一次。

这一年，顺治皇帝十九岁，董鄂氏十八岁。

两个站在帝国金字塔顶尖的年轻人，就这么轰轰烈烈地相爱了。

事实证明，顺治没有爱错人。因为董鄂氏不仅很快为顺治诞下了子嗣，还时常在平常的生活和工作中帮助顺治。

首先，我们来说这个孩子。

董鄂氏产子，可喜可贺，可十分不幸的是，孩子出生不到一个月就夭折了。

痛失爱子，顺治皇帝又按捺不住对董鄂氏的偏爱，直接把这个夭折的孩子追封为和硕荣亲王。一月不足而死后封亲王，这已经是超越清朝祖制的存在了。但顺治还不罢休，之后更是耗费了大量的人力、物力，为这个孩子修建了华丽的陵寝。

接下来，说一说顺治皇帝这个人。

顺治的父亲皇太极不仅走得很早，而且走得十分匆忙，一句遗嘱也没留下，懵懂无知的顺治皇帝六岁登基，面对主少国疑的境况，分外迷茫。在顺治的童年和少年时代里，他被两个人牢牢地钳制着，一个是他的叔父多尔衮，另一个是他的母亲孝庄太后。多尔衮主外，牢牢掌握军政民大权，孝庄太后主内，严格规范顺治的言行举止。坊间更有传闻，说孝庄太后和多尔衮有私情。综合以上信息，你大概也能知道，顺治当时过的日子，那是很苦闷的。

虽然后来多尔衮骑马外出狩猎时，因骑马过快而出了“马祸”，从马上掉下来死了，但得到部分实权的顺治皇帝仍然是寂寞的。

就在这个时候，董鄂氏出现了。

董鄂氏的温柔和理解润泽了顺治的心，如同春风拂过泸沽湖，秋雨浸润九寨沟。

通过顺治后来一系列想要出家的行为，我们可以得知，他其实是不太喜欢当皇帝的。而此时的大清，刚刚定鼎中原，可以说是百废待兴，事务繁忙，急需励精图治。一个不太想做皇帝的皇帝遇到了一个亟待发展的帝国，可把顺治给累坏了。

顺治登基那年，明朝最后一位皇帝崇祯，在景山自挂东南枝。虽然一个是末代皇帝，一个是开国之君（名义上的），但这两位的人生却有着很多相似的地方，比如，对权力的渴求，纠结的心理，优柔寡断的性格……

顺治一直认为，多尔衮是他人生中最大的阴影，在他消灭掉多尔衮之后，他以为自己已经走了出来。可他不知道，在他死后，他还会碰到生命中更大的一个阴影，那就是，那个成就远远要大于他的康熙皇帝。

死后之事自不必说，我们先来看从前。

政务繁杂，始终处理不完。奏折堆成山，看完一封，还有十封，顺治没有办法，往往只能熬夜加班。有时候为了赶效率，一封奏折草草看罢就扔到一旁，而陪伴在顺治身边的董鄂氏总是会苦口婆心地劝顺治做事要认真，不能这么马马虎虎，而当顺治提出要董鄂氏帮他批阅折子时，董鄂氏又会严词拒绝，表示后宫不能干政。

有妻如此，夫复何求啊。然而天公不作美，董鄂氏很快病倒了。都说女本柔弱，为母则刚，而原本生性刚强的董鄂氏却因百日丧子的痛苦而病倒了。

顺治十七年（1660 年），董鄂氏病逝。

董鄂氏一死，顺治皇帝内心极度悲伤，甚至要求朝廷中四品以上的官员都必须来宫里哭丧。

这个年轻的皇帝曾把所有炽烈的感情全都倾注到了董鄂氏的身上，然而，现在一切都结束了。我们必须承认，从他和董鄂氏的生活记录来看，他可以称得上一个深情的男人。

慧极必伤，情深不寿啊。

男人的深情，不是家里那种只要刷了水卡就能取之不尽的自来水，而是如燕子，当它垒成了一个燕窝之后，从嘴里吐出的，不再是唾液，而是淋漓的鲜血。

董鄂氏病逝后不过半年时间，顺治皇帝就感染上了天花，很快生命垂危，命不久矣。天花作为一种烈性传染病，在当时是不治之症，一旦得病，必死无疑。一般来说，知道自己死期将至，人都是很惶恐的。然而，顺治在知道自己将死的消息后，却分外平静。

顺治十八年（1661 年）正月初七，新年的氛围正笼罩在这片大地上，夜半，顺治驾崩，走得悄无声息。如天空中绽放的烟花，转瞬即逝，似乎刚刚出现，似乎从未来过。他坚信，他深爱的董鄂氏会在另一个神秘而悠远的世界里等待着他。在那个世界里，没有忧愁，没有焦虑，没有繁重的工作，没有作为一代帝王、作为征服者的失落，没有寂寞悲凉，只有长相厮守的爱人。

多年前，他曾经发出过“十八年来不自由，南征北讨几时休”的感叹。而现在，他终于可以“我念撒手归山去，谁管千秋与万秋”。

作为一个传统意义上还颇有作为的明君，王朝能否千秋万代，居然从来都不在顺治皇帝的考量之中。

我只爱美人，我不要江山。

这，可真浪漫。

参考文献

1.《清代皇帝传略》

2.《清太宗实录・卷六十三》

3.《清世祖实录・卷一》

4.《清史稿・卷四・本纪四》

5. 吴晗 .《朝鲜李朝实录中的中国史料》

6. 昭梿 .《啸亭杂录・卷一》

李煜：南唐遗梦与词中天子

开宝七年（974 年），南唐后主李煜给宋太祖赵匡胤写去书信一封，要求赵匡胤释放被扣留在北宋做质子的李从善。

李从善，是李煜的弟弟。

李煜在书信上极尽恳求之情，但是赵匡胤并没有答应他的请求，因为对赵匡胤来说，这种事儿根本就没有必要。

开宝七年，已经是五代十国的尾声，只剩下吴越、南唐、北汉、北宋这四个政权。

北宋一家独大，统一已成定局，对赵匡胤来说，结束五代十国的乱世只不过是时间问题了。

吴越富庶，但和北宋一直关系暧昧；北汉弱小，只不过是辽朝扶持的伪政权。你南唐就算是有心和我北宋叫板，你有什么资本？我凭什么把你弟弟还回去？

诚然，和那些随波逐流或者屈身事贼的割据政权帝王不同，李煜的心里是有执念的。

五代十国这些大大小小的政权，得国要么是靠兵变，要么是靠谋逆，要么是唐末时期的军阀完成了身份上的转变。但南唐不同，南唐的开国皇帝李昪，据他自己说，他是唐宪宗李纯的儿子，建王李恪的四世孙，当然，可信度不高。但问题是，南唐皇帝们对自己有这种身份认同，而且他们想要恢复盛唐统治的想法是强烈的，他们认可南唐是唐朝的延续，因此就连后世的史学家也会把南唐作为乱世中的正朔。

所以，从某种角度来说，赵匡胤在李煜的眼里不过是一个乱臣贼子。

李煜想要把弟弟要回的意图很快引起了赵匡胤的警觉，这个曾经的殿前都点检、黄袍加身的武夫有着超乎常人的敏锐。他随即派出使者奔赴南唐，邀请李煜到北宋开封来做客，并且给出了足够令人信服的理由，那就是上天好生，帝王有德，既然你李煜和我同为帝王，那我邀请你来开封一起主持一场祭祀天地的仪式总是合理的吧？

“国之大事，在祀与戎”，按理说李煜不该拒绝，但李煜也一反常态，推说自己病倒了，好几天水米不进了，恍惚间都瞅见自己太奶了，愣是把赵匡胤的鸽子给放了。

据《南唐书·卷三·后主本纪》记载，李煜打发走了北宋的使臣之后，立刻召见南唐臣僚，说了这么一句话：“臣事大朝，冀全宗祀。不意如是，今有死而已。”

我以前一直小心侍奉北宋，讨好赵匡胤，不过是希望可以保全祖宗的社稷，但是现在事情发展到这种地步，我没有办法，只剩下一死而已了。

李煜的这句话说完没多长时间，就传到了北宋，赵匡胤听闻后勃然大怒，也不装了，彻底摊牌了，起水陆大军开始进攻南唐。

事实上，李煜即位没多久就预感到了这一天会来临，只是他没有想到，这一天会来得如此之快。

从登基开始，李煜就奉行阳奉阴违的政策，他表面臣服北宋，又是降低自己的礼制，又是取消自己的帝号，但背地里却一直在偷偷募兵，甚至还专门训练了一支叫龙翔军的水师，就是为了以后有能力抵抗北宋的进攻。

政治方面，李煜极大地加强了中央集权，甚至还开创出一种叫“澄心堂制度”的管理模式。

这个澄心堂，是李煜开创的，属于南唐朝廷的最高决策机构。这个机构里除了有皇室成员及朝廷大员之外，还有不少低级官员。在澄心堂中，权力被皇帝平均分割成若干份，这样一来，朝廷里将不会再有任何一位官僚和成员拥有能够倾轧过皇权的力量。

有读者可能会问了，中央集权，那不应该是皇帝把权力全部都集中在自己的手里吗？

理论上讲的确如此，但实际上皇帝想把百分百的权力都握在自己的手里，是很难实现的，而且也不现实。因为皇帝如果不对数以千百计的臣公们赋予权力，这些没有权力的官员们就会面临执行力低下的问题，他们大事儿小事儿都做不了主，全都要请示皇帝，皇帝事必躬亲，宵衣旰食，时日长了肯定是吃不消的。

所以，权力最好的集中方式，其实是等量的分权，比如，李煜本人只掌握百分之五十的权力，而另外百分之五十的权力则由宰相和六部，以及更多的下级官员来使用。这么一来，官僚阶级们得到的权力是分散且微小的，他们只能老老实实地工作，而绝不可能掀起什么风浪。

权力就是官员们的薪俸，官员们需要这份工作，且无法离开，因为每个人都要养家糊口，都要面对生活。

可以这么说，李煜开创的澄心堂制度，就是明朝内阁制度和清朝军机处制度的雏形。从这个角度来说，创造出该制度的李煜，简直是一个天纵奇才。

除了是一个聪明的皇帝之外，在并不算特别漫长的帝王生涯中，李煜也做到了基本合格。

他尊重人伦礼法，经常亲自到监狱中审理犯人，平反各种冤假错案，甚至还减免那些过于残忍和骇人听闻的刑罚。皇帝仁爱百姓，把法律调整到宽刑省狱的地步，颇有文帝之风，甚至引起了朝廷里一些大臣们的非议。

五代十国武人作乱，兵变成风，起义不断，统治者们为了维护自己的统治，往往会制定出十分严苛的刑罚，比如五代中的后汉和十国中的北汉，频频爆出一些让人惊掉下巴的变态刑罚。在这个并不算短暂的乱世中，暴君频出，虐民已经是常事，官僚阶级都已经习惯了，冷不丁地碰上李煜这么个明君，他们反而不适应了，因此朝臣对李煜竟然多有非议。

此外，李煜重视人才，兴办科举，发展文教，改革田制，与民休息，可以说他已经超出了人们对于一个亡国之君的预期表现。

当然，李煜也做过加征赋税、纵容佛寺侵占土地的事情。但人们往往只把他想象成一个当了皇帝之后只会风花雪月、饮酒吟诗、唱歌跳舞的如北宋徽宗那样的人物，实在是有些不太公平。

实事求是地说，从艺术角度来讲，李煜是晚唐五代时期的词人中成就最大，水平最高的，甚至不需要说之一，他就是傲视群雄的那一位。

论古诗，李煜的成就也很高，因为他的诗作数量和词作数量是相当的，除了诗词，李煜在绘画和音律方面也有所建树，尤其是音乐，他甚至和皇后大周后一起修复了从唐末就失传的《霓裳羽衣曲》。

这首曲子，是当年的唐玄宗李隆基为自己最爱的女人杨贵妃谱写的，那时正是唐朝最为强盛的时候，可见李煜修复此曲时的心境。

李煜的确有才华，而且是全才，但是我们不能因为李煜是个文艺皇帝就说他整天不务正业，说他只以风花雪月为能事。事实上，他并不意志消沉，反而在南唐危亡之际表现出了相当程度的坚毅。

在和赵匡胤的军队兵戎相见之时，李煜的抵抗情绪相当激烈，他不仅投入大量兵力前往战场作战，还亲自修书，想要拉拢邻国吴越的支持，信件中，李煜更是字字泣血：

> 今日无我，明日岂有君？一旦明天子易地赏功，王亦大梁一布衣耳！（《遗吴越王书》）

李煜以一种近乎无奈和悲怆的心情告诉吴越国当时的皇帝钱弘俶，说今天北宋把我消灭掉了，明天也一定会消灭你，我们是唇亡齿寒的关系，南唐若失，吴越也将不复存在，到时候你还会是帝王吗？你会失去一切，成为一介布衣！一个普通百姓！

不仅如此，李煜甚至把求援信送到了北方草原上的契丹人手里，为了不使南唐灭亡，他已经尝试了所有的办法。

以后人视角来看，李煜当时联络邻国来共同抵抗北宋的攻势无疑是唯一的也是最正确的方法，从军事视角上看如是，从政治视角上看也当如是。南唐和吴越掌握了江南最富庶的地区，只要双方联手，抵抗北宋一段时间的进攻不会很难，而如果契丹人愿意从身后袭扰北宋，那么赵匡胤必然会陷入两线作战的境地中，到时候鹿死谁手，那就尚未可知了。

李煜什么都想到了，但是他唯一想不到的，是人性的变数。

吴越钱氏自古就是名门望族，族人更多是书香门第出身，钱弘俶更可称为一代明君，时至今日吴地百姓对他仍有歌颂，南唐和吴越唇齿相依这么浅显的道理难道他不懂吗？

他懂，但问题是，钱弘俶的人生理想和李煜并不相同。

因为，吴越钱氏皇族的祖训不在于恢复唐朝的统治，而在于“善事中原，维护一统”，钱弘俶看多了杀伐征战，看够了治乱兴衰，他唯恐再次参战生灵涂炭，致使百姓遭殃，所以在这种情况下，钱弘俶选择了放弃。

他不仅没有接受李煜的邀请，反而转头开始配合北宋反攻南唐，而契丹人远水难救近火，李煜就这样陷入了绝境之中。

不久后的公元978年，钱弘俶将所据有的十三个州郡，八十六个县城，以及一个军镇，和五十五万六百八十户百姓，十一万五千一十六士卒全部献出，纳土归宋，促成中华一统，他做出了伟大的放弃。

而失去所有援助的李煜在经历了一系列抵抗失利之后，最终也选择了投降。

有人说，以李煜的身份而论，如果对他过多美化，对他过于肯定，才是不客观的，倘若李煜真的那么优秀，那么有能力，南唐何以会灭亡，他更不可能沦为亡国之君。

当然，李煜在艺术上的研究要远远超过他对国家命运的探索，他的文艺性格在一定程度上导致了他的失败，但细究南唐之灭亡，其实在李煜做皇帝之前就已经注定。

李煜之前的皇帝，有穷兵黩武之辈，已经大大消耗了国家的财政能力，有苟且偷安之流，为了示好北宋，主动削减南唐的军队编制和规模，这无疑给南唐埋下了亡国的伏笔。

刚刚即位的李煜，笔下尽是南唐的风花雪月，可那毕竟是纸上而来，而真实的南唐，早已到了日暮途穷的境地。

年轻的李煜以为，生命中的所有礼物都是上天给他的无偿馈赠，他的国土，他的臣僚，他的子民，他的爱人，他的才华，但他不知道，每一份天赐的礼物，早就在暗中标好了价格。

且看李煜的诗《破阵子·四十年来家国》：

四十年来家国，三千里地山河。凤阁龙楼连霄汉，玉树琼枝作烟萝，几曾识干戈？

一旦归为臣虏，沈腰潘鬓消磨。最是仓皇辞庙日，教坊犹奏别离歌，垂泪对宫娥。

作为皇帝，李煜是失败的，但在艺术的世界里，他终将重获属于他帝王的尊严。

参考文献

1.《新五代史·卷六十二》
2.《南唐书·卷三》
3.《宋史·卷四百七十八》
4.《江南别录》
5.《续资治通鉴长编·卷十六》

萧绎：一把大火，文明倒退1000年

太清二年（548年），统治了中国南方将近半个世纪的南梁开国皇帝梁武帝萧衍，被活活饿死在富丽堂皇的寝宫之中。

南北朝，天下隔长江而治，南朝是刘宋、萧齐、萧梁、南陈四个政权交替存在，北朝则是北魏一家独大。后来北魏分裂成了东魏和西魏，东魏演变成了北齐，西魏则演变成了北周。

梁武帝饿死的起因，就是皇帝接收了从北朝东魏脱离而来的叛将侯景，然后侯景起兵叛乱，占领了南梁的都城建康（今江苏南京），并且软禁了梁武帝，侯景不给吃来不给喝，梁武帝萧衍就这么黯然死去了。

诸位，这萧衍一生，颇为传奇，为君一代，他在政治、经济、文化、军事、科技、外交上都有不少建树。在南北朝的乱世之中，萧衍以统治者的身份重构了当时的社会环境，修复了当时的崩坏人心，他本人满腹才气，更给南梁带来了耀眼的文化风韵和显著的经济繁荣。

他勤俭节约，甚至可以说是克勤克俭，身体力行，还几度出家以明此志。

但是皇帝未曾料到，他的一片质朴之心却滋生了官僚体系的腐败之风，他的仁慈之举却放纵了贵族阶层的恣意妄为。

唐文宗太和七年（833年），唐朝著名诗人杜牧途经扬州，恰逢烟雨朦胧的天气，于是他写下一首七言律诗《江南春》：

千里莺啼绿映红，水村山郭酒旗风。

南朝四百八十寺，多少楼台烟雨中。

是啊，南朝梁武帝时期礼佛最盛，他执政时江南兴建了不知多少佛寺庙宇，如今它们尚未荒凉破败，仍然安静地笼罩在风烟云雨当中。

善良的梁武帝把一切都仁慈地施舍给僧人、宗室子弟、皇亲贵胄、江南大族、北朝来客，甚至是给予那让他活活饿死的侯景，但他却从来没有真正地惠及过天下百姓。

他这一生错过了太多的机会，从北魏的六镇起义到东西魏的并立，无数的天赐良机放在他面前，他却始终视而不见。

人生中那么多条辉煌的道路，他全都错过了。

自我得之，自我失之，亦复何恨。(《梁书·邵陵王纶传》)

这是梁武帝对自己人生最后的了悟。

梁武帝有个儿子叫萧绎，侯景之乱爆发的时候，萧绎在荆州任都督，手握重兵，但他对父亲的遭遇视而不见，始终没有出手帮助。

在南梁没有经历这场惊天浩劫之前，萧绎不过是梁武帝的第七个儿子，在诸子中十分普通，如果硬要挑出点特殊的地方，那就是萧绎小时候害了眼疾，打小就瞎了一只眼睛。

所以，就算皇恩再是浩荡，也不会轮到他这个有损国体的皇子继承帝位。

生理上的缺陷让萧绎莫名地背负着巨大的心理负担，就算别人不笑话他、不轻视他，他也总是仇视这个世界。

所以，萧绎没有继承父亲梁武帝的宅心仁厚，在父亲死后的很长一段时间里，萧绎对南梁宗室非打即杀，他的目的只有一个，那就是趁着南梁大乱，扩大自己的势力，铲除对自己有威胁的宗室，从而谋求南梁新一任统治者的地位。

河东王萧誉是萧绎的侄子，被萧绎发兵攻灭；邵陵王萧纶是萧绎的哥哥，也被萧绎派兵消灭；雍州刺史萧詧是萧绎的亲戚，萧绎更是直接把他逼到了投靠西魏的地步。

南梁的都城建康被叛乱的侯景给占领了，而萧绎的势力范围以江陵（今湖北荆州江陵）为辐射，趁着四处打仗的时候，他把南梁境内的宗室们基本上都收拾了个遍。之后又消灭了侯景，等于是整个南梁天下基本落入了他的手里。

萧绎的政治班底和势力都在江陵土生土长，所以就算他控制了南梁的大部分区域，他也不会重返建康。

承圣元年（552 年），萧绎在江陵称帝，是为梁元帝。

但是，萧绎对宗室的打压并不彻底，他有个弟弟叫萧纪，在萧绎登基为帝之前，萧纪已经在益州自立为帝。这么一来，南梁就有了两位皇帝。

一山不容二虎，萧绎和萧纪展开了激烈的战斗，最终萧纪失败，萧绎取得了最终的胜利。

当然，这场胜利，萧绎也付出了巨大的代价，投入人力、兵力、财力不计其数，这场仗打完之后，他的首府江陵几乎变成了一座空城。

当年梁武帝在位的时候，就有过北伐的想法，但是梁武帝综合评估了一下南梁的实力，认为南梁虽然富足，但是在军事能力上还是很难和北朝政权硬碰硬，所以梁武帝大多数时间奉行的都是和平相处的政策。

南梁先后经历了侯景之乱和宗室内斗，元气大伤，梁元帝虽然大体上稳定了局势，但当时的情况绝对不能算乐观，逢百废待兴之时，皇帝本该与民更始，而梁元帝竟然直接一封诏书送到了西魏，要求和西魏重新划分疆土。

西魏趁南梁内乱之机侵占了南梁不少城池土地，如今梁元帝想要往回要一些。

往回要可以理解，皇帝有开疆拓土、收复失地的计划是基本要求，但是问题是，梁元帝在向西魏下这道诏书的时候，应该先考虑一下自身的实力。

南梁刚刚经历过几场大战，综合实力降到了低谷，可以说是金玉其外，内里一碰就碎，这个时候最好的国策是尽量降低自己的存在感，不能太招摇，不能引起别人的注意，反正北朝也不止西魏一个政权，让东魏、西魏无视南梁，它们俩政权相互内斗，南梁趁机休养生息才是良策。

梁元帝没有这样做，他不仅给西魏下诏书要求重新议定疆土之事，而且诏书中的言语还非常傲慢，俨然是把自己放到了天朝上邦的位置上。

北魏分裂之后，变成了东魏和西魏，这俩政权，我们视为鲜卑北魏的延续，东魏和西魏的皇帝们也都是北魏宗亲，可谓一脉相承。

但是纵览两朝之历史，我们可以说，这俩政权从本质上来讲都是傀儡政权，东魏被权臣高欢视为掌上玩物，而西魏则可以说是权臣宇文泰自己的小朝廷。

所以梁元帝这封诏书送到西魏，就被宇文泰给截留了。

宇文泰也算是一代枭雄，那也是大风大浪里过来的，如果南梁皇帝说的是“能不能商量一下，把你们取走的一些南梁城池和土地还给我们”这样的话，宇文泰或许还会考虑考虑，因为和南梁交恶就等于无形中又树立了一个敌人。但是梁元帝的口吻偏偏是“马上把你们侵占的土地给我还回来，不然没有你们好果子吃”，结果宇文泰看完之后大为光火，随即决定对南梁用兵。

西魏兴兵五万攻打南梁，梁元帝慌了，南梁军队不能抵挡，屡屡战败，皇帝没办法，只好投降。

然而，在投降前夜，梁元帝又做了一件在如今看来匪夷所思的事情，那就是他将毕生收藏的十四万卷图书，全都烧毁了。

要知道，从秦始皇之后，民间就不许收藏图书，秦始皇还焚书坑儒，烧过不少书，因此那些春秋战国以来的百家经典仅靠口头传播。

汉承秦制，但是取消了秦朝限制图书的法令，到汉武帝刘彻在位时期，皇帝甚至还专门设置了用以收藏图书的部门。粗略算来，到西汉晚年，藏书已有三万多卷，后来王莽篡汉，天下大乱，藏书又多损毁。东汉建立之后，又重新开始收集图书来储藏，大概有一万多册。

但是我们知道，东汉末年分三国，三国之后两晋更不消停，连年兵荒马乱，能保障基本生活就算不错了，文化事业上当然很难有更高建树。所以到东晋时，朝廷府库藏书只有三千多卷，南北朝的时代开启，南朝的第一个政权刘宋虽然内斗凶残，但藏书颇丰，约有六万卷，经历萧齐、萧梁，又多了一万卷，这就有七万卷。

侯景之乱爆发的时候，藏于建康的七万卷藏书被萧绎所得，萧绎把这些书搬到了自己的都城江陵。

萧绎这个人，论才气不如李煜，论文化不如赵佶，但是总体来说他也是个文化人。他喜欢读书，爱好绘画，平时藏书更丰。他在江陵生活了这么多年一直注意保护古籍，所以他攒下了七万卷藏书，加上从建康搬来的七万卷，这就是十四万卷。

此时，他被围困于江陵城中，走投无路之下，竟然一把火将这十四万卷藏书付之一炬。

在江陵城的深宫之中，萧绎独自徘徊，脸上写满了痛苦和失望。

这十四万卷藏书，他曾视若珍宝，几乎穷尽一生收集，但现在，它们全都化为了灰烬。

看着烈火熊熊燃烧，梁元帝说了这么八个字：

> 文武之道，今夜尽矣。(《资治通鉴》)

烈火燃尽之时，梁元帝投降西魏，被杀害。

以梁元帝一生之经历来看，他在中国四百多位皇帝中很难算得上是有特色的。

虽然他是南北朝时期少有的才子帝王，但是论才气远不能到第一。虽然他平定了侯景之乱，将南梁抽离于水火之中，但他对宗亲皇室那可怖的屠戮和攻击更为人所记忆。他面容不佳，只有一只眼睛，就连他的嫔妃徐氏都敢只画半张脸来嘲讽他。

对于命运，萧绎从来都是不相信的，以前做皇子的时候不信，后来做皇帝的时候也不信。终于有一天，父亲萧衍死了，他信了；兄弟反目，他信了；朝廷内忧外患，他信了；西魏兵攻打过来的时候，他信了。

他虽然相信了命运，但是他并不屈从，所以他焚烧宫殿，烧毁藏书，可这又能改变什么呢?

这不过是他对个人无能的愤慨。

曾经无数次一统南北的机会摆在萧氏皇帝的眼前，可都被他们视而不见或者错过，事到如今，嗟尔南梁，气数已尽。

参考文献

1.《梁书·卷五·本纪第五·元帝》

2.《资治通鉴·卷一六五·梁纪二十一》

3. 王夫之（清）.《读通鉴论·卷四·元帝》

朱祁镇：一个好人，毁了一个王朝

明英宗朱祁镇，在土木堡打了败仗，所部几乎全军覆没，他本人也被瓦剌人给俘虏了。

从明朝开国以来，没有他这种皇帝；自他之后，也不会再有这样的皇帝。

残元败退漠北之后闹分裂，分成了鞑靼、瓦剌、兀良哈三部，曾经巍峨华丽的宫殿没得住了，天上人间的生活也享受不到了，他们深居漠北，每天风沙苦寒，那日子过得就别提了。

现在好了，大明朝的皇帝被瓦剌人给捉到了，瓦剌人肯定是想要把朱祁镇除之而后快的。

就算不杀死，那必然也是残酷对待。

因为，这种事儿在历史上早有先例。

西晋末代皇帝晋愍帝司马邺被汉赵皇帝刘聪俘虏，刘聪对司马邺百般折辱。刘聪出门打猎，让司马邺扮成士兵，手持长戟在前头开路；刘聪在宫里摆宴吃饭，他又让司马邺行酒，洗酒杯；刘聪上厕所，他就招呼司马邺把恭桶的盖子拿起来。然而即便是生活在这样的屈辱中，司马邺也没能保全性命，还是被刘聪给杀掉了。

靖康之变的时候，北宋的宋徽宗赵佶和宋钦宗赵桓都被金人掳到了北方。当然不止钦、徽二帝，很多北宋皇室，男男女女一大帮人都被金人给掳走了，赵宋皇室在金人的铁蹄下可以说是受尽屈辱，最终在凄凉中死去。

顺带一提，金朝灭亡北宋之前，先灭的辽朝，所以辽朝末帝天祚帝耶律延禧也被金人给捉了，下场也很凄凉。

成王败寇古来然，胜者骄矜败者怜。铁马金戈争天下，刀光剑影染山川。

玉剑无情斩旧梦，烽火连天照九边。成败得失皆过客，且将豪情付青天。

我们看小说，看影视剧，听戏曲，当然会觉得失败者也有一种凄美的浪漫，图穷匕见而被秦始皇绕柱击杀的荆轲，乌江自刎的项羽，六出祁山而不得进取中原的诸葛亮，玉壁城下唱起《敕勒歌》的高欢……

凄美是挺凄美的，但是失败的后果往往就是万劫不复。

当年北元被朱元璋追着打，被朱棣追着打，被朱瞻基追着打，无论是瓦剌、鞑靼，还是兀良哈，都没少在明军手里吃苦头，现下这大明天子朱祁镇落到了他们的手里，那还能有个好吗？

但是奇怪了，这位少年天子深陷敌营之中，日子似乎过得还挺好的。

有单独的营房来囚禁他，一天三顿饭顿顿管饱，负责监视他的士兵一不辱骂他，二不殴打他，反而对他礼遇有加，甚至就连瓦剌统治集团中的二把手伯颜帖木儿对他都是出乎意料的好。

瓦剌军的太师是也先，他是瓦剌军战时的一把手，而伯颜帖木儿是也先的弟弟，可谓位高权重，相当于二把手。

瓦剌人刚把朱祁镇捉来的时候，很多瓦剌人咬牙切齿地想要把他杀掉，但是伯颜帖木儿却站出来极力阻止，说什么都要保护朱祁镇的周全。

当然了，伯颜帖木儿要保朱祁镇，有一个理由是朱祁镇奇货可居，无论在什么方面都可以拿来当作对明政权的要挟。

缺钱花了找明朝要，缺东西吃找明朝要，甚至以后攻打明军的城池，也可以派朱祁镇去叫门，反正不管怎么看，把朱祁镇握在手里，那简直是百利而无一害。

但是，除去想要利用朱祁镇之外，伯颜帖木儿对朱祁镇本人也是充满好感的，或者说，在逐渐的接触过程中，他被朱祁镇的性格魅力折服了。

朱祁镇这个人，虽然是皇帝，是天子，但是没什么架子，他不是那种霸气侧漏、不怒自威、让人看上去就非常害怕的皇帝，而是那种性格随和、语气温柔、态度柔缓的性格。和这种人交流，你会有一种踏实的、如沐春风的感觉。

此外，一般有些没有气节的皇帝被俘虏了，为了能活下来，选择苟且偷生，往往自甘堕落，任人折辱，但其实这不一定能保全性命，只会让人觉得这人没骨气。

朱祁镇不一样，虽然他做不到啪啪拍桌子痛斥瓦剌人，但他至少不会为了苟活而跪在地上给人家磕头。

在敌营之中，朱祁镇依旧保持着作为帝王的风度和从容，他说话慢条斯理，做事有礼有节，这很快就打动了伯颜帖木儿。

我们知道，游牧民族行事较为粗犷，虽然他们总是来闹事儿，来打架，但是他们本质上其实对汉文化是崇拜的。

诸君可见，历史上那些游牧民族政权，在取得了一定的成就之后，都会不可避免地走上汉化改革的道路。

所以，朱祁镇所散发出来的气质，正合伯颜帖木儿的心意，因此他对朱祁镇非常友好，好几次甚至想要偷偷把他给送回去。

甚至，在一些蒙古史料中，还曾经记载瓦剌人把朱祁镇捉住之后，朱祁镇靠着自己的言行举止把瓦剌部众都给感动了，这帮瓦剌人对朱祁镇相当崇拜，各个部落的首领差点就把朱祁镇推上了蒙古大汗的位置。(《诸汗源流黄金史纲》)

后来朱祁镇被遣送回京师紫禁城之后，被他弟弟明代宗朱祁钰关了起来，弄到南宫里给软禁了。

对景泰帝来说，这也是没有办法的事情。

土木堡之变的惨败是朱祁镇直接造成的，大明昌盛的国运由此衰败。而京师保卫战的胜利是朱祁钰和于谦取得的。

正统十四年（1449 年），朱祁镇被俘。天命不可久悬，文武百官以国事为重，推举朱祁钰做皇帝。同年八月，朱祁钰登基称帝，为景泰元年，同时遥尊朱祁镇为太上皇。

景泰元年（1450 年）八月十五日，朱祁镇被放还回宫，朱祁钰在皇城东安门迎拜后，把朱祁镇送入南宫软禁，还派了不少宦官和宫女对朱祁镇进行严密监视，侦测他的一举一动。

皇权更迭事，何须问旧因。

长空任鸟飞，我诗自在吟。

文学家们是自在的，但是故事中的人却时刻不自由。

现在被关进南宫的朱祁镇，可以说混得还不如在瓦剌人手里呢。

因为，虽然他名义上是太上皇，但是他已经被剥夺了所有的权力，他的政治仕途说白了已经结束了。

谁会愿意关心这么一个失败者？谁会再愿意给朱祁镇以尊重呢？

您别说，还真有。

负责监视他的宦官和宫女们照旧把他当成皇帝对待，本来这些人都是景泰帝派过去的人手，可是和朱祁镇接触时间长了，他们反而心甘情愿地成了朱祁镇的亲信。

朱祁镇的妻子皇后钱氏对丈夫不离不弃，朝廷里更有部分大臣对朱祁镇忠心耿耿，一直想要把他给营救出来，这也才有了后来的南宫之变。

当然，如徐有贞等人把老命拼上营救朱祁镇，有政治投机的成分存在，但是朱祁镇强大的感染力和号召力，也是不可或缺的因素。

很奇怪，实在是很奇怪。

我们知道，心理学上有种现象，叫斯德哥尔摩综合征。

1973 年，瑞典的首都斯德哥尔摩有一家银行被抢劫了，两名劫匪劫持了四名银行职员。

一般来说，这时人质要么寻找逃生办法，要么等别人来救援，要么就和劫匪拼了。

但是有意思的是，这四名银行职员在和劫匪接触的过程中，竟然对劫匪产生了同情和好感，他们开始拒绝警察的帮助，反而向劫匪倒戈，试图帮助劫匪逃出生天，躲过警察的追捕和法律的制裁。

这种心理现象已经足够令人惊奇，然而发生在朱祁镇身上的心理现象，那简直是让人大开眼界。

假设瓦剌人、伯颜帖木儿，以及关押他的士兵、看守他的宦官和宫女是劫匪，那么朱祁镇则是被劫持的银行职员，而这就和斯德哥尔摩综合征的情况彻底反转了过来，即劫匪开始莫名其妙地反过来帮助银行职员。

姑且把这种神奇的现象称为“朱祁镇症候群”。

而且，除了拥有这种魔力之外，他先后两次在位，还执行过不少善政，安抚过流民，豁免过钱粮，解除过徭役，甚至还废除了残忍的人殉制度。

朱祁镇这个人很讲感情，有时候甚至到了愚情的地步。土木堡惨败最为重要的一个原因是他听信了权宦王振的建议。王振是祸国奸佞，可以说是把大明朝和朱祁镇本人都给害惨了。

土木堡之战，王振被杀，英宗被俘，那么这个时候的英宗其实就已经能明白，这王振居心不良。

但等到他复位之后，他不仅没有在精神层面批评和清算王振，反而还为王振的死感到惋惜，皇帝积极为王振恢复名誉，给他修像建祠，甚是爱怜挂怀。这在《明史纪事本末·卷二十九·王振用事》中有记载：

> 天顺元年五月，英宗复辟。思振，讳为忠所杀。诏复振官，刻木为振形，招魂葬之。祀智化寺，赐额曰“旌忠”。

那么问题来了，朱祁镇性格好，重情义，施行过不少仁政，那他理应是一个好皇帝啊。

当然不是，因为，性格和人格，总归是不同的。

朱祁镇以和善著称，待人宽和，易于相信他人，可他相信的不是徐有贞就是王振。所以，说好听点他是宽以待人，说不好听点，那就是他识人不明，是非不分。

朱祁镇的确施行过仁政善举，可是明朝经土木堡之变由盛转衰，他要承担最主要的责任。

更何况，他还冤杀了那个曾经“挽狂澜于既倒，扶大厦于将倾”的于谦。

甚至，朱祁镇自己还说过于谦的确有功劳（“谦实有功”）的话，就说明他杀于谦的时候，明明心里清楚，于谦是忠臣，于谦是冤枉的，所以他这个行为，简直和高宗赵构杀岳飞一样恶劣。

在朱祁镇的身上，的确有一些现在看来很奇妙的特质，而这些特质成功地帮助他活了下来，并且活到了最后。

土木蒙尘失皇驾，瓦剌俘囚忍辱流。

南宫软禁不思过，夺门复辟更无休。

当年血染宫廷地，冤杀廷益志难酬。

悔不当初空自叹，泪洒江山恨何收。

他渴望活着，如果他不渴望活着，被俘之后便会选择一刀了断了。

但是，朱祁镇不知道，活着和活着是不一样的。

有些人活着，争的是一世之利，而有些人活着，留的是万世之名。

参考文献

1.《明史·列传·卷五十八》

2.《明史·列传·第二百十六》

3.《英宗睿皇帝实录》

4.《天顺日录》

5.《明史纪事本末·卷二十九·王振用事》

6.《英宗谕祭王振碑》

萧衍：南朝四百八十寺，多少楼台烟雨中

南梁武帝萧衍，他的人生经历非常丰富且富有戏剧性。

他的爱好很多，其中最为著名的便是下棋。

梁武帝下棋，可以说是如痴如醉型。当然，他的棋艺也很高超，堪称国手。

萧衍所处的时代，是南北朝，而南北朝是东晋十六国到隋朝中间的一段乱世。

这南北朝顾名思义，大体以长江为界，分为南朝和北朝，南朝依次有宋、齐、梁、陈四个朝代，而北朝则是北魏一家独大，当然，后来北魏也分裂了，分成东魏和西魏，东魏后来被北齐取代，西魏则被北周取代，最后北周消灭了北朝的北齐和南朝的陈之后结束了乱世。北周后来被隋朝取代，天下重归一统。

而萧衍，就生活于南朝时期的南齐。

他在南齐做官的时候，就十分喜欢下棋，后来他代齐建梁做了皇帝之后对围棋兴致不减，且更加痴迷。

萧衍做皇帝的时候，最喜欢和一个叫到溉的大臣下棋，而且萧衍和到溉下棋的时候，一点皇帝的架子也没有，就是说在这小小的棋盘之内，大家都能暂时忘掉自己的身份，没有君臣之别，只有棋术之分。

到溉经常陪皇帝下棋，往往一玩就是一个通宵。

到溉是朝廷的要员，白天工作很忙，结果白天辛劳工作之后他还不能歇息，晚上还得跑到皇帝的寝宫陪萧衍下棋，因此非常疲惫。

两人从晚上七八点开始下，一直下到半夜三点多钟，到溉实在撑不住了，竟然直接在棋盘上昏睡了过去。梁武帝一看到溉这副模样，当即指着到溉哈哈大笑道：

状若丧家狗，又似悬风槌。(《南史·卷二十五　列传第十五》)

被皇帝这么一顿笑话，到溉迷迷糊糊地也就醒了，醒来之后他十分惶恐。因为陪皇帝下棋，下到一半他睡着了，这属于君前失仪，是对皇帝不尊敬，是大罪，他生怕皇帝生气。不过，很显然梁武帝并不在意，只是拍手大笑，叫他赶紧回去补觉。

从这件事中我们可以看出，萧衍其实是一个有包容心、脾气也挺不错的皇帝，但是他的这种性格有时候会造成一些不好的影响。

比如，萧衍有个弟弟叫萧宏，是南梁的宗室大臣，萧衍对他非常喜爱，兄弟之间感情很好。

萧宏曾经受命北伐，结果因为他个人能力不足及阵前怯战而落败，萧衍知道后并未处罚。

萧宏手下的一些亲戚、家奴仆从等人，倚仗萧宏的权势，经常在民间为非作歹，萧衍也基本上是睁一只眼闭一只眼。萧宏本人也时常违法乱纪，很多行迹都非常恶劣，萧衍也大都选择了纵容。

从萧衍的执政生涯来看，他勉强算得上是一位有为的君王，头脑灵活、思路清晰。在位的时候多次北伐，虽然没取得多大的成就，但是基本维持了南北的均势。某一段执政时期，他还相当勤奋，冬天的时候也不睡懒觉，老早就爬起来批阅奏疏，有时候把手都给冻裂了。

可是，萧衍毕竟统治了南梁将近半个世纪，他更是南朝所有皇帝中在位时间最长的一位。

年轻的时候，他不追求享受人生，头顶上的皇冠一戴就是三年，睡觉的时候盖的被子一用就是两年，包括他穿衣服也没什么讲究，一件衣服缝缝洗洗总是还能再穿。

在吃饭的问题上，梁武帝也是一切从简，从来不胡吃海塞，主食一直都是固定那么几样豆类。不忙的时候一天吃三顿，忙起来一天只吃一顿饭，后来他还出家皈依了佛门，更是一点荤腥也不沾。

年轻的时候皇帝可以严格要求自己，但是随着时间的推移和年龄的增长，皇帝的注意力和精力都会不可避免地减退，他对权力的理解也会产生新的看法。刚刚登基的时候，萧衍十分注意体察民情，他曾经亲自发布命令，说不管是朝廷的官员还是地方上的官吏，只要对朝廷有意见，或者对自己有意见，都可以直接向自己表达。

为了做到下情上达，梁武帝还专门在宫门口放了两个大盒子，一个叫肺石函，一个叫谤木函。大臣们如果有意见，可以往肺石函里投递奏疏，而普通百姓想要提意见，则可以往谤木函里写信。

您看，萧衍的这个架势，摆明了是奔着千古一帝去的。

只是想象很丰满，现实很骨感，年轻的时候萧衍想要征服天下，而逐渐步入中老年之后，萧衍的人生追求则变成了虔诚礼佛以及内心的平静。

他开始纵容宗室子弟，对治下的官僚们也疏于管理，爱好佛法的同时广修佛寺，面对政务也出现了懈怠。如果他不懈怠，就不会整晚整晚地下棋取乐了，多年后更不会亲尝侯景之乱的恶果，并为此付出生命的代价。

就在皇帝昏昏然的时候，南梁朝廷里有一个叫贺琛的官员向皇帝上了一封言辞激烈的奏疏，猛烈地批评了梁武帝的一些行为。

贺琛，字国宝，会稽山阴人，时任中军宣城王长史。这个官职在当时并不算是什么大官。他和皇帝此前的关系也并不紧密，突然上这么一封奏疏来批评皇帝，足见此人是有些胆量的。

贺琛的这封奏疏，全文很长，在这里就不赘述了，主要总结为以下几点：

首先，贺琛提出，皇帝久居深宫，要么下棋礼佛，要么就往同泰寺里跑，你根本就不知道南梁地方上的吏治已经很不好了，官员贪污腐败成风，百姓深受其害，很多南人都承受不了苛政，纷纷迁徙到了北地。

其次，贺琛认为皇帝也罢，还是南梁的宗室子弟也好，生活上都太过奢靡了，花钱大手大脚，权贵花钱如流水，说白了还是搜刮百姓的民脂民膏而来。所以贺琛希望皇帝可以做个表率，全国上下厉行节俭。

接着，贺琛吐槽说南梁党争严重，官员们不好好为国效力，反而每天都在忙着争权夺利，朝廷乌烟瘴气，皇帝务必好好整顿一番了。

最后，贺琛着重强调梁武帝最近花钱太狠，无论是在个人生活享受上，还是在个人爱好上的挥霍，都属于不必要的开支，应该减免。

贺琛对皇帝的批评，不留情面，十分犀利，字里行间矛盾尖锐。梁武帝看了当然不是很开心，但是有意思的是，梁武帝一没杀掉他，二没有对他施行肉体上的惩戒，反而是针锋相对地一一辩驳了贺琛对他的批评。

梁武帝说："既然你贺琛说地方上的官员贪污，但是具体是谁你也没告诉我啊。你要是告诉我，我查出来一个就办一个，可是你一个人的名字也不提供，你是怕说出来得罪人还是根本就不知道呢？"

梁武帝又说："你平时也不来宫里，我每天怎么生活你也不知道，我很久都不吃肉了，平时生活更加朴素，你凭什么说我奢靡？"

并且，梁武帝还十分委屈地补了这么一句话，"昔要腹过于十围，今之瘦削才二尺余"，意思是我以前白胖白胖的，现在瘦的腰只剩下两尺了。不信，我以前的裤腰带还在呢！（"旧带犹存，非为妄说。"）

梁武帝接着说，你说大臣们不认真工作，说他们整天争权夺利，可问题是，你也不提供个具体的名单出来，你这说了就等于没说。

皇帝最后说，你老是建议我这个，建议我那个，指出我这个问题，那个问题，但是你只提出问题，却从来不给出具体的建议和措施。说来说去你只会泛泛而谈，你说的这些都没用，都没意义。

皇帝一番话下来，原本态度强硬的贺琛被驳得哑口无言，只好退去。

诚然，在梁武帝看来，这贺琛根本就不是为了自己好，反而是想通过这种直谏君王的形式来为自己博得一个正臣的名头，以后好青史留名。

在贺琛的劝谏中，梁武帝当然也不得不面对一个他无法接受的真相，那就是，他自己的克勤克俭换来的是权贵和官僚阶级们的奢靡和无法无天，南梁看似偏安一隅，实际上已经乱套了。

权力是他的药，他大量服用，但他没意识到，衰老是无法治疗的疾病。

所以，赶走贺琛之后不久，梁武帝就气鼓鼓地宣布自己要到同泰寺出家。

梁武帝出家同泰寺，这是南梁王朝的保留节目了。纵观梁武帝的一生，他曾经四次出家同泰寺，抛弃皇帝的身份，跑到同泰寺里去做和尚，皇位也不要了，政务也不处理了，南梁天下他也不管了，任其自生自灭吧。

萧衍撂挑子不干了，大臣们只好求爷爷告奶奶一般地把他从同泰寺里再请回来。

当然，萧衍不是轻易就能请回来的，每次大臣们把他从同泰寺请回皇宫，都需要集体出资赎买，就是说大臣们要给寺庙捐钱，捐够数了皇帝才能回来。这捐钱的数目还不小，动辄一亿、两亿，往往还非捐不可，还得捐得心甘情愿，以至于让人怀疑，皇帝是不是一缺钱就往同泰寺里跑。

又或者说，梁武帝的这种行为，或许是一种变相治理贪污腐败的方式呢？

想来，梁武帝其实也是迷茫的。

在宗教中，他得不到开解之法；身为帝王，他曾经立下的宏大愿望也不能实现；处在权力的巅峰，他却逐渐感觉力不从心。

很多历史学家认为，梁武帝曾经有很多次机会可以一统天下，因为梁武帝的人生太长了，长到他有无数次改变个人和国家命运的机会，可梁武帝的人生也太短了，短到只要错过其中一个，就再也没有回头路。

“南朝四百八十寺，多少楼台烟雨中。”仁慈的萧衍曾经把恩惠献给宗族、献给官员、献给士族、献给僧尼，甚至献给那个把他活活饿死的侯景。

可他不知道吗？赫然矗立的四百八十寺正是建立在无数百姓的流离失所和尸骨之上。

他仁义遍了所有人，却唯独忘记了这芸芸众生——天下百姓。

参考文献

1.《南史·卷三十九　列传第三十三》

2.《梁书·卷三·本纪第三》

3.《北齐书·卷二四　列传第一六》

崇祯的最后 24 小时

崇祯十七年（1644 年），正月初一。新年第一天，明思宗朱由检却没有感受到那种辞旧迎新的喜悦。

微风吹过皇极殿，吹起崇祯脸颊两侧的头发，这个年仅三十三岁的年轻人却已经华发皆白，脸上有了如刀刻一般的皱纹。

春色有三分，二分是尘土，一分是流水。

可流水落花春去也，崇祯又要到哪里去找寻他的天上人间呢？

崇祯很累，但毕竟今天是个很重要的日子，他一大早就赶到皇极殿上，等待接受百官的朝贺。然而，偌大的宫殿里冷冷清清，只有内阁首辅周延儒和锦衣卫指挥使骆养性两个人。

崇祯的胸口一阵烦闷，他下令内侍宦官大力鸣钟，震耳欲聋的钟声随即传遍宫墙内外。在钟声的催促之下，文武百官们姗姗来迟，但只来了不到一半。

朝贺天子的礼仪举行得仓促简短而略显狼狈，以往那种万象更新、与民更始的气象浑然不在，就连空气中都弥漫着一股萧索的味道。

当皇极殿的钟声响起之时，刚刚占据西安的李自成也建国大顺，还郑重地定下了年号“永昌”。

崇祯元年（1628 年），明思宗朱由检进行精简驿站改革，因丢失公文而遭到裁撤的驿卒李自成，此时正挥师东进山西，并且随时打算直捣京师。

在这种局面之下，迁都南京的提议也开始被反复提及。

很显然，崇祯并不是很想离开这里。

司马氏衣冠南渡，东晋终年生活在十六国的恐惧之下；宋高宗南迁建安，最后也不过是保得半壁江山。

南迁对崇祯来说不过是慢性自杀，他宁愿轰轰烈烈地死在北京城下。崇祯很有勇气，但面对这样的危局，光有勇气是不够的，还需要钱。

问题是，此时此刻的崇祯，简直是一个穷光蛋。

崇祯十五年（1642 年），辽东女真第六次入塞，崇祯拿出内帑数万，分发给京师的士卒们，物力维艰，分到个人手上的，不过二十钱而已。一些士卒们把铜钱拿在手上，弹出清脆的响声，感叹这些钱不过能买五六个烧饼罢了。

在此之前，崇祯其实还有一副底牌，那就是孙传庭的劲旅。孙传庭是个狠人，他从潼关出发，入河南而捷报频传，纵然李自成骁勇，也被他打得抬不起头来，平乱事宜有了起色，恰逢辽东更传来了皇太极的死讯。

有那么一瞬间，崇祯甚至认为自己栉风沐雨十多年终于有了回报。然而，曙光转瞬即逝，崇祯十六年（1643 年）十月，孙传庭兵败汝州，战死潼关，李自成顺势占据西安，并且随即控制了陕西全境。

《明史》中说“传庭死而明亡矣”，但孙传庭的死，对崇祯的触动似乎并不是很大。

崇祯在用人上多被人诟病，他在位时内阁首辅换了十七个，内阁大学士换了五十个，剿匪总督更是风水轮流转，洪承畴、杨嗣昌、卢象升……说实话，他很难信任身边的每一个人。

崇祯很爱杀人，动不动就杀人，他杀人的劲头儿除了明朝的开国皇帝朱元璋之外几乎无人能比。但现在，崇祯有点杀不动了，或者说，他已经发现，此时再诛戮臣僚，已经是徒劳无功了。

崇祯十七年（1644 年）正月初九，大明兵部收到了李自成下的战书，李自成说，要和崇祯在北京城下决战。同年二月初八，山西太原陷落，李自成更是对崇祯发布了檄文。

所谓檄文，其实是古代用于晓谕声讨的一种文书，一般来说是对敌对势力所发布的。东汉陈琳写过《为袁绍檄豫州文》，在檄文中把曹操的祖孙三代都给骂了个冒烟；唐朝时骆宾王写过《代李敬业传檄天下文》，更是把武则天骂了个狗血淋头。

按理说檄文都会具有相当大的攻击性，但奇怪的是，李自成讨崇祯的檄文，读起来却颇有怜惜之意。李自成在檄文中说，崇祯本质上并不算是个太坏的皇帝，只不过是因为所处的环境太过糟糕，又被臣下们所蒙蔽和拖累，才到了今天这个地步。他对崇祯好言相劝，希望他看到檄文之后可以马上投降，自己能保证他一辈子的荣华富贵。

其实，李自成虽然“很温柔”，但他却并不了解崇祯，这个一天只休息几个小时而余下的时间都用来处理政务的大明天子，难道要的只是荣华富贵吗？

同年二月十六日，李自成在代州（今属忻州）遭到了明军将领周遇吉的顽强抵抗，惨烈的巷战之后，周遇吉战死。

三月初一，忻州（今山西忻州）的宁武关被李自成占据后，说明李自成入京之路再无阻碍，打到北京城下，只不过是时间问题了。

三月初三，崇祯皇帝的情绪越发激动，他召集群臣，慷慨激昂地表示要“国君死社稷”，希望群臣可以跟他共同进退。然而，他悲壮又充满激情的一番言说，只换来了无尽的沉默。

三月十五日，李自成攻破居庸关；三月十六日，李自成的先头部队抵达京师郊区，昌平陷落。

三月十七日，崇祯再一次临朝，询问守城之法，大臣们一个个支支吾吾，拿不出什么主意。唯一的一次提议，还是建议皇帝起用阉党之人来主持大局。阉党，就是当年以宦官魏忠贤为首的党羽势力，这无疑是臣僚们对崇祯当年杀掉魏忠贤而自断经济臂膀的批评。

这一刻，崇祯落泪了。

这个十多年来杀伐果断、威严肃穆、手段强硬的帝王一边挥去泪水，一边以手蘸茶，在桌案上写下了“文臣个个可杀”几个字。

当天，李自成开始攻城，而负责守备京师的三大营此时已经只剩下些老弱病兵，战斗力相当弱，根本无法抵抗李自成的攻势。

皇极殿中的崇祯大概已经知道局势无法挽回，所以一直在痛苦地哀号着。

三月十八日早，京师大雨，这座古老的皇家宫殿在雨水中历久弥新，然而大明的国运，似乎凄迷将断，无法再续了。

中午雨停，紫禁城外城陷落，崇祯登上煤山（今北京景山），站在高处眺望，发现京师已经被重重围困，再难脱身。他立刻返回乾清宫中，安排宦官带领自己的三个儿子——朱慈烺、朱慈炤、朱慈炯逃出宫中，然后又步入内宫，摆下一桌酒宴，和自己的皇后、嫔妃做最后的告别。

这酒宴，不是散伙酒，而是丧命酒，崇祯不希望皇家的女人受到起义军的侮辱，所以命令她们尽皆自杀，她的结发妻子周皇后没有犹豫，回到自己的宫中便自缢。贵妃袁氏自杀未果被崇祯用剑砍伤，随即崇祯更是一边怒吼“为什么要生在我家”，一边砍向自己的女儿长平公主和昭仁公主。长平公主被砍断一条手臂，未死。而昭仁公主则因失血过多，当场死亡。

崇祯哀叹自己这些儿女命苦，不该生在乱世之际的帝王之家，其实也是在哀叹自己，何必在这样的世道里成为大明天子。

妻离子散之后，崇祯找来了自己最为信任的宦官王承恩，君臣之间相顾无言，只是一直饮酒，就这么到了三更天。

三更，就是半夜十二点，此时已经是三月十九日。

五更天，天光微亮，崇祯再一次敲响了那口用来提醒大臣们该整肃衣着尽快步入朝会的大钟，声音近乎震耳欲聋，但是这一次，一个大臣也没有到来。

最后，崇祯再次登上煤山，选择了在一棵歪脖子树上自缢。

人们再次发现这位大明帝王的时候，他已经挂在树上，随风飘荡了许久。

这个大明全国性政权结束前的最后一位皇帝，如今披散的头发遮住了他的脸庞，两只鞋已经找不到了，右脚穿着袜子和红方舄，左脚则是赤裸着。在他的胸口，藏有他临死之前用咬破手指的鲜血写成的遗诏，大概是留给李自成看的，其内容强调了“诸臣误朕”“任贼分裂朕尸，勿伤百姓一人”，崇祯除了愤恨明王朝的文臣们将他害到了这个境地之外，就只剩下一句不要伤害我的子民了。

他和大明王朝的文臣们曾经相互蔑视，也曾经相互奉承，他们都曾经希望自己可以高于对方，但最终，他们都匍匐在了别人的脚下。特殊之处在于，崇祯只会向命运低头。

他希望李自成可以善待大明的子民，但崇祯恐怕没有想过，十七年来，他自己是如何对待天下百姓的。横征暴敛，加派三饷，搜刮百姓，百姓早就被吸干了油水，吸尽了生命力，多少人背井离乡，饿死沟壑。

“心匪不仁计则穷，减夫派饷事重重。”这当然不是崇祯皇帝的全部，他勤政，一天只睡几个小时；他勤俭，在位时几乎没有任何娱乐性活动；他甘于奉献，宵衣旰食；他兢兢业业、勇于尝试……可他同样在面对选择时偏执多疑，驾驭臣下时残忍狠毒。他还经常自以为是，自作聪明，身为君王更是刚愎自用。

这就是这位大明天子的最终结局，由一棵并不算粗壮的老树承担了所有的沉重。

三十三岁的崇祯皇帝生命定格，他衰老的面容完全不像是而立之年而完全像是个老头。

在生命中的最后一刻，从煤山眺望整个紫禁城，烽烟遍地，哭喊震天，人乱一团，心乱如麻。

但想来，崇祯最终会得到平静，他会想起很多往事，想起自己不过十六岁就临御天下的那个上午。

参考文献

1. 吴伟业．《绥寇纪略・卷一》

2. 戴笠撰，吴殳．《怀陵流寇始终录・卷十七》

3. 谈迁．《国榷・卷一百零一》

4. 王源（清）．《居业堂文集・卷十九》

5. 王源（清）．《十三陵记》

6. 王世德．《崇祯遗录》

第二章

高级的权谋，往往以一种朴素简单的方式呈现

三人分一桃，争的是荣耀。两桃三人分，无桃受屈辱。

赵匡胤的权术——一杯酒，一世安稳

显德四年（957 年）春，时值五代十国的最后阶段。显德，是后周世宗柴荣的年号。

虽然这篇文章的主人公并不是周世宗，但是不妨碍在这里留下对这位皇帝的评价：

从唐朝末年以来，华夏大地陷入了长达七十三年的叛乱不断、群雄割据、裂土分疆的乱世。出现过各式各样的帝王，有奸诈如朱温、勇猛如李存勖、卑劣如石敬瑭、凄迷如李煜……

在这一场场你死我活的争斗中，有人身败，有人名裂，有人身败兼名裂，有人功亏一篑，有人功败垂成，有人万劫不复，所谓帝王将相，君子小人，眼看楼起楼塌，不过过眼云烟。

在历史的车轮之下，一切似乎都变得无足轻重，但柴荣却以一种特殊的方式，定格在了那个时代。

柴荣一生，能力出众，品行端正，情操高尚。他曾西平后蜀，三征南唐，北伐幽燕。他心系百姓苍生，致力天下一统，最终却在三十九岁时就因病驾崩。

前有魏文帝曹丕三十九岁晏驾；诸葛亮斩马谡的时候，马谡三十九岁；后世精忠报国的岳飞，遇害时年三十九岁；从驿卒到闯王的李自成，也是三十九岁战死沙场。

如此不惑之年骤崩，很多人说，是因为三十九岁是一道坎，这当然是无稽之谈，与其说命运有坎，倒不如说命运无常。

命运告诉我们，这万里无垠的江山是主人，你一代帝王再有壮志未酬，也不过是客人。

江山是主人，你是客，总有万般不舍，该走还得走。

周世宗柴荣临死之前，搞了一次十分奇怪的人事调动，他把一直跟随他南征北战的青年将领赵匡胤放到了殿前都点检的位置上。

这个殿前都点检，是重要军职，手握一支后周最强战力的军队，同时还提领京师防务工作。可以说，谁能走上这个位置，那谁就是明明白白的王朝话事人。

接周世宗班的幼帝柴宗训不过七岁，很显然，这个殿前都点检的分量很重。

周世宗临死之前，不知道在哪儿看见块牌子，牌子上写着“点检作天子”五个大字。柴荣一看这不行啊，这个意思是我死了之后，我朝的殿前都点检就得起兵叛乱当皇帝么？于是他立刻就把时任殿前都点检的张永德给撸了。

撸掉了张永德，皇帝挑来挑去，最终选择了老实巴交的赵匡胤来担任这个职务。

周世宗只不过是在人群中匆匆看了赵匡胤一眼，从此后就再也没能忘掉他的容颜。这小伙子行，忠厚老实，让他来辅佐只有七岁的幼帝柴宗训，无疑是最好的选择。

的确，这个人事调动对赵匡胤来说，那是相当好。

显德六年（959 年），柴荣驾崩，幼帝柴宗训正式即位，沿用显德年号。

显德七年（960 年）正月初三，赵匡胤假意醉酒，其弟赵匡义和亲信赵普将事先备好的黄袍披在他的身上，恭敬地跪拜，拥立赵匡胤为帝。

经历了陈桥兵变，小皇帝柴宗训被迫禅位于赵匡胤，后周灭亡。

同年，赵匡胤登上了皇帝的宝座，宣布改元为建隆，代周建宋，并成为北宋的开国皇帝。

宋太祖赵匡胤刚刚建立北宋的时候，全国并没有实现统一，所以赵匡胤虽然是捡了柴荣的漏，但他仍然需要继续努力。

不过，在乱世的末章，在暮日的耀光之中，荆南、武平、后蜀、南汉、南唐纷纷落败，北宋统一已经只是时间问题了。

相比于一统天下，赵匡胤很显然更在乎安定内部。

从五代以来，武将掌权进而篡位之风盛行，到处都是欺骗和背叛，到处都是谎言和计谋。做皇帝不再是香饽饽，而是一件让人胆寒、让人望而生畏的事情。

端坐在皇位之上，赵匡胤无法预料，明天和意外哪一个会先到来。

别的都不说了，赵匡胤的皇位，不也是抢来的吗？他摸摸自己的胸脯，他的心也虚啊。所以，为了遏制这种情况再度发生，赵匡胤上演了一场史诗级计谋——杯酒释兵权。

杯酒释兵权的影响力实在太大了，基本上只要一提到赵匡胤，这五个字就跟着出来了。那么，杯酒释兵权究竟是怎么回事呢？

建隆二年（961 年）七月初九，赵匡胤把石守信等握有实权的禁军高级将领留下饮宴，席中赵匡胤就开始念叨上了，说自己最近失眠，成宿成宿的睡不着觉，那是相当难受，而我之所以睡不着，是因为担心你们这些老部下哪天也想当皇帝了，到时候背刺我，我可就惨了。

大臣们一听，立刻明白这是受到了皇帝的猜疑，无论是否有谋反之心，都被扣上“潜在嫌疑人”的帽子了。

大臣们连忙表示，皇上，我们对你可是一片赤胆忠心，肚子里绝对没有坏水啊。你可否记得，当年你黄袍加身，那黄袍还是我们几个共同给你披上的呢？

赵匡胤一摆手，表示说这个都没用，现在的问题是你们手里有兵有权，那我就不放心。咱敞开天窗说亮话，我也不搞卸磨杀驴那一套，只要你们把兵权交出来，各回老家，再与我结为姻亲，从此君臣之间再无罅隙。我保你们吃穿不愁，荣华富贵。

赵匡胤话说得好听，像是劝告，但实则却是明晃晃的威胁。

说白了一句话，今天这顿饭吃完，交出兵权的，什么事儿没有，不愿意交的，恐怕走不出这个门。

一帮功臣大眼瞪小眼，只好乖乖交出兵权，回家养老去了。

目的达到，赵匡胤的心情却似乎并不是很好。

刚才还熙熙攘攘，热热闹闹的宫殿刹那间鸦雀无声，只有烛火在风中缓缓地摇曳。

年轻时候的赵匡胤是个精壮小伙，会打一套长拳，平时一个挑五个不成问题。然而岁月如梭，白驹过隙，现在他已经变成了一个大腹便便的中年人。这么多年来，他搞中央集权，发展国内民生，对外和平建交，他甚至还想过要不要掏点钱，从契丹人的手里把燕云十六州给买回来。

时间啊，过得真快。他已经是一个合格的帝王了，不知道比当年的老领导周世宗又差上几分呢？到如今，手足兄弟纷纷离去，至交好友大都散场。赵匡胤老了，杯酒释兵权之后，他的朋友也不多了。大家一个接一个地走出北宋皇宫那金碧辉煌的大殿，独自坐在龙椅上的赵匡胤显得更加衰老了，仿佛每一个人离去的时候，都会带走赵匡胤生命中的一部分，从而使他更加萎靡。

赵匡胤以为，自己只要以失去所有生而为人的情感为代价，极力打压武将的地位和势力，就可以保证北宋未来的长治久安。但他万万没想到，也许正是他这样的行为，为北宋埋下了“重文轻武”的基调，从而引发了不可想象的祸端。

时间来到北宋开宝九年（976年），十八岁的东罗马帝国马其顿王朝君王巴西尔二世正式亲政，巴本堡家族在法兰克尼亚建立巴本堡王朝。

国外风云变幻，北宋大雪纷飞。

一场大雪给北宋都城东京开封府披上了银装，天地肃杀，万物洁白。

这一年的十月壬午夜，赵匡胤找来了自己的弟弟晋王赵光义闲聊喝酒。在宫门外侍奉的小宦官只能通过窗棂看到两人被灯火不断拽长的虚影，看到他们推杯换盏，看到他们时而高呼，时而欢笑，时而落泪，时而沉默不语，时而有钝器敲击地面，时而有乐声悠扬，划破寂静的夜空。

历史的长夜之下，谁人得见这一幕，谁人能知此中情？

一顿大酒喝完，没挺到第二天，赵匡胤就死了，一代开国君王，就以这样一种方式，安静地落幕。

遥想当年赵匡胤刚刚即位的时候，非常喜欢到民间去溜达，也就是我们俗称的

“微服私访”。他有一次微服私访遭到刺客袭击，漫天箭雨，流矢贴着赵匡胤的衣服飞过。他却毫不畏惧，而是专门挑高的地方站，一边站定还一边吆喝：“射死我，未便到汝！”

一帮大臣认为赵匡胤这么做太冒失了，这不纯属把自己当活靶子吗？

其实，赵匡胤一直是那个勇敢无畏的赵匡胤。

当年他在陈桥驿黄袍加身，也许早就想到了自己会有“斧声烛影”的结局。因为像他这样的人，一定明白，帝王的道路虽然很多，但无论走上哪一条，都是不归路。

只是当时，赵匡胤站在人生的十字路口，眼见风云千樯，感受物是人非，当他做出选择的那一刻，历史因他而改变，那一天，也成为他生命中平凡而普通的一天。

参考文献

1.《宋史·卷一·本纪第一·太祖一》

2.《续资治通鉴长编》

3.《资治通鉴·卷二百九十一》

4.《后周纪二》

5.《东都事略·卷一载》

雍正：不争之争的智慧与决断

康熙六十一年（1722 年），康熙皇帝病逝于北郊畅春园。

微风轻拂过他不再呼吸的身体，就如同多年前他降生在那个狂风大作的景仁宫时一样。

康熙选定的继承人，是他的四子胤禛，也就是后来的雍正皇帝。

老实说，胤禛能登基，其实是个意外，而且是相当意外。

生在帝王之家，兄弟姐妹们之间的感情并不如寻常百姓家那样融洽。皇族子弟的最终目标是获得更多的权力，而绝非享有更多的温情，这一点在康熙一朝表现得尤其明显。

在康熙朝和雍正朝之间的皇权交替中，我们时常会提到一个词——“九子夺嫡”，意思是康熙晚年，一共有九位皇嗣参与争夺皇位的行动。

这个说法由来已久，但其实并不准确。

虽然明面上是有九个儿子争夺皇位，但康熙皇帝当时一共有二十四个儿子，这些没有直接参与权力争夺的儿子们往往要依附那些勇敢的竞选者，或者成为幕后的推手，形成一种合作关系，以及攻守同盟。其后更是有无数的朝臣参与其中，盘根错节，因而一言难尽，何止九子？

康熙四十七年（1708 年），康熙第一次废黜了太子胤礽。之所以说是第一次，是因为一年后，康熙又把胤礽复立为太子。不过到了康熙五十年（1711 年），胤礽再度被废，这回直接被打入谷底，永久圈禁，非死不得出。

爱新觉罗·胤礽，这曾是清朝唯一一位公开册立的皇太子，足见康熙皇帝对他的垂爱之情。并且，胤礽还是康熙第一任皇后赫舍里氏的孩子。赫舍里氏和康熙情谊深厚，但却在二十一岁诞下胤礽后就早早薨逝，成了康熙一生的遗憾。康熙追忆自己的妻子，所以对失去了亲生母亲的胤礽格外眷顾。然而胤礽毫不自知，为储君时多行骄纵不法之事，一次又一次触怒父皇康熙，这才沦落到幽闭终生的下场。

清朝后期有位道光皇帝，曾经因为其子奕纬品行不端而失手将其打死，而劣迹斑斑的胤礽在朝臣们看来理应处死，康熙万般无奈，也还是留了儿子一条命在。

看来，这个曾经降服鳌拜、平定三藩、收复台湾、亲征噶尔丹、驱逐沙俄、派兵保藏的康熙皇帝，在浓厚的亲情面前，也不过是个脆弱的父亲罢了。

随着曾经钦定的皇太子一朝失势，彻底退出政治舞台，包括胤禛在内的其他皇子们意识到，自己的机会来了。

别人也许信心满满，但胤禛知道，想要赢得那个一贯严苛的父皇康熙的认可并不是一件容易的事情。如果不能获得康熙的偏爱，那么胤禛唯一能做的，就是尽可能在朝堂中笼络自己的势力。

很快，胤禛搭上了大清年氏家族。年氏家族的当家人年遐龄是湖广巡抚，他的儿子年羹尧在胤禛看来更是难得的人才，以后必然能成为自己的臂助。

这个并不能算特别庞大的家族，很快和四阿哥胤禛的命运沉浮绑在了一起。更巧的是，年家正好有个及笄年华、待字闺中的女儿，胤禛一不做二不休，把年家女儿娶进王府，年氏女便成了侧福晋。

年氏对自己的丈夫胤禛，一直都捉摸不透，成婚二十余年，胤禛一直不苟言笑，喜怒不形于色。年氏的心里一直犯嘀咕，如果自己的丈夫无心皇位，那么他怎么会和年家攀上关系，又怎么会纳自己做侧福晋呢？可如果说丈夫有心皇位，他为何每天只在雍亲王府喝茶品茗、吟弄风月？

的确，相比其他皇子的四处活动，胤禛显得太过平静了。他学习佛家禅宗，讲究清心寡欲，他研究道家理论，甚至还找来一帮道士在家里炼丹。

年氏曾经劝过丈夫好几次，说这种虚无缥缈的东西不值得追求，胤禛神情平淡，没有说话。

其实，胤禛当然知道这些东西只能达到内心之平静，而很难实现历代古人所追求的永生的愿望。胤禛之所以这么做，很大程度上是因为要在父亲康熙皇帝的面前尽可能地表现出与世无争的样子。

因为，胤禛深刻地明白一个道理，那就是："夫唯不争，故天下莫能与之争。"

事实上，他不仅要激烈地争夺帝国继承人的位置，而且志在必得。年家有军权，到康熙六十年（1721年），年羹尧已经任川陕总督，大权在握，自然要对自己的妹夫胤禛多多关照。外有帮手，于内当然也要有个照应，于是，胤禛又结交了隆科多。

这个人，有来头，而且是大有来头。

隆科多的姑姑是老皇帝康熙的生母，隆科多的父亲佟国维则是康熙的舅舅。康熙还曾娶过佟国维的女儿，所以佟国维还是康熙的岳父。那么这么算起来，隆科多算是康熙的小舅子。隆科多凭借这一层十分亲密的关系，很快步入朝堂，成为康熙皇帝的御前带刀侍卫。

在年羹尧被提拔为川陕总督的前十年，隆科多在官场上春风得意，官拜"提督九门步军巡捕五营统领"。紫禁城有九座城门，分别是正阳门、崇文门、宣武门、朝阳门、东直门、阜成门、西直门、德胜门、安定门。所谓提督九门，就是京师出入尽在隆科多之手，而五营，一般指屯骑、越骑、步兵、长水、射声，泛指京师内外绝大部分的兵力，都由隆科多掌握。谁拉拢了隆科多，谁就掌握了帝国核心权力区域的安防和布控。

据一部分史料记载，隆科多之所以会成为四皇子胤禛的亲信，多半是他的父亲佟国维授意的。但奇怪的是，佟国维本人却是个不折不扣的八爷党，他是皇八子胤禩的亲信。佟氏先祖从努尔哈赤时期就投诚于后金，因而声名显赫，佟国维当然不允许佟氏一门因为皇权更替而败落在自己的手上。所以，为了保险起见，老谋深算的佟国维做了两手准备，父与子各为其主，无论最后的胜利者是谁，佟家始终都会立于不败之地。

更为关键的一点是，康熙皇帝死得突然，属于因病暴毙。而恰巧，当晚随行皇帝的，只有隆科多一人。

康熙当然不会想到自己会在畅春园结束自己的一生，所以他并未留下只言片语，或者是即便留下了，也未见于史册。

但我相信，康熙在临死之前，一定对隆科多交代了把皇位传给哪位儿子。

于是，继承了皇帝意志的隆科多口头宣布了遗诏：

> 雍亲王皇四子胤禛，人品贵重，深肖朕躬，必能克承大统，著继朕登基，即皇帝位。(《康熙遗诏》)

这个毫无威信可言的遗诏一经宣布，立刻引起了轩然大波。京师内的诸皇子们自然叫嚣，因为谁也不能接受这个结果。

在驾崩之前，康熙最得意的儿子是年轻的皇十四子胤禵。胤禵常年领兵在外，素有军功，威望很高，一年前又被调到西北督促军务。从某种意义上来说，胤禵很显然比胤禛更有资格继承皇位。

这已经是鱼死网破的想法，即便是把皇位拱手让人，也不能让皇四子胤禛占这个便宜。

然而，此时真正坐镇西北的，正是胤禛的臂助年羹尧。有年羹尧在西北坐镇，胤禵别说在西北建立军功，就是想要回来参与夺嫡都并不容易。

想回来的人回不来，想出去的人也出不去。

诸皇子们在京师紫禁城里被隆科多限制得死死的。他们明白，内外都有胤禛的亲信，自己这帮人，估计是没戏了。

风轻云淡之下，胤禛已经在冥冥之中击败了他所有的对手，很快，他成为王朝的新帝。

> 所谓天下事，人间情，俯而就者易，仰而企则难。

在别人看来，如果隆科多的口头遗诏没有作伪，那么康熙皇帝在临终之前改变心意，把大清的未来交到了他这个不显山不露水的儿子手里的唯一理由，就是他长久地忽略了胤禛。

正是因为老父亲长久地忽略了这个儿子，才会让康熙在突然发现胤禛时，觉得这样寡淡、与世无争的人，才是自己苦苦寻找的储君。

康熙毕竟是一代明君，他明白，与世无争不过是胤禛的外表，是他的隐藏，他本质上还是要争的。只不过，胤禛要争的，不是区区紫禁城中那一方小小的皇位，而是整个天下。

胤禛没有辜负父亲的期望，在之后的十三年里，他做了历朝历代那些封建君王想要做却不敢做，或者说做不到的事情。他惩治贪污、处理恶吏、打击地主和贵族士绅，甚至连昔日旧友也不放过。

诚然，他得罪了太多的人，以至于在死后不断地被口诛笔伐，被描绘成了一个阴险的小人，一个性格卞忿的暴君。

但他从来没有后悔过。

因为，不曾后悔的人，往往是从始至终都知道自己想要什么的人。

雍正三年（1725 年），年羹尧坐罪赐死。

雍正五年（1728 年），隆科多被永久监禁。

从努尔哈赤时代就陪王伴驾的佟氏一门终于门庭冷落，而那个以侧福晋身份结识胤禛的女人，虽然已经贵为年妃，但却对自己当年口中痴爱的四郎越来越陌生了。

庭前花开，宫中日落，四郎不再是胤禛，而是大清帝王——雍正。

参考文献

1.《清史稿·本纪·卷九·世宗本纪》

2.《文献丛编》，第三辑，戴铎奏折五十七年折 .

3.《大清世宗宪皇帝实录·卷一》

朱棣的权谋心术，看完让人不寒而栗

永乐二年（1404年），都察院中某位没有留下名字的御史向明成祖朱棣上了一封奏疏，弹劾甘肃总兵宋晟，说宋晟在甘肃搞一言堂，专权专政，不仅不把地方官员放在眼里，甚至视皇权于无物。

甘肃总兵，即甘肃地区最高级别的军事长官，在当地只受巡抚节制，而且巡抚也只能节制他的部分权力，调动军队的大权可都在总兵的手里。

御史说宋晟专权，这对皇帝来说其实是一个危险的信号，因为专权往往就代表着宋晟在地方上的权力已经大到了一定程度，成了当地的“土皇帝”。他不服管理也就算了，万一起兵造反，那就是一场王朝大地震。

一般来说，作为最高统治者，接到这种弹劾，就算不把宋晟给杀了，那至少也要给他调动一下工作，不能让他继续在甘肃待了，然而，朱棣的做法很有意思。

在朱棣看来，宋晟专权不专权根本不重要，而且就算他专权，那也是正常的。因为，宋晟这个人，从洪武年间就一直镇守甘肃。朱棣还是皇子的时候，他曾经被朱元璋派到塞外去收拾蒙古人，那时候负责策应朱棣行动的就是宋晟，因此他们很久之前还有一面之缘。建文朝的时候，宋晟留守甘肃，朱棣即位之后，宋晟还是照旧负责甘肃地区的军事活动，而且他一直以来干得都很好。

可以说，这个宋晟真是大明朝一位冷门的宝藏将领，他前后四次出镇甘肃，横跨二十年。在边地，他威名赫赫，令敌人畏惧，得百姓喜爱，因此深得朱棣的器重。

据《大明太宗文皇帝实录·卷五十七》记载，在遭到御史弹劾之后，还没等宋晟上疏辩解，朱棣先给他发了一道敕令，内容是这样的：

> 永乐四年闰七月……甘肃总兵官、西宁侯宋晟奏请来朝，敕晟曰：今西北边务，一以委卿，岂可暂离？宜专心计理，以副倚托，非有召命，毋辄来。

这意思就是说：之前我就跟你说过，你在甘肃凡事可以先斩后奏，因为古来明君都是疑人勿用用人不疑，我相信你的人品，你肯定不会干坏事儿，所以我才放权给你。这御史弹劾你，你也不用见怪，因为御史就是干这个的，反正我肯定是不会怀疑你的，你就好好干吧。

朱棣给宋晟的敕令，语气简直如老大哥一样如沐春风，但是宋晟看完之后，却是惊出一身冷汗，浑身都湿透了。

聪明人看信息，看的不是说出来的，而是要品一品没说出来的。

皇帝说，我相信你，所以我才放权给你，这句话的意思是，无论你在甘肃是否独断专行、专权专政，你都要知道，这权力不是你自带的，也不是自己制造出来的，而是我朱棣赋予你的。那么既然这权力是我朱棣赋予你的，我就随时都可以收回来。

这话是什么意思？意思是让宋晟明白自己的身份地位，我捧你，你是个光鲜亮丽的玻璃杯子；我不捧你，把你给摔了，那你就是满地狼藉的玻璃碴子。

皇帝又说，御史虽然弹劾你，但是你不要把这事儿放在心上，那么言外之意就是，你不把这事儿放在心上，那我朱棣可在心里记得这件事儿，我手里可有你的黑账，而且你的一举一动都有人监视，所以你更要规范你自己的行为。

这帝王心术，高深莫测，如果宋晟是一般人，他也许心安理得地回复知道就完事儿了，那么很有可能他将不会见到第二天的太阳。但是，宋晟毕竟历经三朝，他不是一般人，而是一个拥有丰富政治头脑的军事家。所以，看完朱棣的敕令，他表现得诚惶诚恐，仿佛自己犯了死罪一样，立刻就要自行解除所有职务，回京述职，亲自和皇帝解释这事儿。

要知道，其实宋晟根本就不专权，他也没有什么污点，他完全可以不做任何解释。但是，他不得不解释。

因为，这就是君臣之间的较量。

朱棣以退为进，他假意安慰宋晟，实则是在试探宋晟的态度，而宋晟也以退为进，他给出了朱棣想要的态度，他没有认同朱棣对自己的宽慰，反而一力揽下了自己的罪责，听凭皇帝发落。而只有以这样卑微的态度示君，才能让朱棣稍微放松他高度敏感而紧张的神经。

在得到了宋晟的回信之后，朱棣则又轻描淡写地说：西北地区的边防都是你负责的，你责任重大，没事就不要总是往回跑了。

直到这一刻，宋晟才算是安全了。

然而，更加可怕的是，也许这一切只是宋晟脑补出来的，朱棣就是表里如一，皇帝就是真的如此信任他，那么他其实就纯属多此一举。但是，处在那个位置上，他宁愿去多做补救，也绝不会铤而走险。

朱棣调理武将很有一套，那么他对文官又会有什么样的手段呢？

永乐十八年（1420 年），朱棣正式迁都北平（今北京）。

永乐十九年（1421 年）初夏，紫禁城的避雷措施不太好，有天下大雨，电闪雷鸣，雷电击中建筑，就把奉天、华盖、谨身三大殿全部焚毁了。

朝廷上对此事议论纷纷。礼部主事萧仪向朱棣上了一道奏疏，中心思想是批评朱棣迁都。

永乐迁都，在当时一直很有争议。明末清初有个文化大儒叫黄宗羲，他曾提出一些角度奇特的看法。

黄宗羲认为，明朝迁都北平两百年的时间里，英宗时有土木堡之变，代宗时瓦剌军兵临城下，武宗时阳和被困，嘉靖年间，边关骚乱不说，京师还被围了，到思宗崇祯的时候京师又年年戒严……

反对者认为，迁都北平其实是把明朝的北方防线向内收缩，兵力也集中在了京师，宣宗的时候又放弃了开平三卫，这等于是出了长城就再也没有明军主导的大型兵力布控了，说白了，这是纵深不够。大面积的战略纵深，它可以让明军在军事活动中有更高的容错率和更加充足的喘息时间。也正是因为缺少战略纵深，当年英宗前脚在土木堡折戟沉沙，后脚京师就告急了。

萧仪是江西人，从某种程度上他代表了江南官宦和士子们的态度。当然，之所以反对迁都，也许不仅仅是出于军事意义上的考量。以前南京是都城，那么他们本地人就拥有更加熟悉的政治土壤，具有得天独厚的优势，他们肯定是不愿意迁都到北京去的。所以，萧仪上疏批评朱棣，说紫禁城着火乃是上天示警，是皇帝贸然迁都惹怒了上天。

封建帝制时代，统治者鼓吹皇权神授，说皇帝是神的使者，执行的是上天的意志，反正皇帝对子民们是这么说的，至于他们自己到底信不信，那两说。

可在朱棣看来，三大殿失火是自然灾害，萧仪非要把这事儿和迁都画上等号，很明显就是在阻挠自己的国家大计。所以，朱棣十分恼怒，他二话不说就把萧仪给杀掉了。

能在朝廷里直接给皇帝上疏的，那都是帝国精英，是多年培养出来的人才。可礼部主事毕竟不是什么大官儿，而且对朱棣来说，杀一个萧仪，还能起到杀鸡儆猴的作用，有这么血淋淋的例子在前，谁还敢顶风作案。

您别说，还真有，这个敢为天下先的人，是翰林侍读李时勉。

李时勉，名懋，安福（今江西吉安）人。做翰林侍读之前，在朝廷里担任的一直都是中下级别的官员，性质和萧仪差不太多。

萧仪死了没多长时间，李时勉就又给朱棣上了一封奏疏，中心思想还是说朱棣贸然迁都是不对的。

史书没有记载这封奏疏具体写了什么，但是可以猜测，一定是笔锋相当狠辣，言辞特别激烈。因为朱棣看完之后当场暴怒，仪态尽失，甚至把奏疏扔到了地上。

大家可以脑补一下后来海瑞骂世宗“嘉靖嘉靖，家家干净”的那个画面，估计当时嘉靖的心情和朱棣这时候的心情也差不多。

人生在世，谁不畏惧死亡？尤其是毫无意义地死去。

当年宋晟被朱棣调理得汗流浃背，不是因为他怕死，而是因为他宁愿死在战场上，也不想死于政治陷阱。

但是，文官和武官不同，因为文官好像天生不怕死，不管是有意义的死还是没有意义的死，他们都不怕。他们不仅不怕，他们更巴不得被朱棣杖毙于奉天殿上，这样自己正好名留青史。

之前上疏的萧仪已被处死，现在再杀一个李时勉对朱棣来说其实真的无所谓。以朱棣之心计权术，想要“合法化”地杀掉区区一个翰林侍读，那实在是再容易不过了。但是，朱棣是优秀的帝王，他之所以能得到后世如此之高的评价，就是因为他并不以掌握可以对臣子生杀予夺的权力为能事，他要做的，是合理地判断臣子的目的性。

而通过李时勉的奏疏，朱棣看到了李时勉刚正耿直的一面。因为，李时勉的奏疏不是为了批评而批评，这个小小的翰林侍读字字珠玑，还写下了不少事关明王朝发展和生存过程中所面临的一些问题，而且桩桩件件切中要害。

人家这是跟你掏心掏肺啊。

所以，朱棣发完脾气，又把奏疏拿起来看了一遍，看完还不算，他还把奏疏中的大部分内容都准予改进或施行了。当然，不包括迁都问题。

做帝王，要懂得恩威并施，因为朱棣明白，帝王的权谋心术不代表他治国的水平。

如后世之世宗朱厚熜，堪称皇帝圈智商顶尖，但终生陷于党争和权谋之中，他的智力也许是高级的，权术也许是成功的，但是为君一任，他却是失败的。

朱棣不同，因为他能真切地感受到，李时勉的所作所为不是为了针对自己，也不是为了阻挠迁都，而是慨然以天下为己任。

对于这样的人，任何的权术阴谋对他来说都没有作用，贵为一代君王，永乐大帝，他唯一能做的，也只有坦诚相待。

当然，前人不知后人之事，后人不知前人之思，朱棣也不会想到，多年之后，李时勉会因为在朝会上公开指责仁宗好色，而被一向宽厚贤德的朱高炽给打了个半死。

参考文献

1.《明史・卷五・本纪第五・成祖一》
2.《明鉴纲目・卷二》
3.《明通鉴・卷十三》
4.《续藏书・卷四・开国功臣》
5.《罪惟录・卷十六・乘时诸臣列传》
6.《明史纪事本末・卷十・故元遗兵》
7.《文敏集・卷十九・追封西宁侯宋公墓碑》
8.《东里文集・西宁侯宋公神道碑铭》

狄仁杰纪事：盛唐的司法与权谋

唐，上元二年（675年）。长安城，大理寺。

长安，也就是今天的西安，是当时世界范围内规模最大的城市之一。

晨曦初现，金色的阳光洒在长安城的每一个角落，为古老而庞大的帝国镀上一层辉煌。

城墙下，护城河水波光粼粼，倒映着蓝天白云和皇家宫殿的巍峨身影。

宫殿楼阁气势磅礴、雄伟壮观、金碧辉煌，其中更有檐角飞翘、雕梁画栋，尽显皇家气派。

街道两旁商铺林立，各色百货琳琅满目，街上行人络绎不绝，几乎世界各地的人都出没于长安城中。

上元二年（675年），还是大唐高宗执政，贞观之治的余晖尚未结束，而开元盛世的宏大气象仍未到来。

总体来说，此时仍属盛唐。

长安城的大多数人都沉浸在富足欢乐的生活中，只有一个人的心情较为凝重。

这个人，就是新任大理寺寺丞狄仁杰。寺丞平时要负责的工作中最为重要的一项内容就是，负责审理全国各地报上来的重案和要案。

说白了，这些案子的侦破难度相当之大，那都是地方官员们研究不明白、破不了的，才会被送到大理寺。

所以，寺丞一定要有真本事，能破重案要案。

狄仁杰在任大理寺寺丞之前在太原当了十年多的法曹参军，专门负责地方上烦琐复杂的法律案件，已经积累了丰富的经验。

也正是因为狄仁杰有资历、有能力，所以朝廷才会让他担任这么重要的职务。

狄仁杰没来大理寺的时候，很多奇案疑案，长期悬置，不能告破。等到狄仁杰走马上任，凭借他的聪明和破案经验，很多棘手的案件终得以侦破。

破案效率提升了，这让大理寺正卿张文瓘相当满意。

张文瓘一看狄仁杰这么能干，干脆把大理寺历年来的积案旧案的卷宗全都搬到了狄仁杰的桌上。

而在这偌大的卷宗堆里，有一桩案件，引起了狄仁杰的注意，那就是：

轻车都尉阎庄，在跟随唐高宗李治和皇后武则天巡游东都洛阳的过程中，刚到河南，突然死了。

唐朝的都城是长安，洛阳城属于陪都，就好像朱棣迁都之后的南京一样。

阎庄的死，很蹊跷，死的不是普通人，是朝廷命官。

而且，阎庄还不是普通的朝廷命官，他的父亲是工部尚书阎立德，他的叔父是大唐宰相阎立本。

阎立本，大政治家、大画家，名满天下，尤其擅长画人物画像，作有《历代帝王图》。我们现在看到的流传至今的很多皇帝画像，都出自阎立本之手。

看到阎立本的名字，狄仁杰蓦然想起数十年前的一桩往事来。

十多年前，狄仁杰初入仕途，那个时候他天真、懵懂、幼稚，有着崇高的理想和坚持不懈的信条。也正是因为如此，他不懂得和光同尘，更不知道做官应该收敛锋芒，因此他处处碰壁，遭人打压排挤，日子过得老惨了，差点就被同僚欺负到官位不保的地步，还没老就还乡了。

幸好，那个时候狄仁杰遇到了在地方做长官的阎立本，阎立本惜才，有心搭救狄仁杰，把他推荐到太原并州去做官，以此让他远离官场争斗。

阎立本也许只是随手搭救，他位极人臣，一生中接触过的中低层官员不计其数。他也许都不会记得狄仁杰是谁，但对狄仁杰来说，阎立本的行为恩同再造，他内心里一直把阎立本当成自己的老师来看待。

两年前，阎立本故去了。

故人去世，还未来得及伤感，眼下又接手了故人之侄子的案子，这让狄仁杰十分感叹。

他有心想要报答阎立本当年保举自己的恩情，所以一心想要把阎庄之死给调查清楚。但奇怪的是，阎家似乎对阎庄的死，颇不以为意，甚至早就把阎庄从族谱里除名了。

狄仁杰亲自到阎家走访，阎家态度冷淡，好几天才极不配合地说出了一条线索：

阎庄生前不仅是轻车都尉，还是太子李弘的家令，说白了就是太子最信任的亲信和幕僚。

李弘，唐高宗第五子，武则天长子，帝国储君，未来的皇帝，不过上元二年（675年），李弘在前往合璧宫的途中，与高宗和武后同行时，突然遭遇不幸离世。

阎家人说，太子薨逝之后，阎庄分外自责，认为自己没有照顾好太子。他忧思成疾，整日哀叹，不久之后也病死了。

说白了，这阎庄是伤心忧愤而死。

在阎家人看来，阎庄是忠君之臣，君死而臣死，但在狄仁杰听来，这却完全不合逻辑。

"梁王坠马寻常事，何必哀伤付一生？"

这阎庄不是贾谊那种纯粹的文人，他年轻的时候是上过战场，见过生死，立过战功的，以他的心理素质来看，是绝对不会这么脆弱的。

李弘和阎庄同一年相继去世，那么两者之间会不会有什么隐秘的关联呢？

往这个上面想，好像也想不通。

因为，李弘做太子期间名声一直很好，他和唐高宗也好，和母亲武则天也好，从来没有过什么直接的冲突或矛盾，而且就算是有，也绝对到不了李弘非死不可的地步。

别的就不说了，李弘死后，李治和武则天异常伤心，老父亲老母亲更是直接把太子李弘追谥为“孝敬皇帝”。

如此极尽哀荣，这可算是有唐以来第一回。

如果李弘是非正常死亡，那用不着狄仁杰查，唐高宗早把大唐给查个底朝天了。

百思不得其解下，狄仁杰最终放弃了这桩案子，毕竟大理寺的卷宗堆积如山，狄仁杰不能因为个人感情把精力全都浪费在这一桩案子上。

于是，他继续翻看下一份卷宗，好家伙，也是重案：

唐朝外戚大臣贺兰敏之，强奸了另外一位朝中大臣杨思俭的女儿。

> 时司卫少卿杨思俭女有殊色，高宗及则天自选以为太子妃，成有定日矣，敏之又逼而淫焉。(《旧唐书·贺兰敏之传》)

天子犯法与民同罪，何况贺兰敏之强奸的还是大臣的女儿。

而且，杨思俭的女儿身份更不普通，因为杨思俭的女儿早就被唐高宗李治钦定为太子李弘的太子妃。

说白了，杨思俭的女儿就是李弘的未婚妻。

您想想，这种事儿发生了，被皇帝给知道了，皇帝不得把贺兰敏之从重治罪?

然而，因为贺兰敏之是外戚，他是武则天的外甥，所以后来这件事竟然不了了之，贺兰敏之也没有受什么惩处。

后来，贺兰敏之照旧胡作非为，最终激发了武则天的不满，武则天忍无可忍将其处死，但是李弘和他母亲身后的武氏家族的梁子，已经结下了。

又是李弘，这个案子里又有李弘。

假使李弘已经和武氏家族产生了矛盾，那么武则天就很有可能会对自己的儿子动手。

高宗李治的身体一天不如一天，眼下是二圣临朝，权力大都集中在武则天的手里，现在武则天要风得风，要雨得雨。权力在她手上，她就能保全身后的武氏家族，可如果高宗一朝晏驾，李弘登基，会不会变天?

武则天难免陷入忧虑，一来武氏一门里后继无人，武氏家族里大多数都是纨绔子弟，武则天压根就指望不上他们；二来李弘原本就和武氏外戚心存芥蒂，李弘一旦登基，他会不会对武氏外戚发动政治清洗。

人无近忧，必有远虑。

眼下的得盛宠而揽大权，是武则天的无近忧，而未来武氏家族的未知数，则是武则天的远虑。

武则天向来杀伐果决，李弘是否死于她手，而阎庄是否得知了其中内幕，也被一同杀掉了呢?

狄仁杰望着书案上的卷宗，长长地叹了口气，最终还是将它们拾起来，转身封存入库。

因为，这都是狄仁杰的猜想，他没有理由，他也没有证据，他一个六品官也管不了天家的大事儿。

而关于李弘和阎庄之死，自狄仁杰之后，再也无人问津。

换句话说，他们到底是怎么死的，已经不重要了。

不久之后，长安传出消息，新来的大理寺丞狄仁杰一年内解决了大量的积压案件，而且多是血案悬案，这些案件涉及的朝野人员更是多达两万人。

为了忘记一些事情，狄仁杰把精力全部投入另外的事情。

不久后，高宗大行，接下来的中宗李显和睿宗李旦都接连被武则天废黜。要知道，这俩皇帝可都是武则天的亲骨肉。时人见武则天手段如此，不禁胆寒，而后武则天称帝，改唐为周，成为一代女皇。

也就是在武则天的统治时期，狄仁杰成为大唐的宰相，走到了当年对他有赏识之恩的阎立本的位置上。

武则天对狄仁杰十分器重，君臣之谊非同寻常，武则天甚至从来不直呼狄仁杰的名字，而尊称他为国老，并且允许他不用在宫里值夜班，还告诫官员若无军国大事不要去打扰国老。

如今，他已经拜相，也见识到了武则天的狠辣手段，目睹了她对儿子们的毫不留情，可不知道如此隆恩之下，狄仁杰会不会在某一个时刻突然想起，自己多年前任职大理寺丞的那段往事呢？

而关于李弘和阎庄的死，狄仁杰也终于有了自己的答案。

只可惜，一切有为法，幻相有去来，一切都成了不能说的秘密。

参考文献

1.《唐会要·卷十八》

2.《新唐书·狄仁杰传》

3.《资治通鉴·唐纪二十二》

4.《太平广记·定数一》

千古阳谋——“二桃杀三士”

诸葛亮年轻的时候，在隆中隐居，闲着没事儿，喜欢唱歌，他最常唱的，是一首《梁甫吟》。

这首歌，是诸葛亮亲自编词编曲，全文如下：

> 步出齐城门，遥望荡阴里。里中有三坟，累累正相似。
> 问是谁家墓，田疆古冶氏。力能排南山，又能绝地纪。
> 一朝被谗言，二桃杀三士。谁能为此谋，相国齐晏子。

我在齐国的国都临淄遥望远方，发现了三座坟冢，外观相似，原来是埋葬着三位关系极好的人。

他们是谁？是齐国的将领公孙接、田开疆和古冶子。

他们为什么会死去？是因为齐国的相国晏子设计害死了他们。

歌词中讲述的故事，穿越千百年，到如今品来，仍有一丝萧索的味道。

我们的故事，也要从千年之前的春秋时代开始说起。

春秋时代，如果论老牌强国，当属齐国。

齐国君主齐景公（前 527 年—前 490 年），是齐国历史上一个很有意思的君王。

景公的治下，有三位武艺超群的武将，他们的战斗力极强，输出能力更是无出其右，所向披靡，他们就是公孙接、田开疆、古冶子。

公孙接能徒手和老虎搏斗，田开疆能开百石的强弓，而古冶子水性极好，擅长游泳，打水战称得上天下一绝。

三位仁兄不仅本事很大，权力也很大，他们领兵统将，已经到了威胁齐景公统治的地步。

当时的齐国相国晏子，是文臣势力的代表人物。

晏子是个聪明人，他发现这三位将军已经严重压缩了卿大夫们的生存空间，更对齐景公本人的王权产生了威胁。

比如，晏子虽然从身份等级上来说要比这三人高，但是每次晏子遇到他们，总是会十分客气地行礼，规规矩矩地打招呼，而这三位仁兄如果碰到了晏子，却一个个趾高气扬、颐指气使，根本不把晏子放在眼里。

晏子的心里，那是相当憋屈，相当愤怒。

聪明人等待机会，而成功者往往擅长制造机会。晏子很快找到了齐景公，对景公说了这么一番话：

列国之中那些优秀的君王，都知道应该招揽一些能征善战的将领来为自己服务。而这些将领，应该具备以下素质：

第一，要对君王忠诚。武将要是对君王不忠，那君王的处境就十分危险，武将就有背刺君王的可能，搞不好哪天背后给你来一刀，你可就危险了。

第二，要与同僚和睦。高级将领们手握兵权，势力庞大，很容易养成骄纵任性的脾气，如果他平日丝毫不把同僚放在眼里，今天收拾这个，明天欺负那个，到时候朝廷被他们搞得一团糟，同僚离心离德、貌合神离，那后果是很严重的。

现在咱齐国的武将们，一不效忠君王，二不团结同僚，如果不及早地处理他们，我看早晚是要出事儿啊。

齐景公自然是举双手赞同的，表示相国说得很有道理，别说你考虑这个事儿挺长时间了，寡人也一直想要肃清武将队伍，尤其是公孙接、田开疆和古冶子这三个人。但问题是，这三个人，战斗力都很强，手里还有兵权，如果我直接收拾他们，一旦操作失误，他们联合起来反对我，那可就危险了。

晏子一听，心里有谱了，立刻请求齐景公叫来公孙接、田开疆和古冶子三人训话。

一般来说，我们认为训话就是齐景公要试探一下这三个人，接着就是处罚他们。

然而让人想不到的是，齐景公非但没有处罚他们，反而还拿出了两个个头饱满，看起来鲜嫩多汁、味道鲜美的桃子赏赐给他们。

齐景公赏赐完桃子，晏子则在一旁煽风点火——国君赏给你们三个人两个桃子，你们就按照各自的功劳来分桃子吧。

首先，是公孙接。

公孙接看着这两个桃子，知道这肯定是晏子的主意。

不拿桃子吧，那就是胆怯，那就是便宜了另外两个人，更表明承认自己没有功劳，可要是拿了桃子，剩下两人肯定有一个就吃不上桃子。

公孙接思来想去，认为自己能和老虎搏斗，论武力值谁也比不上自己，拿一个桃子吃应该不过分，所以他伸手就把一个桃子拿起来，揣在了怀里。

田开疆一看公孙接拿了一个桃子，认为自己这么多年来开疆拓土，为齐国建立了不少功劳，拿一个桃子，那也是应该的。

公孙接拿了一个桃，田开疆拿了一个桃，剩下那个没有拿到桃的古冶子可就有点不乐意了。

古冶子的能耐相当大，据《晏子春秋·内篇谏下》记载：

> 吾尝从君济于河，鼋衔左骖以入砥柱之流。当是时也，冶少不能游，潜行逆流百步，顺流九里，得鼋而杀之，左操骖尾，右挈鼋头，鹤跃而出。津人皆曰："河伯也！"

我曾经护卫过齐景公横渡黄河，齐景公摆渡到一半的时候，黄河里突然游过来一只大鳖，咬住齐景公的船就开始拖行，马上就要把齐景公连带着船拖到河里。我当时一看情况危急，一下就跳到了河里，潜入水中，一剑斩杀大鳖，然后跃出水面。渡口的船夫惊呼我是河神转世。

像我古冶子这样的功绩，难道还不比公孙接和田开疆强吗？我拿一个桃子，那是完全合情合理的，倒是你俩，揣着桃子还挺美，还不赶紧把桃子还回来！

公孙接和田开疆听古冶子这么一说，老脸一红，羞愧难当，纷纷开始谴责自己。

我俩论功绩比不上古冶子，但先把桃子给拿了，这就是贪婪的表现。

我们如此贪婪，却又如此不知廉耻地活着，那我们还算是勇敢无畏的将领吗？

两人越想越难受，越想越钻牛角尖，把桃子交出来之后干脆拔剑自刎了。

作为同僚，古冶子一时间也愣住了，这位仁兄也开始了头脑风暴和内心谴责。

都是一个战线的过命兄弟，他俩死了，我独自苟活，那我就是不仁；他们因我而死，我就成了杀人凶手，这就是不义。古冶子相当后悔，若刚才不说这些过分的话，也不至于如此？

古冶子越想越难过，越想越后悔，他又认为，如果自己为刚才的行为感到后悔，那么就该以死谢罪，随即拔剑自刎。

片刻之间，晏子用两个桃子，轻松解决了三位武将。而这个故事，就是著名的“二桃杀三士”。

二桃杀三士被后人推崇为“千古阳谋”。

所谓阳谋，即光明正大地使用计谋达到目的。明知是谋，局中人也无法破解。

有人说，这三位仁兄完全可以大度一点，谁都不要桃子，全都放弃不就得了吗？

理论上可以实现，但要知道，当时正处于把荣辱看得比生命还要重要的春秋时代，所以晏子一旦把桃子拿出来，把分桃当作是评赏个人荣誉的行为，就没有人会退缩或者弃权。

而既然没有人会弃权，那么在一人至少要拿到一个桃子的前提下，三个人就永远无法均分两个桃子。

还有人说，是这三个人的性格有问题，分个桃子怎么还豁上命了呢？

其实，并不是因为他们想要豁命，而是因为他们中计了。

我们可以发现，晏子把桃子的数量，控制得很巧妙。

不是三个人分一个桃子，也不是三个人分三个桃子。

三个人分一个桃子，那就表示会有两个人没有桃子，而唯一得到桃子的那个

人，就会拥有莫大的殊荣，所以三人分一桃，争的是荣耀。

这荣耀没争上也没有关系，因为毕竟落选的人有两位，谁也不会瞧不起谁。

三个人分三个桃子，那就表示每个人都会有一个桃子，如果每个人都拥有一个桃子，那么就无法挑起三个人的矛盾，分桃就变成了一件平常的事情。

所以，桃子的数量不能多，也不能少，如果要达到无解的状态，只能是两个。

三个桃子争的是分享，一个桃子争的是荣耀，而两个桃子，争的是耻辱。

两个桃子三个人分，得到桃子的两个人都有了荣耀，而唯独没有得到桃子的那个人，将会承担莫大的屈辱。

我可以没有桃子，但不能仅仅是我没有桃子。

我可以不要荣耀，但屈辱不能让我一人来背负。

所以，无论是谁成了那个没有桃子的人，都会立刻因为突然降临的巨大屈辱而陷入愤怒、扭曲、贪婪、羞耻的情况中，并和另外两个有桃子的人，产生不可调和的矛盾。

得到桃子的两个人会对没有得到桃子的人产生愧疚的心理，从而以死谢罪。而没有得到桃子的人也会因为伤害了得到桃子的人而产生负罪感，最终也会一死了之。

千古阳谋，看来，果真名不虚传。

一个桃子而已，真的有这么重要吗？有如此之巨大的魔力吗？可轻桃之微，非尔分故也。

其实，重要的从来不是桃子，而是我们能否得到，又是否甘愿失去。

参考文献

1.《梁甫吟》

2.《惧谗》

3.《晏子春秋·内篇谏下》

晋景公：从权谋霸主到意外溺亡

春秋时期，有个国家叫晋国，就是后来被韩、赵、魏三家瓜分的晋国。

春秋时代，晋国是老牌强国，实力强劲，疆域广大。晋国极盛的时候，疆域面积囊括了整个山西省，又包括了陕西的东北部、河北的中南部、河南的西北部、山东西北部和内蒙古大部。

春秋时期列国并行，小国众多，其中最强的四个是晋、齐、楚、秦。

在这四个强国之中，晋国以其无可匹敌的实力一家独大，常年压制另外三个国家。

公元前600年，晋国的君主是晋景公姬獳，他是晋国的第二十六代君主。晋景公是一位热衷于战争的君主，他很喜欢打仗。

长期以来，晋国和楚国之间的关系十分紧张，经常发生冲突。

楚国意图扩张，所以出兵攻打了另外一个小国郑国，为了侵略郑国，楚国还发动了柳棼之战和颍北之战两场战役。

楚国是大国，而郑国是小国，从实力来看，楚国打郑国的输赢毫无悬念。

但是，晋国是肯定不会放任楚国做大的，这敌人的敌人就是朋友，郑国如果被楚国打败了，楚国的实力和疆域都会进一步扩大，这对晋国来说是好消息吗？当然不是。

所以晋景公果断出兵，在柳棼之战中，晋国毅然出兵支援郑国，而在颍北之战中，晋国再次伸出援手，助力郑国抵御外敌。正是由于晋国的不断干预与捣乱，使得实力强劲的楚国尽管多次尝试，却始终未能把郑国给拿下来。

这叫什么，这叫不杀人，但是恶心人。

楚国生气啊，楚国难受啊，楚国恨不得把晋景公给掐死。但是两国实力就在那里摆着，楚国暂时还打不过晋国，可这口气还真就咽不下，所以楚国决定和秦国结盟。

秦国和晋国也不对付，两个国家之间经常兵戎相见，而且秦国更是被晋国压制，面对晋国，秦国往往都是那种惨烈性的失败，包括但不限于全军覆没、主帅被擒等。

因此，秦国和楚国这两个失意之国，在此时携手合作，结成了盟友，共商大计对付晋国。

有了秦国这个盟友，楚国信心大增，于是又开始讨伐郑国。

楚军出兵郑国，郑国这种小国没有能力抗衡，所以只能再次向晋国求援。

晋景公一听楚人这是贼心不死啊，又要打郑国的算盘，于是立刻集结军队，打算再去给楚国搞破坏。

但是问题是，楚国侵略郑国也不是一回两回了，他们历经多次，有丰富的经验，天气、道路都一清二楚，他们驾轻就熟，行军速度极快，还没等晋军支援到郑国，楚军已经提前把郑国给占领了。等到晋军呼哧呼哧地来到郑国城下，郑国已经屈服，并且扭头和楚国交好了。

据《史记·晋世家》记载:“郑伯肉袒与盟而去。”

意思是郑国的君主为了表示向楚国谢罪，竟然直接脱掉了上衣，露出了胳膊来迎接楚庄公，与楚庄公结盟之后离开。

晋军见状，楚国得逞，郑国沦陷，郑国还跟楚国结盟了，那么自己这一趟算是白来了。既然白跑一趟，那么就此回去也就算是完事儿了，以后郑国咱们不保护了，这个盟友咱们不结交了。

但是，晋军里有几个将领很不满，他们不愿意回去。从他们的角度看来，晋军奔袭郑国，不仅白跑一趟，还把面子给丢光了。

在春秋这个波澜壮阔的大舞台上，谁不渴望维护自己的尊严和颜面呢？眼见楚军把郑国给拿下了，若晋军一声不吭地退兵，颜面何在？一旦这份颜面丧失，未来诸侯再次会盟之时，晋国又将如何自处？

所以，在这一小部分将领的怂恿下，晋军不仅没有退兵，反而就地修建工事，和楚军宣战，晋国和楚国在郑国的领地内狠狠地打了一仗。

如果是以前，楚国必然不是晋国的对手，但是现在，郑国已经归顺了楚国，晋国和楚国打仗的时候，郑国也出兵帮助楚国，结果晋国以一敌二打不过，狠狠地吃了一场败仗。

晋国战败以后，楚国的气焰愈发嚣张，于是楚军乘势进军，打算再把宋国给拿下来。

宋国国小兵弱，经济落后，一旦被楚国这种大国讨伐，它只能向另外的大国求援。宋国一看楚军来势汹汹，于是赶紧向晋国求援，请求晋景公支援宋国。

上次晋景公在楚军的手里吃了败仗，很憋气，现在楚国又出兵了，他急不可耐，立刻就要发兵援宋，结果被大臣们给拦下了。

晋国大夫伯宗谏言曰："楚，天方开之，不可当。"（《史记·晋世家》）

楚国正处于强盛之时，是上天在帮助它，不可阻挡。

一句话，就把晋景公想要发兵援宋的念头给打消了。

如今看来，这实在让人难以置信。一场战争仅仅因为一句话就改变了方向，可能吗？

您别说，在古代还真有可能。古代人相信天人合一、相信万物有灵、相信天上地下浑然一体，总而言之，他们笃信天命。

春秋时代的四大强国中的楚、秦结盟了，那么齐、晋的关系怎么样呢？

说实话，也不是很好，加之齐国人历来对晋国人持有偏见。某次，晋国派使者出使齐国，齐人竟然嘲笑晋国使者的外貌，因此两国之间就交恶了。

当然，齐国也为此行为而付出了惨重的代价。

据《史记·晋世家》记载："晋伐齐，齐以公子强质晋，晋兵去。"

晋国后来举兵讨伐齐国，齐国连连败退，最后实在没有办法，只能把本国的公子送到晋国去做人质，晋军才停止进攻。

在晋景公统治时期，晋国掌握着战略主动权，因为它本身实力就很强，也正因为如此，晋景公行事十分嚣张，无所畏惧。

"木秀于林，风必摧之；堆出于岸，流必湍之；行高于人，众必非之。"晋景公横行霸道，很快引起了其他诸侯国的不满。

以楚、秦、齐牵头，联合鲁、蔡、卫等十几个小国，组成了反晋联盟，声势浩大，一起联合起来讨伐晋国。

一般人面对这种危机，很难处理，但是别人害怕，晋景公不害怕。景公不仅不害怕，他还逐一击退了这些联合起来进犯的列国。

面对众多敌人，晋景公费心费神才解决了这么大的危机，他也因此积劳成疾，患了重病。

生病之后，晋景公大部分时间都躺在床上睡觉。有一天晚上晋景公做了一个噩梦，噩梦的具体内容史书没有记载，但我们知道的是，梦醒之后晋景公的内心十分不安，他立刻找来巫师为他解梦，而巫师在听完这个噩梦的内容之后，给出的意见是：

> 不食新矣。(《左传·成公十年》)

这是说晋景公吃不到明年的新麦子了，意味着晋景公大限将至，活不过这个冬天了。

从晋景公治国领军的风格不难看出，他其实是一个性格非常强硬的人，所以他并不认命，更认为巫医所言荒谬，于是立刻又找来了晋国的名医医缓，让医缓来为他诊治。

在名医医缓的治疗下，晋景公的病情有所好转。但也仅仅是有所好转。医缓也说了，晋景公这病啊，很严重了，只能暂时为晋景公治疗一下，不过也只是治标不治本，晋景公的健康问题还是很大，治疗前只能活几个月，现在也不乐观，多说也就半年。

半年，对晋景公来说足够了，因为晋景公之所以要找名医来治病，也不是为了延年益寿，而是为了撑过这个冬天。

因为，巫师既然说他撑不过这个冬天，他就一定要撑过这个冬天。

他不仅要撑过这个冬天，还一定要吃上春天的新麦。

所以，春天一到，他立刻就叫人到田里割了不少新麦放到桌子上，然后把当时的巫医叫过来杀掉了。

仿佛在说，你看，你说我吃不上新麦，我这不马上就要吃上了？

但是，就在晋景公刚要动筷的时候，他突然感到腹部一阵剧烈疼痛，他感觉自己要拉肚子，所以急忙去如厕。结果他刚蹲到厕所里（就是我们农村的那种旱厕），一不小心，竟然跌到厕坑的粪池里，等到被人发现的时候，他已经溺死了。

晋景梦魇预不祥，厉鬼索命心惶惶。医缓难解膏肓病，新麦预言成谶语。

巫师被杀血染地，景公欲食麦饭香。谁料如厕跌茅坑，一代国君竟溺亡。

沉疴新愈，焰火灼春，就像制衡天下的一代霸主晋景公无法料想到自己如此的死法一样，晋国也无法想象，它们几乎称霸了整个春秋时代，却没能跨入新时代的大门。

晋景公是个冷门人物，多为读史者所忽略，但他的一生如此传奇，其内心也一定极丰富。面对不断变化的春秋时代，他会想起，大海的后浪总是会推走前浪，想到生命和时间的不断流逝，他也会意识到，就算晋国的霸权地位一直存在，但他总有变老的那一天。

一想到这些，他就莫名地感到窒息，他从未想象过自己年老时的智慧，他原本只想平静地在青年时代毫无痛苦地结束自己的生命。

但是，对一个人来说，无端地浪费自己的生命，放弃自己的生命，是很难的。

景公想过优雅地死去，死于操劳国事，死于沙场征战，甚至死于刺杀和兵变，但他却绝不会想到，如今的结局。

命运弄人，看来，此言不虚。

来年那一口新鲜的麦子，他始终没有吃上。

参考文献

1.《左传·宣公九年》

2.《左传·宣公十二年》

3.《史记·晋世家》

朱载坖：从压抑到放纵，皇权下的双面人生

明穆宗朱载坖，他没当皇帝的时候，一直生活在一种畸形的家庭关系中。

为什么说畸形呢？因为他的父亲明世宗朱厚熜，也就是嘉靖，从来不和自己这个儿子见面。

嘉靖皇帝曾经经历了两次丧子之痛，这两位不幸离世的儿子都是他比较喜欢的宝贝儿子。每当失去一位儿子，他都会深感悲痛，并陷入沉思，开始琢磨自己这儿子怎么好端端地就死了呢？是否隐藏着什么缘由呢？

嘉靖皇帝信奉道教，他在宫里有一位叫陶仲文的老师，平时给他讲经释文，顺便给他炼点丹药，这个陶仲文可以说是嘉靖的精神导师。

于是，嘉靖就找到陶仲文，你说我好端端的两个儿子，怎么就死了呢？

陶仲文一摸胡子，说你是真龙天子，有王霸之气，而你的儿子们是初生的小龙，他们没见过世面，见了你，你霸气侧漏，小龙一看大龙就害怕，一害怕就把自己给吓死了。

这套理论非常荒谬，但是嘉靖皇帝深信不疑，自此之后他就再也不召见自己任何一个儿子了，包括朱载坖。

且自穆宗就裕邸后，生不得见，死不得诀，亦可悲矣！（《万历野获编·卷三》）

这是什么意思，意思就是朱载坖始终见不到父亲，就算嘉靖死了，也不许儿子为他送别。

这种近乎割裂似的亲情看起来好像把父与子一分为二，但其实只是形式上的。

嘉靖虽然不和朱载坖见面，但是对他的严密监视，却一点都没放松过。

朱载坖是裕王，而他的王府是裕王府，一天到晚，裕王府周围都是皇帝的眼线，有东厂的，有锦衣卫的，裕王府里的仆从下人，也有皇帝埋的暗桩，王府里不管发生什么事情，哪怕是些生活琐事，也会一样不落地源源不断送到皇帝的御前。

当皇子，这实在是一件十分危险的事情。若表现得好，皇帝觉得太强势，对皇权有威胁，可能会招来祸事；可如果表现得不好，皇帝又会认为皇子太过平庸，露出失望之情。

所以，与其说朱载坖贵为亲王，倒不如说他是被桎梏在王府里的囚徒。

他被明确禁止过问朝政，而且不允许干涉皇族事务，不允许随便和朝臣结交，甚至朱载坖和他的老师徐阶、张居正之间的来往，都在皇帝的掌控之中，朱载坖毫无隐私可言。

更加让人觉得窒息的是，嘉靖就连裕王府的日常开支也会克扣，每年朝廷给皇子的例行赏赐，嘉靖往往截留为己用。

可见，嘉靖是一个极度自私自利的人。

嘉靖迷信道教，妄想长生不老，一度花费了大量的时间、精力和国库里的真金白银。

嘉靖的聪明，从来不往正地方用，他不能容忍别人比他厉害，不允许治下有所成就，所以他宁愿任用堪称大明巨奸的严嵩，也不愿意给治下的良臣们一点机会。

说白了，嘉靖是一个自己不想做事，也不允许别人做事的人。

这种近乎梦游似的执政方式，让我们不得不感叹，嘉靖简直是有明以来除朱祁镇之外表现最差的皇帝。

嘉靖漠视亲情，连他的儿子在他看来都不能称为“人”，只不过是一个政治符号化的存在。《明宫词》里说“世宗性卞”，这个卞，是狂躁的意思。说白了，就是说嘉靖喜怒不定、精神失常。

朱载垕深刻明白这一点，所以他这个裕王可以说做得是兢兢业业。

他当然恨极了这个变态的父亲，可他越是恨嘉靖，表面上就越要恭顺嘉靖。他要小心谨慎、步步为营，他要在政治生涯中不出现任何一个失误，因为一旦做错了什么，给自己带来的很有可能是灭顶之灾。

《明实录》中说他：

> 小心敬畏，执子道惟谨，起居出入，动遵礼法，居潜邸中十余年，未有游娱弋猎之幸。

意思是说朱载垕简直是古代完美皇子的教科书，他一举一动都严苛地遵循着大明礼法，让人挑不出哪怕一点的毛病，十数年的潜邸生涯，朱载垕不好奢华享乐，不好游猎玩耍，甚至就连妃嫔都少得可怜。

您想想，朱载垕本人肯定不愿意这样，所以他其实每天都活在对父亲的愤恨、恐惧和巨大的压力之中。

对朱载垕本人而言，这是他的身份所带来的不幸，也是巍巍皇权带给他的侮辱。

他什么都做不了，他唯有等待，等到父亲嘉靖死去。

而当嘉靖死去，朱载垕不再是裕王，而是明穆宗隆庆皇帝的时候，他的迅速转变简直让人瞠目结舌。

实事求是地讲，隆庆并不算是一个昏庸的君王，至少比他的父亲嘉靖及他的儿子万历的表现好得多。

他不残害大臣，也不荼毒百姓，没有像嘉靖那样的诡异性格，反而积极任用臣僚，给官僚阶级以发挥的空间。在他短暂的六年在位期间，他还办成了隆庆开关和隆庆议和两件大事儿，实可谓善政。

但是，由于隆庆皇帝在登基之前被父亲过分压制，所以他就如一根已经被压缩到了极限的弹簧一样，一旦失去控制，就会以数倍的力量快速反弹。

其中最显著的一点，就是隆庆对女色的追求。

朱载垕以前不好色，王府里的妃子就那么几位，然而在他登基之后，广采秀女，流连后宫，到了一种非常严重的地步。

在隆庆服丧期间，他对男女之事就相当热衷，臣下积极劝阻，他虽然不生气，但也从不理会。一连数十位嫔妃的册封已经满足不了朱载坖的欲望，他甚至把魔爪伸向了民间，一再下诏增选宫人，疯狂地从民间搜刮女色，甚至一度引起江南地区的恐慌。

百姓们害怕自家的清白少女被皇帝无理占有，从而葬送她们自由的人生，竟然在朝廷采选秀女之前进行集体性的嫁女活动，而这种嫁女更是充满随机性的，往往是随便从街上拽来一个男人就与其成婚，其目的不在于佳偶天成，而是对隆庆如此好色一种无声的蔑视和反抗。

一些明清的史料笔记中，更是记载了隆庆皇帝为维持自己的淫乐，大量服用药物，因而快速透支衰败了自己的身体。

在未成为皇帝之前，隆庆对父亲嘉靖的执政是如此的不满，在潜邸蛰伏的岁月中，隆庆也有过许多的宏图大志。

他以为，他和别人不一样，但其实，大家都一样。

辉煌灿烂的宝座不仅仅是皇权的象征，更是集结了最高权力的樊笼。

权力，这是多么美妙的东西，但权力又是多么可怕。

权力可以撕裂这个世界上任何东西，亲情、友情、爱情，任何情感在权力的分化中都会荡然无存。

权力会改造人，把一个人改造到极致，甚至把一个人改造得不像人。

隆庆，就是一个被权力充分改造的人，所以与其说是皇帝握有权力在发号施令，倒不如说，虽然贵为皇帝，但他也是权力的奴隶。

事实上，有关隆庆皇帝本人的记载，我们如今看起来，会觉得有些矛盾。

隆庆几乎不参与朝政，他上朝时沉默寡言，别人说十句他也说不了一句，他不会提出任何建设性的意见，但是他仍然能够有效地掌握臣公们的行动。

同时期的大学士高拱留下的史料有意无意地把隆庆描述成了一个蠢笨、木讷、不堪大用的人，可是无论是在政治、军事、文化，还是在帝国的方方面面，我们都能发现，隆庆或以主角，或以配角的方式，都留下过浓墨重彩的一笔。

我们时常批评隆庆重用宦官，继嘉靖之后再一次助长了宦官的势力，但隆庆时代的宦官们，只有狐假虎威的表面，没有任何一个可以影响到帝国发展，也没有能在朝政上说得上话的权宦。

除去好色之外，贪财也是隆庆的一大特点。他堪称穷奢极欲，甚至多次以私人的方式从民间搜刮民脂民膏，可是在隆庆年间，海外流入明朝的白银超过三亿两，这相当于当时世界白银总量的三分之一，如此巨额之财，为后来的张居正改革奠定了基础。

用权之得失，用人之道路，压抑和放松，慎独和奔放，敛财和积累，在隆庆的身上，我们一次一次地看到了真实的矛盾。

曾经，他有过三十年的痛苦岁月，而这些在他登上皇位之后都变成了无关痛痒的小事。

就如著名历史学家韦庆远老师所说：

> “今日已臻大位，份属至尊，既致力于纵情享受以取得补偿，沉溺于逍遥岁月以寻觅麻痹；又因长期受极权压抑，一旦掌权，有时就会激发为对权力的滥用，借以自我炫耀，借以表示自己作为最高一人的无上显赫。”

是啊，明穆宗朱载垕，他曾经也擦亮过历史的星空，但最终，他还是迷失在了那个时代。

参考文献

1. 陈垣.《二十史朔闰表》
2. 德符.《万历野获编》卷一　卷三
3.《明史·穆宗本纪第十九》
4.《大明世宗肃皇帝实录·卷三百九十四》
5.《病榻遗言》(不分卷)
6.《贤博编》(不分卷)

第三章 穹顶之下的秘密，历史回声溯影

欲闻其声反默，欲张反敛，欲高反下，欲取反与。

明朝灭亡的内因——宦官之患

明太祖朱元璋，对宦官非常反感，简直到了咬牙切齿的地步。

朱元璋规定，凡是大明朝的宦官，不允许在外朝做官，哪怕是皇帝跟前的红人，哪怕非常得势，也只能是内官，而不能被封赏文官和武官的官位，甚至连普通大臣穿的衣服，宦官也不能穿。

皇帝还规定，宦官不许读书、识字，他们的文化水平仅限于会写自己的名字。当然这也不重要，因为一入宫门深似海，宦官就是这汪洋大海里身份至卑至贱的存在，他们不配拥有名字，就算是有名字，也没人会叫，更没人在乎。

为了在方方面面给宦官加以限制，朱元璋更是命人在宫门口竖立了一块醒目的铁碑，上书“内臣不得干预政事，预者斩”。

意在言明，既然选择做了宦官，那这一辈子就是伺候人的命，可被随意支使，是紫禁城里的“一条狗”，宦官的命运在政治框架下已经被板板整整的定性，永远也不会有转变自己身份和地位的机会。

惨，真是太惨了。

宦官虽然是封建时代的特殊产物，可宦官也是人呐，朱元璋何以要如此残酷地对待他们呢？

原因很简单，后之视今，亦犹今之视昔，朱元璋翻遍史册发现，宦官如果当权了，对一个王朝的发展来说，是非常不利的。

秦朝有指鹿为马的赵高，汉朝有穷凶极恶的十常侍，北魏有杀皇帝的宗爱，唐朝更有以阿父自居的田令孜。

历史上很多文官掌权，目的是推动改革，为了使自己的理想具象化，武将有权势呢，那么往往就是争夺地盘抢资源，而宦官一旦当权了，别的不说，他首先会收拾失去权力沦为傀儡的皇帝本人。

以朱元璋之性格强悍，他是绝对不会允许宦官骑到他们朱氏皇帝的头上作威作福的。

但是，朱元璋能做到严防死守，可他的子孙后代们却未必能做到。

朱元璋之后的皇帝，是他的孙子朱允炆。

朱允炆在位的时候搞削藩，要把分封在全国各地的藩王叔叔们给收拾一遍。在北京就藩的燕王朱棣一看大侄子要整自己，不干了，立刻发动了靖难之役，公开造反，要把建文帝朱允炆拉下马，自己做王朝的新主人。

靖难之役，朱棣以一城之地，几万兵力，对抗朝廷政权的百万大军，朱棣最终获胜，堪称军事奇迹的以少胜多。除了朱棣本人运气好、实力佳，朱允炆年轻气盛，指挥决策上更有问题之外，还有一个十分重要的原因，那就是，朱棣情报工作搞得极好。

朱允炆做皇帝期间，他治下的文臣武将们，忠诚度很高。比如武将有铁铉，忠义千秋，宁死不降，山东济南至今还有铁公祠香火不断；文臣有方孝孺，宁愿被朱棣灭十族也不做朱棣的写手。后来朱棣打进南京城之后，更有一批大臣为建文死节。所以朱棣和朱允炆打仗，很难腐化拉拢朱允炆的治下臣子。

但是，朱允炆治下的文臣武将虽然油盐不进，可皇帝身边的宦官却成了朱棣的突破口。

古来臣下，最重名节，他们也许不看重活着的时候建立过多大的功勋，但时时记挂死后是不是可以受人爱戴。

但是，宦官不一样，因为宦官做不了真正意义上的官员，他们的生活目标就是活着，所以他们跟谁干都一样。比如以前他们伺候朱元璋，朱元璋死了，他们照旧可以接着伺候朱允炆。那如果朱允炆死了，他们也一样可以伺候新主子。

他们是皇权的附庸，但是他们对皇权的归属感并不强，所以朱棣很快乘虚而入，花钱收买了朱允炆身边的不少内侍。而这些内侍由于长期在朱允炆的身边服务，朱允炆跟大臣们讨论国事、安排战事，内侍们听得是一清二楚，所以这边朱允炆聊完，那边朱棣就知道了。

因此，靖难之役的成功，宦官其实扮演了重要的角色，只是朱棣不愿意大张旗鼓地说这事儿，因为他不希望人们觉得他的事业是宦官成就的。

宦官在某种程度上帮助朱棣取得成功。朱棣当皇帝后，宦官的地位就有所提升了。当然也没有提升飞快，朱元璋当年制定的规章制度还是在按部就班地执行，但至少朱棣看待他们不像原来那样觉得他们卑贱低下了。

这是制度松动的一小步，却是宦官们的一大步。

朱棣之后的皇帝，是明仁宗朱高炽。

朱高炽在位时间仅有十个月，他这十个月里做了很多利国利民的事情，把自己的档期排得很满，本来他就很忙了，那自然就更没有时间料理宦官这点事儿了。

不过，十个月能把自己干成“仁宗”，足可说明朱高炽为君有术了。

朱高炽死，儿子朱瞻基即位，也就是明宣宗。

宣宗要处理的政务非常之多，因为从太祖高皇帝朱元璋开始，朱允炆、朱棣、朱高炽，基本都是“勤于政务，事必躬亲”。他们都是那种十分典型的集权型皇帝，凡事讲究亲力亲为，天下大事无巨细，能自己处理的一定要自己处理。总之，权力肯定要牢牢地掌握在自己手中。

朱元璋为了防止别人瓜分他的权力，直接把宰相这个官职给废除了。

古代常说封王拜相，成为宰相被视为是仕途的最高成就。宰相乃一人之下、万人之上的角色，权力很大。宰相通常没有挂职的，基本上都是实干派，职责是协助皇帝处理国事，如果中枢机构的工作量是百分之百，那么丞相就能替皇帝分担百分之五十。

那一半工作被丞相干了，皇帝不就能轻松一点吗？

但是，朱元璋是草根出身，他对权力的把持那是无以复加的。他宁愿通宵达旦地工作，也要把宰相这个既分担工作又分散权力的工种给取消掉。

朱元璋能一人事必躬亲，但朱棣可挺不住，而且朱棣还是一个戎马帝王，他也不愿意在宫里待着，大部分时间都在御驾亲征，都在打仗。国事操劳，就算他再勤奋，也忙不过来，所以他便开创了内阁制度，从朝臣里抽调了不少大臣作为内阁大学士，来为他分担工作。

朱棣可以如此，可是他的孙子朱瞻基不太行。

因为，朱瞻基不太信任文官，他不愿把帝国的最高机密及皇帝的个人隐私放到台面上去供人讨论，他不愿找大臣帮他分担工作。可是宣宗在位的时期，正是大明帝国发展越来越好的时候，政务繁多，他一人难以应对，但是他不用大臣协助，就必然要援引其他人来分担，而宦官就成了最好的人选。

对朱瞻基来说，宦官简直是天赐的礼物，无须再额外支付俸禄，且足够私密，因为宦官也出不了宫，整天就是围着皇帝转。由于宦官也做不了外臣，不用担心宦官权力过大，以朱瞻基驭人的能力，他既能给宦官权力，也能在使用宦官为自己做事的同时，限制宦官的发展。

妙，真是太妙了。

唯一的缺点就是，因为高皇帝不许宦官读书识字，所以这宫里的宦官普遍文化水平较低。文化过低，那就干不了皇帝交代的工作，连字都认不全，还怎么协助皇帝批阅奏折？

当然，这也难不倒朱瞻基，因为朱瞻基很快就在宫中专门开了一所内书堂，相当于进修学院，专门教宦官读书识字，顺带给他们上文化课。

这么一来，成批量有文化、有能力的宦官就被培养了出来，然后为朱瞻基所用。

但是，朱瞻基想得挺好，可实际用起来，却很难做到这么精准。

观事易为，行则易败，非易之过，行之难也。

人心都是肉长的，朱瞻基本来打算以冷酷无情之态把这些宦官当成工具，待其剩余价值耗尽后便弃之不顾。可一和这些宦官接触上，朱瞻基发现，这宦官啊，比大臣知冷知热，比大臣体己，大臣们一天到晚不是上疏就是劝谏，不是孔孟之道就是程朱理学，令人心烦。反倒是这些宦官，让自己事事顺心，事事如意，这让他逐渐对宦官有了感情，有了真正的君臣之谊。简言之，就是皇帝开始宠信宦官，任由他们肆意发展。

比如，宣宗竟然赐给宦官金英一道免死诏书，又赐给宦官王瑾一枚腰牌，腰牌上刻着“忠肝义胆”的字样，足可见皇帝对宦官的信任和喜爱。

当然了，强如明宣宗这样的皇帝，别说宦官，任何势力都不能对他造成影响。在这位皇帝的治理下，大明王朝龙盘虎拏，和风晓畅，所以明宣宗从来不会担心宦官会对明王朝的主体造成什么影响。

俗话说“世事多变幻，风云易变迁”，因此这“后贤能继否，犹待岁月验”，朱瞻基能调理好宦官的问题，可他能保证，他的子孙后代都能像他一样处理好宦官的问题吗？

自此，朱瞻基在原本铁板一块的政治环境中，给宦官开了个可以爬行的洞。

小洞不堵，大洞叫苦；火险不除，大火常有。

紫禁城内书堂，四周被高大的宫墙环绕，屋顶覆盖着琉璃瓦，阳光照射下熠熠生辉，门外，是一片郁郁葱葱的竹林，清风拂过，竹叶沙沙作响，好一派宁静惬意。

听着内书堂中传出琅琅书声，朱瞻基甚是满意。

然而，朱瞻基不会知道，此时的内书堂中，一个叫王振的宦官正在刻苦攻读，而命运的齿轮，也开始悄悄转动。

天下之财赋，先内库而后太仓，天下之刑狱，先东厂而后法司。

正统有王振，正德有刘瑾，天启有魏忠贤，这三位的政治生涯几乎贯穿了整个大明王朝的治乱兴衰，也深刻影响了这个帝国最终的命运。

参考文献

1.《明宣宗实录·卷一》

2.《大明宣宗章皇帝实录·卷一百一十五》

3.《明史纪事本末·卷二十七》

4.《罪惟录》

5.《明史·本纪第九·宣宗》

魏忠贤之死与崇祯的困境

天启七年（1627年），八月二十二日，申时。

落日熔金，西风晚照。

明王朝的倒数第二位皇帝，明熹宗天启帝朱由校驾崩了。

皇帝一死，百官悲痛，万民服丧，但最伤心的当属朱由校的亲信宦官魏忠贤。

不知道是熹宗和魏忠贤真的主仆情深还是魏忠贤预感到崇祯上台之后要收拾他，反正魏忠贤当时把眼睛都给哭肿了。

崇祯进宫来接班当皇帝的前一晚也很谨慎，因为崇祯是第二天登基，登基之前他要在宫里住一晚上，这一晚上把崇祯给熬得相当难受。

因为崇祯心里清楚，这大明江山看似姓朱，实则姓魏。

自从魏忠贤得到熹宗朱由校的信任之后，可以说是飞黄腾达，专擅朝政，朝廷里可谓只知道有魏忠贤，而不知道有皇帝。

光是魏忠贤一个人擅权也就罢了，魏忠贤还笼络了不少朝臣，形成了势力庞大的阉党，朝廷内外都是魏忠贤的耳目，不得不提防啊。

崇祯还是信王的时候就听说过，京师城外原来有间客栈，客栈里有间密室，有天有四个大臣在密室里聊天，这四个大臣里有一个和魏忠贤不对付，所以言辞之间一直在咒骂阉党种种，另外三个人正准备加入声讨，结果一群东厂的人冲出，当场把一直叫骂阉党的大臣处以寸磔之刑。寸磔，就是把人斩成一段一段的。这魏忠贤的爪牙耳目，真是无孔不入。

坊间又谣传，说熹宗晏驾之后，魏忠贤甚至有过自立为帝的想法。可是魏忠贤是宦官，他怎么做皇帝呢？就算他做了皇帝，那也后继无人，没人接他的班，国祚不能传承，这不妥妥的硬伤吗？魏忠贤当然早有打算，因为他计划在登基之后把自己的内侄魏良卿接到宫里当储君培养，自己死后就让侄子来接班。

标榜为国尽忠的大臣只敢在暗室里咒骂，而两个狼子野心的奸佞之徒却敢堂而皇之地给自己起上“忠贤”“良卿”这样的名字。魔幻，还真是魔幻。

当然，这只是谣传，真伪自然有待商榷，但这在崇祯听来，已经足够触目惊心了。

也正是因为如此，这天崇祯从进宫开始，就时刻小心，万事注意。

吃饭，他不吃宫里的，而是自己带了几个饼子；睡觉，他半睁着眼睛，一有点风吹草动就趴在窗户旁边看。这一晚上，崇祯基本上就没消停过。

长夜漫漫，无心睡眠，这个年轻人对未来人生的迷茫，一如这个帝国迷茫的未来。

熬过了漫漫长夜，皇帝终于有惊无险地登基了。

崇祯喜欢读史书，尤其是三国史，每每读到有关十常侍、董卓、曹操之流，都气得咬牙切齿，这些人都是权臣，都曾经架空过皇帝，由此可以推断，崇祯最讨厌那种对皇帝颐指气使的人。

魏忠贤堪称有明以来的头号权臣，按理说崇祯登基之后第一个要收拾的就应该是魏忠贤，可奇怪的是，崇祯一切照旧，甚至比熹宗还要礼遇魏忠贤。今天给魏忠贤封赏，明日给魏忠贤升官，魏忠贤本来已经打算把脑袋拴在裤腰带上大干一场了，结果崇祯来这么一手，直接把他给整蒙了。

如果崇祯即位后就开始整治魏忠贤，那等于直接挑明了矛盾，魏忠贤极有可能出手反击。毕竟，魏忠贤能架空天启，那架空少不更事的崇祯也不是不可能。

可是，崇祯不仅没整治魏忠贤，反而大封特赏，魏忠贤当然不会蠢到以为崇祯把他当作自己人，他只会觉得皇帝笑里藏刀、没憋好招。

思量再三，魏忠贤决定以退为进，他主动跑到崇祯面前，要求辞去东厂提督太监的官职。

辞官的奏折递上去不到二十四小时，皇帝的批示就下来了：不准。

皇帝不仅没准魏忠贤辞官的请求，还好言相劝，说："魏公公啊，你是朝廷的股肱之臣，大明没你不行啊，你可千万不能走啊！"

这波试探过后，魏忠贤还是摸不准崇祯的心思，于是他又指使自己的亲信，同为宦官的王体乾递了辞官的奏折。

王体乾是司礼监掌印太监，他这一道奏折递上去，崇祯还是没有批准。

一般人试探到这个程度就已经放心了，你既不动我，也不瓦解我的势力，要么你是"软柿子"，要么就是你没能力。

可魏忠贤毕竟是本朝宦官集大成者，把王振和刘瑾绑一块也不一定能算计得过他，尽管崇祯自登基之日起，就对他礼遇有加，未曾怠慢，可以说是一张笑脸没变过，但他还是不敢掉以轻心。

没过几天时间，魏忠贤又跑去找到皇帝，请求全国各地停止给他修建生祠。

祠堂，是供奉祖先或者大德先贤的房屋，就是说要么是逝去的尊长，要么是曾做出过巨大贡献的人，才有资格立祠建堂。

我们一说祠堂，那基本上都是拜祭已经故去的人，但魏忠贤很不一样，他人尚在人世，民间各地出于谄媚也好，出于无奈也罢，反正就已经开始给他修祠堂了，美其名曰：生祠。

魏忠贤一个宦官，坏事都做尽了，朝廷内外多少仁人志士恨他恨得牙痒痒，他这样的人不被刨祖坟就算稀奇了，竟然还建造生祠供奉？

魏忠贤本人是不是不好意思，那不知道，但是我们知道的是，魏忠贤跑去找到皇帝，态度非常诚恳地要求皇帝停止全国各地给他大建生祠。

崇祯回答得也很艺术。皇帝说，还没建成的就不要再建了，已经建好的也没有必要再拆了。

听到崇祯这样模棱两可的回答，魏忠贤简直要崩溃了，因为他实在猜不透皇帝的心思。

可是随着时间的推移，魏忠贤虽然把不到皇帝的脉，但也能明显感受到皇帝的善意，崇祯对他的封赏堆积如山，他的升官速度堪称"坐火箭"，不仅是对魏忠贤，崇祯对阉党成员也是多有重用。

魏忠贤心想：太好了，新皇帝对咱家真是太好啦。

慢慢地，魏忠贤放松了警惕，他开始觉得，新皇帝除了不苟言笑之外，和他那个文化水平极低、工作能力奇差的哥哥也没什么两样。新皇帝只想要享受高位，只想要过皇帝瘾，他和崇祯的关系就是井水不犯河水，崇祯做他的大明天子万万岁，自己则照旧做他呼风唤雨的权宦九千岁。

而且魏忠贤还是个实干派，万千岁对他来说太过漫长，他只争朝夕。

看来，魏忠贤还是吃了没有文化的亏。据史书记载，魏忠贤不识字，那么既然他不识字，就一定没有读过鬼谷子老先生的著作，因为早在一千多年前鬼谷子就说过：

> 欲闻其声反默，欲张反敛，欲高反下，欲取反与。

想要让对方先出声，你就必须学会保持沉默；想要张牙舞爪地攻击别人，那么在此之前，你一定要深沉内敛；想要爬到更高的位置上，你必须先适应下层的环境；想要夺走一个人的一切，你就必须先懂得将一切先给予他。

崇祯如果想要除掉魏忠贤，就要先封赏他，给他增俸，给他升官，在他要辞官的时候挽留他，在他工作的时候鼓励他，还要不时地表达对他的尊重和理解，各种人文关怀当然也不能少，因为只有这样，才能让魏忠贤这只老狐狸彻底麻木。

有什么比睡着的猎物更加容易被击中的呢？

天启七年（1627年），八月。

蝉鸣鸟叫，树影斑驳，紫禁城的闷热仍在持续。

崇祯皇帝在本月突然发力，以迅雷不及掩耳之势革去魏忠贤的所有官职，将其发配凤阳看守皇陵。魏忠贤失魂落魄地离开京师，后于途中自尽。

打蒙了，这是彻底被皇帝打蒙了。

当然，他不自尽也很难苟活了，因为崇祯获悉魏忠贤在途中仍豢养了一批亡命之徒，魏忠贤路走到一半，崇祯就下令要把他抓回北京审判。

不管怎么说吧，大明第一权宦，终于倒了。

很多人都知道崇祯是一个什么样的皇帝，他手段狠辣，刚愎自用，冷酷无情。对他来说，一定要魁柄独持，把大权牢牢掌握在自己手里。

所以，擅权祸国的魏忠贤一死，崇祯终于松了一口气。

在崇祯的想象里，只要除去魏忠贤这颗毒瘤，那么自己就是龙上青天，云入大海，从此再也不受拘束。可事实恰恰相反，在某种程度上，朝廷里的文官们比魏忠贤还难对付。

以崇祯的视角感受，文官们普遍缺少责任感，不想着如何跟自己一起拯救大明，反而老想着掌握主导朝堂政治的话语权。自己有什么想法，文官唱反调；自己有什么意见，文官不支持；自己开展什么工作，文官不配合。

崇祯末年，西北匪患猖獗，李自成都要打进京师来了，朝廷却拿不出钱来给将士们发军饷，急得皇帝低声下气地恳请朝堂上的大臣们慷慨解囊，捐钱救国，结果，大臣们都不太乐意。皇帝的外戚周奎，富得流油，只捐了一万两；宦官中积财最富的王之心，也只捐了一万两；文官就更别提了，时任内阁首辅的魏藻德竟然只捐了几百两，就这还把他心疼得不行。

魏藻德真的没钱吗？那不能，堂堂首辅怎么可能没钱呢？他不仅有，而且有很多，只不过不想捐罢了。

这个时候的魏藻德，其实就代表了当时某一部分文官的心态，他们已经是能混一天混一天，他们已经对大明朝廷不抱任何期望，也没有任何感情了。

有意思的是，后来李自成攻入京师，魏藻德被捕，在闯军的严刑拷打之下，他如数交出了自己的财富，共有万金。

崇祯不信任文官，时时刻刻提防着他们，生怕自己稍有疏忽，文官集团就把自己摁在奉天殿上摩擦。

猛烈的阳光从紫禁城的上方扫到崇祯的脸上，却无法彻底驱散这位大明天子脸上的阴霾。他猛然地意识到，权力的天平，似乎因为缺少魏忠贤，开始出现了倾斜。

王振权倾朝野，连皇帝都听他的摆弄，可他仍然畏惧三杨和太后。刘瑾为虎作伥，无法无天，但杨一清千里之外就能杀他于无形之中。

纵然是那个“吾非相，乃摄也”的张居正，生前身后也有不少言官跟他作对。

魏忠贤活着的时候，除了皇帝他杀不掉，大明里任何人的生或死、升或降、荣或辱，他都可以轻易地决定。

魏忠贤的确该死，可是，他该几时死？他是不是本应该成为崇祯制约文官的一枚棋子呢？

皇帝的脑海中浮现出自己见到哥哥明熹宗朱由校的那个下午，日光散漫，映照出空气中的灰尘。脸色憔悴的熹宗拍了拍自己的肩膀，留下了一句言简意赅的遗言：来，吾弟当为尧舜。

十七年来不自由，臣宦士将任诛留。赴难含悲因税重，忧国怎忍入囚笼。

辽东胡尘正催马，来朝金阙驺虞牛。终究英名成祸累，掌中明珠一剑流。

一朝孤悬谁解忧，烽火连天夜色稠。宫中豺懋犹未死，五子良将命已休。

三秋征战意未尽，二京谁念旧臣愁？此去长空追日月，但让笙歌绕北丘。

是啊，我们对他留下了如此之多的评价，他勤勉节约而多疑任察，他夙兴夜寐而好刚尚气，他优柔寡断却"言脧削则喜"，他冷漠残忍却"请兵食则怒"……可我们似乎忽略了，冤杀袁崇焕时，崇祯年仅十八，而诛灭魏忠贤之际，他也不过是一个十六岁的少年罢了。

他和我们一样，曾经经历过无数的破碎，见识过诡谲的人性，在漫长的十七年的执政生涯中，他痛苦地活着，但每天仍艰难地将坚毅的脸庞浸入光明。

参考资料

1.《酌中志》

2.《明季北略·卷三》

3.《明史·列传第一百九十四》

4. 朱长祚 .《玉镜新谭·卷一》

5. 苗棣 . 大明亡国史：崇祯皇帝传［M］. 沈阳：辽宁人民出版社，2014 年：第 375、381 页 .

6. 陈梧桐 . 明思宗为何成为亡国之君 [J]. 江南大学学报（人文社会科学版），2014，13（02）：48-59.

韩褒：两手操作根治匪盗问题

在北朝西魏时期，有个叫北雍州的地方。

北雍州位于今天陕西三原县西北六十里嵯峨山北附近。

嵯峨山，位于今天陕西省淳化、三原、泾阳三县交界处，山势雄浑，层峦叠嶂，秀拔苍翠。山势虽然陡峭，但攀登起来并不费劲，因为它是比较平缓的扇形地貌。假若登临嵯峨山，可饱览群山环抱之势，小半个关中更是尽收眼底。

终南之北太华东，万丈巍峨耸碧空。峦叠嶂深沟壑秀，山青水绿物华丰。

相传，黄帝曾经在这里铸造宝鼎一尊，鬼谷子曾经隐居此地，老子曾在这里讲学。不仅如此，嵯峨山漫山遍野的樱桃树，粉白与翠绿交织，树枝轻轻摇曳，花瓣随风飘落，纷纷扬扬，美不胜收。

可以说，北雍州钟灵毓秀，是一块风水宝地。

但是在西魏时期，北雍州却难称福地，我们来看一下当时的记载：

> 州带北山，多有盗贼。（《周书·卷三十七·列传第二十九》）

北雍州由于山太多，易于隐蔽的地方很多，所以滋生了大量匪盗，有光天化日拦路抢劫的，有一到晚上就入室盗窃的，大到杀人害命，小到偷鸡摸狗，就没有这群人不敢干的。他们疯狂作案，搞得老百姓没有办法安生过日子，可以说，当地社会治安相当的不好。

北雍州曾有过很多任刺史，没有十个也有八个，但是这些刺史无论是手段强硬地派出衙役四处搜捕，武力镇压，还是安慰招抚，道德感化，效果都不怎么样，盗匪不减反增，而且越来越猖獗。

剿匪剿贼不利，明面上有这么几个原因。

首先，刺史的力量实在有限，调动不了太多的兵马。什么叫刺史，主要体现在这个“刺”上，刺的意思是检核问事，是监察。说白了，虽然很多时候把刺史当作太守用，但刺史本质上并不是本地的地方长官，而是朝廷派遣的监察官员，属于临时性质的特派员。

其次，刺史通常来自外地，往往还不太了解当地的情况，做起事情来就很容易事倍功半。

再者，北雍州的地理环境，如多山、道路难行、山峰密集，这种地形很难开展搜捕工作，往往是一波一波的衙役派出去，三五天也捉不到一个贼。

最后，北雍州处于三县交界之地，人口流动频繁，可以说是鱼龙混杂，情况相当复杂。

一般官员若被派到北雍州去做刺史，还真不一定能把这份工作给干好了。

明面上的原因已经很难搞，而暗地里的因素则更加棘手。

这里的匪盗之所以如此猖獗，屡禁不止，其中一个非常重要的原因是他们有后台。

匪盗们的后台，就是雍州本地的豪族和乡绅。

长久以来，我们一直认为，在古代，一个县的县令，一个府的知府，一个州的刺史（太守），他们就是当地权力最大的人。我们称他们为父母官，意思是他们就好像拥有古代父母对子女的绝对权力一样，生死荣辱，生杀予夺，全都被官员们拿捏在手里。

他们是朝廷命官，是一地的最高管理者，他们必然能轻而易举地完成他们想要完成的事情。

从理论上来讲的确如此，但是操作起来，却有诸多不便。

比如北雍州的刺史，他在北雍州城里应该是有办事的衙门的，有府邸，可整个衙门里算上三班衙役、师爷书吏、仵作更夫、家丁护院、使唤婆子，把战斗力和非战斗力都算上，有两百人就算很了不起了。

虽然说从西汉中后期开始，刺史已经从监察性质逐渐变成了一州之地的行政长官，到了隋唐时期更是改刺史为太守，但行政的力量究竟有多大，谁也说不清楚。

区区几百人的衙门，怎么管理庞大的人口，这就需要当地的豪族士绅们出力。

这些豪族士绅们，家资颇丰，平时地方上修桥铺路，要靠他们出钱出力，年节活动，祭祀典礼，也要士绅们来牵头。

他们以亲缘关系相互联结，一个豪门望族中，有在朝廷里做高官的，还有在朝廷里担任过高官告老还乡退下来的，他们在政治环境中更有话语权。

一个刺史，由朝廷选拔出来，下放到地方，他本来就人生地不熟，而他治下的大部分吏员、捕快、衙役、师爷、书吏等基本上都是世代世袭下来的职务，而其中又有多少出自士绅之家呢？

所以，刺史相对来说是比较孤立的，尤其很难和豪族士绅们对抗。

北雍州的匪盗们有士绅做后台，士绅给他们武器，给他们提供藏身的地点，给他们通风报信，给他们各种支持。而作为一州之刺史，调兵需要兵部文书批准，即便文书下来了，所获配的人马也很难对付那些得到士绅暗中支持的匪盗。

所以，北雍州一直动乱不绝，朝廷也很头痛，但一直也没什么好办法。

直到，一个叫韩褒的人赴任。

韩褒，字弘业，昌黎大棘（今辽宁朝阳）。

据《周书·卷三十七·列传第二十九》记载：“褒少有志尚，好学而不守章句。”

韩褒从小就有远大的志向，很有理想，想要干大事儿，而且他还十分好学，有文化。但是他学习的方式和别人不太一样，他从来不读死书、死读书，不拘泥于传统礼教文化，而是有着自己独到的看法和理解，所以自小他这个人的想法和思维，就比较跳脱。

韩褒在北魏时在朝廷任职，后来北魏分裂成了东魏和西魏，他转而依附了西魏宇文泰，立有军功，因此被委派为北雍州刺史。

韩褒到北雍州的时候，当地的治安非常差，本地衙门对盗匪猖獗的情况基本处于漠视的状态，倒不是他们不想管，而是他们管来管去根本管不了，无奈之下只能放弃。

韩褒是武将出身，上过战场打过仗，比这更凶残的局面他见过，比这更顽固的敌人他也对抗过，所以捉几个乱贼流寇对他来说实在微不足道。但是韩褒明白，匪盗的根源不在于匪盗本身，而在于匪盗背后的后台，衙门除掉一批匪盗简单，可是除掉这一批，豪族士绅们又会培养起另外一批来。

所以，想要彻底解决匪盗问题，必须从士绅们的身上下手。

但问题是，目前并没有士绅们违法犯罪的证据，不可能把士绅们全都抓起来或者全都消灭了。

而且，豪族士绅是西魏社会的重要阶级，属于精英群体，他们拥有大量的土地和财富。他们无论是为了自保而豢养匪盗也好，还是为了扩大自己的势力纵容匪盗行凶也罢，或者是和匪盗达成了利益关系，这些对韩褒来说都不重要。因为，以韩褒刺史的身份，他没有办法直接和士绅宣战，更不能把自己放在和士绅们相对抗的位置上，因为实际上主导北雍州的不是刺史，而是士绅。若真把士绅全都得罪了，士绅们今天不交钱了，明天闹意见了，后天找人上疏弹劾自己，那么韩褒这个刺史恐怕也没得做了。

所以，韩褒采取了一种非常有意思的做法。他把北雍州的士绅们全都找来，说了这么一段话：

> 刺史起自书生，安知督盗，所赖卿等共分其忧耳。(《周书·卷三十七·列传第二十九》)

韩褒说："我虽为刺史，但其实是文人出身，经验不足，这回又是初出茅庐，缉盗捕贼这种事儿我肯定是不行，办不好。所以关于北雍州的治安问题，还得各位士绅们出力帮助，由你们来和我共同负责。”

韩褒的这一席话，就把当地的治安问题变成了刺史和全体士绅的共同责任。

并且，衙门这么多年下来，虽说没彻底消灭盗匪，其实也消灭了一些，还捕获了不少盗匪头目。

这些盗匪头目，本应每年秋后问斩，但韩褒认为他们很有价值，不仅没有处理他们，反而授予他们官职，给他们划定各自的管辖范围，让他们成为管理治安的一部分。

韩褒对这些人说：“我知道你们是贼首出身，但是朝廷宽宥，给你们一次改过自新的机会。现在我把北雍州分成了好几块治安区，你们每个人各负责一块，当然官儿不是白当的，到那你们得把自己片区的治安管好了，得把区域内作乱的盗匪都给我捉住。捉住了，朝廷有赏；可要是捉不住，那就要追究你们的责任。”

两手操作，实在是耐人寻味。

以前士绅们包庇匪盗，几乎是没有成本的，这批被官府剿灭了，他们又组织起另一批。反正他们有的是钱，有的是人，这对他们来说无所谓。

但是，韩褒把自己和士绅变成了命运共同体，那么形势可就大不一样了。

匪盗不绝，以前摊责任、受处罚的只有刺史，而现在豪族士绅们也有责任。韩褒更是通过自己的行政权力，几乎把剿灭匪盗的主要责任和义务全都转移到了士绅们身上。士绅们甚至成了主要责任的承担者。这匪盗一日不绝，被处罚、被打击的反倒成了豪族士绅这个群体。

这是什么操作，这是典型的风险转移和责任共担，韩褒利用了士绅们的自利心理，因为，士绅们在北雍州的任何行为，都是为了维护自己的利益。以前，和匪盗勾结可以维护他们的利益，所以士绅们对匪盗纵容袒护。但韩褒改变了这个现状，现在的情况变成了，只有消灭匪盗，士绅们才能维护自己的利益。

如此一来，他们不仅不会再和匪盗勾结，反而会尽心尽力地剿除匪盗，士绅们当然是被迫的，但是他们已经没有了选择的权利。

古人对韩褒的另外一手操作，也给出了具体的分析：

褒取名簿勘之，一无差异，并原其罪，许以自新。(《折狱龟鉴·卷七·察盗》)

这些匪首们获得了将功赎罪的机会，必然尽心尽力，帮助衙门提高捉捕匪盗的效率。韩褒之后更是贴出告示，以从轻发落的条件来鼓励那些犯案的盗匪自首。

这么一来，盗匪们的后台倒了，匪首们大大提高了剿匪的效率，更有不少主动投案，因此不过几个月时间，北雍州的匪盗就绝迹了。

这场剿匪大战不费一兵一卒，只靠身份的错位，利益的勾连，以及韩褒本人巧妙的智慧。

韩褒一生，经历颇丰，从北魏、西魏再到后来的北周，他一直都有显赫功名，官职越做越大。北周丞相杨坚，也就是后来的隋文帝对韩褒则敬重有加，每次韩褒回朝廷拜见杨坚，杨坚都会亲自赐座，和韩褒亲切攀谈，礼遇颇厚。

能在王朝更迭中游刃有余，能在乱世变化中波澜不惊，这不仅仅是靠个人智慧就能完成的，更因为韩褒了解人性。

孟子说："人性之无分于善不善也，犹水之无分于东西也。"

人性二字，写出来很简单，读出来也很容易，但其中千变万化，想要参透，却往往需要一辈子。

参考文献

1.《周书·卷三十七·列传第二十九》

2.《三水贞公墓志》

3.《旧唐书·卷八十·列传第三十》

石昆玉：皇帝，我冤枉

万历十八年（1590 年），大明朝廷执行了一项人事调动：把原本在京师任户部郎中的大臣石昆玉，调到了苏州府担任知府。

石昆玉，字汝重，湖北黄梅人。他当时的职务是户部郎中，在朝廷中不算什么重要职务，而下放到地方做了知府，那就是一州之主官，所以这看起来似乎是一种升职。

但其实，这是明升暗降。

上有天堂，下有苏杭，苏州虽然富庶，但毕竟天高皇帝远，京官一旦下放到地方，政治资源立刻就变少了，能施展抱负的平台也变小了。久而久之，大家很有可能就把这个人给遗忘了，想要再重新回到奉天殿上，那可就不太容易了。

但如果能长期在京师做官，哪怕是郎中、主事、御史、给事中等，所能用到的人脉、资源，以及能接触到的事物，跟在地方上是完全不一样的。别的不说，每天早朝能有在皇帝面前展现自己的机会，保不齐哪天就能得到提拔，跻身内阁之中。

对于政治投机者来说，从朝廷到地方的变化当然是不好的，但对石昆玉来讲却无所谓，他甚至还有点欣慰。

因为石昆玉做官素有清誉，他性格耿直刚正，是个典型的清廉官员。

如他这种人，你让他在朝廷里做一个根本说不上话的郎中，他只会每天闷闷不乐，但把他下放为一州之地的主官，至少他在苏州当地说话算数，可以切实地造福百姓。

石昆玉为官时，张居正已经故去近十年。我们说命运由上天注定，能力因个体的差异而不同。为官一任，造福一方。我们不可能人人都去做张居正，但至少我们可以选择做海瑞。

当然，海瑞同样是不好做的。

苏州地区历来士族豪绅居多，他们成分复杂，有世世代代盘亘于此的本地富绅，也有曾身居官场高位的退休人员。这帮人看似颐养田园之乐，实则暗地里结党营私、欺压乡民、非法侵占土地、逃避税赋，如此明火执仗，显然自恃他们和朝廷里仍然有千丝万缕的联系。

比如，一位苏州乡绅白天作农夫打扮站在田间地头，晚上他就能一封书信送到内阁。

一句话，上边有人。

对于士绅集团的恶劣行径，一般人能忍，但是以石昆玉刚直不阿的性格，他是绝对忍不了的。所以他一到苏州就大力治理这些欺压生民的土豪劣绅，并且还取得了显著的成就。

很显然，士绅们的利益是一块已经被啃食了多年的奶酪，谁动了这块奶酪，谁就很有可能被打击报复。

果然，石昆玉整治完苏州乡绅之后，一个叫李涞的人很快站了出来。

李涞，字源甫，江西雩都人，时任应天巡抚。

应天巡抚属明代的军政大员，在当时来说权力很大，可以监管南直隶南部几乎所有的州府县乡，甚至说从南京城开始向四周辐射，他走到哪里就可以管到哪里。

石昆玉在苏州收拾这帮不法乡绅的时候，李涞也正好巡抚苏州，李涞和石昆玉一个照面没打，二话不说就把石昆玉给弹劾了，还以“擅动吴县库银”为由直接把石昆玉给下狱收监了。在李涞看来，石昆玉实在是罪大恶极，别说直接让他蹲班房，就是把他处死也是很合理的。

吴县，属苏州府下辖县，赋税颇丰，衙门里很有钱，李涞认为，石昆玉作为苏州主官，利用职务之便贪污吴县衙门里的大量钱财。

石昆玉是那种典型的清官，可以说是廉洁到了极致，他绝不可能贪污。退一万步说，既然李涞都把石昆玉下狱收监了，那至少得拿出石昆玉贪污腐败的证据吧？

账本也好，现银也好，田产也罢，总得拿出一样来吧？

可李涞双手一摊，的确拿不出来。但是拿不出来，不等于石昆玉没有罪过。

反正先枪毙再调查，保证没有一个冤假错案。

李涞不仅直接在苏州就把石昆玉给下狱收监，而且还一纸奏疏，把这事儿报告给了朝廷。

知府贪污，这是大事儿。案件很快惊动了处于熟睡状态中的万历皇帝，毕竟别的事情无所谓，可是谁要是把自己的钱给偷走了，万历肯定是不乐意的。

皇帝震怒，立刻安排御史陈唯芝去调查。

这一调查，果然有问题。

石昆玉身子太正了，你可以找到他周济百姓、体恤鳏寡的事迹，但绝对找不到他在官场上的任何污点。

陈唯芝左查右查、上查下查，查了一个多月，愣是一点证据也没找到。

按理说查到这个份上，李涞就应该放人了。但问题是，朝廷里的大臣们对这事儿都比较犯嘀咕，鲜有站出来为石昆玉说句公道话的。因为大臣们知道，李涞的身份不简单，他的后台很硬，李涞的靠山是时任内阁首辅的申时行。

申时行的祖籍在苏州，他和苏州本地的乡绅们更有着千丝万缕的联系，苏州这帮乡绅里有不少人都和申时行沾亲带故。

如果仅仅是李涞要整治石昆玉，那还好说，一个应天巡抚，得罪也就得罪了，李涞的指控本就属于诬告，根本就不占理。申时行做官期间最喜欢和稀泥，不会偏袒任何一方，他只会采取“弃车保帅”的策略。

可话又说回来，万一申时行不仅是李涞的后台，还是苏州士绅们的后台，那石昆玉到苏州惩治乡绅的行为便触动了申时行的根本利益。这样一来，李涞对石昆玉的诬告不过是申时行的先招，这个时候若替石昆玉说话，可就有点不太妙。

怎么不太妙呢？这万历皇帝整天深居简出，一个月总有四个星期不想上朝。明王朝的政务工作全靠内阁班子来主持，而内阁一把手就是申时行，若把申时行给得罪了，那少不了被排挤打压，甚至贬谪岭南。并非没有这样的先例，给事中黄大城指责申时行的工作态度和人品有问题，被罢官；内阁中书黄正宾也曾弹劾过申时行表面上和蔼可亲，实则暗地里排挤同僚、打压臣公，结果也被罢官。

孰轻孰重，大家心里都有数。

当然，有不敢说话的，就有敢说话的。御史李用中就此事慷慨陈词，矛头直指申时行，说调查石昆玉这么长时间都没问题，内阁还不赶紧把石昆玉给放了，这不完全是首辅申时行和巡抚李涞相互串通，故意构陷石昆玉吗？

面对这样的质疑，一向老谋深算的申时行也有着自己的解释。他说："首先这件事不是空穴来风，应天巡抚李涞举报石昆玉贪污，吴县知县周应鳌也联名作保。身为内阁首辅，我本应秉持公正，无偏无私地处理事务。然而，面对诸位如此质疑，我深感无奈与痛心。既然信任已失，我亦不愿再恋栈此位，决定辞去内阁首辅之职，告老还乡。"

不论申时行是否参与迫害石昆玉的行为，但是他这招以退为进，的确是挺高明的。

万历怠政，当然不可能批准申时行辞官，所以万历赶紧安慰申时行，说："何至于此啊！你还是好好干吧！"

皇帝很满意，申时行也很满意，李涞也很满意，因为现在这件事名义上属于研判阶段，但实际上已经结束了。案子只要这么一天一天地拖下去，石昆玉就会一直被关押着。

但是，有一个人不满意，这个人就是苏州府的推官袁可立。

袁可立，字礼卿，明朝著名大臣，有"十大清官之一"的美誉，同时也是抵抗后金的名将。当然，这都是袁可立后来的荣誉，石昆玉案发当年，他初出茅庐，不过二十多岁。尽管他年轻，却一腔热血，敢为人先。那时，他作为苏州的推官，恰好在石昆玉的部下，他对石昆玉的人品十分了解，更是亲眼见证了这桩冤案的发生。

人们说，做官要懂得三思，要思安，看一看自己做一件事之后还能不能处于安全的位置；要思变，要懂得和光同尘，要懂得顺应官场的潮流；要思退，要懂得谨言慎行，明哲保身。

为官之道，似乎就在其中。

是啊，一个是大明首辅，一个是应天巡抚，他们联起手来对付一个小小的知府，如果石昆玉不是一个清廉的官员，那么他就很有可能被这种压力强、力度大的政治打压给斗倒。哪怕石昆玉只是被抓到一点小瑕疵，也可以被无限放大成杀头的罪过。

又或者，即便没有罪过，想要问罪也不是办不到，因为早就有人研究出了“莫须有”的罪名。

朝廷里有权有势的大官多了去了，他们都选择了三缄其口，而袁可立仅仅是一个小小的推官，怎么有这么大的胆量跟申时行、李涞较劲呢？

子曰：“知其不可而为之。”凡事不问能不能做，只问该不该做。

一个为官清廉、惩治豪强、爱民如子的官员无端受到迫害而身陷囹圄，袁可立不允许自己袖手旁观，这和胆量无关，袁可立只为践行自己心中的正义，他认为，这事儿该做。

所以，袁可立为石昆玉写了一封事实清楚、证据充分的奏疏，强而有力地证明了石昆玉实属冤屈，不久之后石昆玉就被无罪释放了。（“四郡推公秉笔，公伸牍尽雪其冤。”《明史・节寰袁公传》）

更加有意思的是，袁可立的这一份奏疏送上去之后，不仅让石昆玉沉冤得雪，似乎在冥冥之中，还引发了一场微妙的蝴蝶效应。不久之后，首辅申时行下台，告老还乡，而应天巡抚李涞在申时行下台四天之后，竟然也主动辞官了。

西风落日，残阳晚照，不知道申时行车马潇潇，返回苏州老家时，脸上会是什么表情。

参考资料

1. 董其昌 .《苏州府志》
2.《明史・卷二百十八　列传　第一百六》
3. 吴越所见书画录・节寰袁公行状　台湾文献史料丛刊 . 第 8 辑 .
4.《大明神宗显皇帝实录卷之二百四十》
5. 刘莹莹，白燕斌 . 试析万历朝首辅申时行的性格因素及成因 .《CNKI》，2009.
6. 董其昌.《容台集・石居士诗选序》

张咏：被忽视的细节，才是历史的真相

以宽得爱，爱止于一时。以严得畏，畏止于力之所及。故宽而见畏，严而见爱，皆圣贤之难事而所及者远矣。

——苏轼

北宋益州，有个女子死了丈夫，在路边哭泣，由于哭的声音比较大，很快惊动了一位巡查益州的官员，这个官员的名字叫张咏。

张咏一看怎么回事儿啊，光天化日，朗朗乾坤，这老百姓当街哭诉，不是受委屈就是有冤情啊，于是张咏立刻让自己手下的小吏去看看怎么回事儿。

小吏三步并两步，把这女子叫到张咏面前。张咏一问，女子哭得更凶了，说大人啊，我丈夫死了，而且是暴毙，死因不明，我这才伤心难过。

宋代的尸体勘验技术，已经比较成熟了，只要尸体完整，检验死因对仵作来说问题不大。但奇怪的是，小吏把尸体拉回官府之后，进行了一番检查，好几个经验老到的仵作都看了，都没发现这具男尸的身上有任何外伤。别说淤青、骨折了，甚至都找不到破皮儿的地方。

找不到死因，那就无从寻找破案线索，小吏十分郁闷，晚上回家之后就把这事儿跟自己的妻子说了。小吏和妻子谈工作上的事情，只是闲谈，没想到他的妻子对这件事却十分好奇，甚至还提出了一个自己的猜想。

小吏的妻子认为，大活人死了，尸体上没有任何伤口，那是不可能的。仵作没找到伤口，只能说明能力有限，或者可能没仔细找，因为有些时候，那些致命的伤口并不一定多么明显，一个细微的创伤也有可能要人命，所以建议小吏再好好找找。比如有一种杀人方法，就是趁人睡着的时候，拿一根很细的铁钉砸入人的头部，然后再把铁钉给抽出来，这么一来，人死了不说，伤口还十分隐秘，几乎不留痕迹。

这说者无心，听者有意，小吏的妻子只是随口一说，但小吏却把话听进去了，第二天上班，他立刻按照妻子说的方法在死者的头部寻找细微的创伤，果然找到了铁钉入脑的伤口。

伤口找到了，那么死因也就找到了。

真相逐渐浮出水面，能在被害人睡着的时候轻而易举地用这种残忍的方式杀害被害人的，恐怕也只有那个当街痛哭的妻子了。

于是，张咏立刻对死者的妻子进行审讯，这女子供认不讳，老实交代了自己的犯罪行为。

这个案子，基本上算是结束了，但是张咏认为没结束，因为，可疑的不止这个贼喊捉贼的死者妻子，还有一开始提出破案思路的小吏的妻子。

因为，这小吏的妻子不是什么高门大户，也不是书香门第的闺阁小姐，就是一个普通的农妇，说句不好听的，这位农妇平时就连大字都不识几个，怎么能掌握这么高智商的犯罪知识？

张咏觉得这事儿蹊跷，于是立刻又把小吏的妻子叫来问询，结果又审出这小吏的妻子竟然在多年前也犯过一桩命案。这是怎么回事儿呢？原来这小吏的妻子在嫁给小吏之前，曾经有过一任丈夫，而这个前夫几年前也是离奇死亡，没有查出死因，原来是被这小吏的妻子以铁钉入脑的相同手法杀害的。

结果，一桩命案成了两桩，两位妇人都被送上了断头台。

张咏不仅在益州地区做过官，在江宁地区也做过知府，他做知府的时候，也碰到过一桩十分耐人寻味的案子。

某天，张咏在江宁城里巡视，偶然间碰到一个形迹可疑的僧人，于是张咏立刻把他给叫住，要求核验他的身份信息。

要知道，在宋代，僧人、道士并不是随便当的，不是说剃发就能出家，而是要获得官府的认证。在哪儿出家，拜谁做师父，都需要核实登记，然后领一套度牒，作为证明身份信息的唯一凭证。

这个僧人拿出的度牒，没有问题，真实无误，一看就是官府签发的，但是张咏越看这个僧人越觉得不对劲，他左看右看、上看下看，来回仔细打量，最终竟然直接逮捕了僧人，将其关进了监牢。

而且，关押僧人的监牢还不是普通的监牢，而是死牢。这是什么意思？意思就是张咏连审问都不想审问了，直接就要处死僧人。

这件事情发生之后，在江宁官场引起轩然大波。张咏虽是知府，在当地权力很大，但也不能这么胡作非为，草菅人命。你一不审问二没证据，无凭无据就要处死囚犯，这也太狂妄了。

对于不了解张咏的人来说，他这样的行为，的确让人匪夷所思，但是如果对张咏稍加了解，就会知道，他如此惊奇的举动背后，肯定有更深层次的原因。

张咏，字复之，山东濮州鄄城（今属山东菏泽）人，是宋太宗时期的进士，做官之后干过很多工作，文职、武职全都干过，而且不管是在文化领域还是在军政上都卓有成就。在朝廷做文官的时候，张咏积极推进宋朝的经济和文化发展，下放到地方上做长官的时候，他更是屡破奇案，把当地治理得井井有条。

当然了，人无完人，张咏也有小毛病，就是他的性格有点古怪。比如，张咏不喜欢下属和百姓见到他的时候行跪拜之礼，每次他接待客人的时候，都会提前跟人家说，咱们聊天就聊天，你可千万不要跪拜我啊。如果有人不听劝告，在见到张咏的时候一定要跪拜张咏，那么张咏干脆也跪下来回拜，别人拜一下，他拜十下，直到把别人跪拜得无地自容才算罢休。

再比如，张咏这个人，对自己的要求十分严格，对身边的人也较为严厉，做事强硬，雷厉风行，一般人可能不太能受得了张咏的脾气。

江宁官场大地震，人人都议论着张咏要把僧人处死的事情，都以为张咏要残害无辜的时候，张咏却突然召开了一场公审大会，召集了江宁的大小官员前来旁听。

僧人被带到大堂之上，张咏就问，既然你自称僧人，那么你出家多少年了？

僧人回答说，已经出家七年了。

张咏又问，既然你已经出家七年了，那么为什么你的额头上、脸上会有长时间佩戴头巾的痕迹呢？

是啊，古代的僧人在长期出家的过程中，没有蓄发的，一般都是留光头，既然没有头发，那么整日围上一个围巾，甚至到了已经在皮肤上留下痕迹的程度，岂不是很可疑？

僧人听后大惊失色，老老实实地交代了自己并非真正的僧人，而是伪造身份出来行骗的。

不仅如此，张咏还有意外收获，因为僧人又交代出，自己之所以持有这么一套合法真实的度牒，是因为自己曾经杀害了一个真正的僧人，获得了他的身份信息，此后就一直顶替他的名号在社会上招摇撞骗。

僧人老老实实地交代了自己的罪行，不久后也被处死了。

张咏断案的过程，未免太平淡无奇了，这不基本靠猜吗？但古代破案是需要依靠线索、证据和一定的逻辑推理，像张咏这种水平的，已经很厉害了。

首先，张咏锁定嫌疑人虽然靠猜测，但他不是无凭无据，不是说随便抓来一个人就说是凶犯，他的猜测是有根据的——为什么一位农妇会懂得如此高超的杀人手段？为什么一个和尚要常年佩戴头巾？

张咏擅长在这种别人关注不到或者易于忽略的细节中找到有价值的线索，从而根据这些线索来确定真凶。而且，张咏这个人虽然脾气不好，但是他从不刑讯逼供，从不屈打成招，基本上都是以理服人，使嫌疑人自己承认罪行。所以，张咏的方法虽然看起来简单，但却在平凡无奇中透露着一种慎重。

宋慈是宋朝著名的法医，著有《洗冤集录》，这是世界上最早的法医学专著，他留下了这样一句名言：

> 狱事莫重于大辟，大辟莫重于初情，初情莫重于检验。盖死生出入之权舆，幽枉屈伸之机括，于是乎决。

他说，在历朝历代的所有刑罚中，死刑无疑是最严重的，因为别的刑罚至少还有改正的机会，还有重新做人的权利，但死刑真就是一刀砍了，人头落地，什么机会也没有了。

所以，在处理涉及人命的案件中，最重要的莫过于找到正确的线索和证据，因为证据是揭示真相的唯一要素。

宋慈还说，一桩案件，我们要研究的东西太多了，案发现场、案发时间、各种复杂的人物关系，各种各样的证据链条，这都是揭开谜底所不可缺少的。

最后，宋慈还感叹道，作为朝廷命官，或者说作为主要负责刑事案件的官员，自己的权力实在是很大，大到自己的一个字、一句话、一个决定，就可以轻而易举地改变别人的一生。

所以，为官一任，更要慎之又慎，而这种慎重的态度，不仅仅是为了要将罪恶之徒绳之以法，更是让那些无辜的人可以沉冤得雪，还他们清白和公正。

这个世界充满了狡诈和欺骗，而法律只不过是对人最低的一种道德要求，法律没有办法彻底改变一个人的内心，虽然，法律必须在捍卫道德底线的层面有所作为。

谁来捍卫道德底线？是张咏，是包拯，是宋慈，是狄仁杰，是于成龙，是海瑞，是千千万万个坚守正道公心的人。

参考文献

1.《宋史·卷二百九十三　列传第五十二》

2.《折狱龟鉴·察贼卷二百二十八·张咏勘僧》

3.《折狱龟鉴·卷五·双钉案》

张柱冤案：嘉靖如何以平民之血震慑朝臣

嘉靖八年（1529年），夏日炎炎，京师沸热，天光焦烤大地。

一个叫张福的普通百姓跪在衙门口，状告邻居张柱杀害了自己年过半百的母亲。

弑母之仇，不共戴天，张福这个恨呐，老太太平时吃斋念佛，慈祥可亲，和睦邻里，跟任何人都无仇无怨，怎么能对这么一个手无缚鸡之力的老人痛下杀手呢？

张福告状的地方，是京师顺天府，专门负责京畿之刑名钱谷。这事儿正归它管。

但奇怪的是，张福一纸控诉，案子没经过顺天府，反而是落到了东厂的手里。

明朝在关于刑事案件的问题上，是有着严格章程的。如果是祖籍甲县，也生活在甲县，那么告官就必须先到甲县县衙去告，而不能直接略过县衙跑到甲县上边的乙府府衙去告状，哪怕是告状人见到了乙府府衙的知府，知府也不能草率受理告状人的案件，而应该驳回告状人的请求，或者帮助告状人到甲县县衙去提告。

从这种规定我们可以看出，在当时，越诉和越权受理都是不被允许的。

张福到顺天府去报案，顺天府受理不了，可以抄送刑部，刑部可以抄送大理寺，大理寺也可以抄送都察院，怎么这个案子反而直接落到了东厂的手里呢？

很简单，因为京师地面不简单，水很深，东厂更是一个极为特殊的机构。

东厂，全称东缉事厂，明成祖朱棣于永乐十八年（1420年）设立，首领均由皇帝身边的亲信宦官担任。说白了，这是一个只对皇帝负责的特务机关和监察机构，以及秘密厂卫机关，权力甚至还要大过锦衣卫。

当然成化年间还曾有过一个相同性质的西厂，也就是西缉事厂，权力比东厂还大，不过后来被叫停了。

因为东厂属于皇权特许，他们不用经过明朝现有的任何司法机构批准，就可以直接监督和缉拿大臣和百姓，他们犯不着和顺天府打招呼，也用不着三法司批准；他们只要对张福的状告感兴趣，就可以随时受理案件。

不得不说东厂的办事效率的确很高，上午他们受理了张福的案件，下午便逮捕了张福所说的凶手张柱，第二天一大早则向皇帝提交了结案报告，明确认定张柱为杀人凶手。

至于审问的过程、笔录、证据及嫌疑人是否认罪等，一概不重要，因为东厂本来也不是专业的司法机构。他们审理案子，一是追求目的性，比如东厂要整谁，那谁就有罪，说你有罪你就有罪，你说你没罪，打到你承认有罪为止；二是追求高效率，只有效率高了，皇帝才会对东厂的工作效能更加满意。

明世宗朱厚熜，堪称本朝智商最高的皇帝，善于操弄权术，调理人心，他当然不是好糊弄的，所以东厂把要求结案的奏疏送上来之后，他没有立刻批准，而是转手发放给了刑部，让刑部参考一下，看一看有没有什么纰漏。

刑部官员的心里那也是门儿清的，东厂是什么成分？东厂又是什么手段？既然是他们一口咬死的案件，那就很难再被轻易推翻。而且，对刑部来说，这只不过是一桩极为普通的民间杀人案，无关紧要，无伤大雅。他们犯不着因为这个案子跟东厂较劲，真把东厂给得罪了，刑部也不好受，所以刑部也很快回奏：没有异议。

张柱到底有没有罪，那不重要，重要的是别得罪了不该得罪的人。

既然大家都没有意见，那么其实这个时候就可以把张柱开刀问斩了。

但是，本案的嫌疑人张柱却是一个十分倔强且坚持不懈的人，东厂把他好一顿打，各种折磨的手段估计都用尽了，但他还是一直声称自己无罪。

不仅张柱宣称自己是无罪的，甚至就连张福的姐姐及张柱的几个邻居都愿意为张柱作证，这些人异口同声，说张柱肯定是被冤枉的，死掉的老太太，其实是被老太太的儿子张福所杀，这纯粹是在贼喊捉贼。

您看，这张柱还有人证，而且还是相当过硬的人证。

这样的话，刑部如果还要坚持说没有异议，那就真的有点荒谬了，所以刑部只能再上折子，说案件似乎有点问题，还是再审审吧。

嘉靖批复：那谁提出谁举证，谁怀疑谁解决，既然刑部有异议，那么这案子就交由刑部重审。于是，刑部郎中魏应召拿到了这桩案件的主审权。

魏应召结合案情人证，一番审理过后，果然推翻了东厂的论证，改判老太太是被儿子张福杀死的，邻居张柱无罪，张福则属于弑母加诬告。

从纸面上的证据来看，魏应召做出的判决当然更加合理，至少比东厂没有任何证据就要给张柱定罪的判决合理得多。

嘉靖也不是司马衷那种“何不食肉糜”的帝王，他很聪明，既然案情到了这个地步，是非曲直也闹明白了，皇帝就应该支持魏应召的判决：惩杀张福，释放张柱。当然还应该批评惩罚一下东厂草菅人命、胡乱断案的行为。

可让人万万没想到的是，魏应召的结案奏疏送到御案之上，嘉靖看完当场暴怒，直接就把魏应召给抓了起来，下狱待论。

嘉靖十分愤怒，表示魏应召的审理大有问题，这个案子必须再次审理，干脆你们三法司会审，一定要把真相给我调查个水落石出。

手拿真相要真相，这不是荒谬吗？

这一刻，大臣们心照不宣，这明显是皇帝在偏袒东厂一方，而魏应召所审理出的这个结果，并不是皇帝想要的。

这一回，排场是真大，一桩小小的民间杀人案，刑部、大理寺、都察院全都派出高级官员坐镇，三个部门的侍郎、寺丞、御史，大大小小的来了三五位，但是主要负责主持这个案子的，其实是都察院的右都御史熊浃。

朝廷里的大臣，从政治立场的角度来说，主要分成两派，因为当时嘉靖恰好在搞“大礼仪”，所以大臣们就分成了支持大礼仪的和不支持大礼仪的。

什么叫大礼仪呢？就是说，嘉靖之前的皇帝是正德，正德无后，这才让堂弟嘉靖给捡了个漏。

嘉靖原本应该在湖北就藩，现在被弄到京师当了皇帝，那么一部分大臣就认为嘉靖应该继承弘治那一脉的衣钵。

因为正德之前的皇帝是弘治，正德是弘治的儿子，如果嘉靖在法理意义上继承的是弘治的衣钵，那么就要在亲缘关系上把嘉靖变成弘治的亲儿子，让他成为正德的亲弟弟。

所以大臣们建议，让嘉靖尊奉弘治为生父，尊生父兴献王朱祐杬为叔父，嘉靖十分懊恼，非常不情愿。

嘉靖不仅不干，他还要把自己原本不过是藩王的父亲追封为皇帝，并且要把父亲的牌位送到太庙里去，让他和历代先帝一起享受供奉，以加强自己身份上的正统性。

而在这个问题上，有反对嘉靖的，也有支持嘉靖的，著名的反对者有杨廷和、杨慎，而著名的支持者则有张璁和郭勋。

当时的熊浃，也是持支持态度的，熊浃既然支持嘉靖，那么在某种程度上他就是嘉靖的自己人，皇帝用一个支持自己的人来审理张福案，意图当然不言而喻，可是皇帝也没想到，熊浃在大礼仪上支持自己，完全是出于人伦上的考量，而不是趋炎附势。熊浃为人很正直，在他的主持下，三法司会审的结论仍然维持了魏应召的原判，那就是张柱冤枉，张福有罪。

这个结果，当然不是嘉靖想要的，于是皇帝再一次发怒，直接剥夺了熊浃的官职，把他撵回家里养老去了。

嘉靖这么做，实在是太没道理了，案子是你要重审的，正直的官员当然只会还被冤屈者一个清白。可是皇帝这意思，明显是要大臣们违背正义公理去铸成冤案啊。

熊浃一下台，给事中陆粲和刘希简看不下去了，愤然上书，批评皇帝，说这断案判案要有逻辑、有证据，现在谁说张柱无罪你就处理谁，谁帮张柱昭雪你就打击谁，这完全是在干扰司法公正呀。那这案子还怎么审啊？

两位给事中批评皇帝不尊重法律，袒护东厂的恶行不说，还要执意铸成冤假错案。嘉靖当场暴怒，陆粲和刘希简随即被逮捕，投入了监狱之中。

皇帝怒气未消，转过身来要求再审，大臣们面面相觑，这还怎么审啊，直接维持东厂的原判，认定张柱有罪不就行了吗？

就这么着，刑部给出最终定论，那就是维持原判，将张柱给处死了。

处死张柱还不算，一开始为张柱翻案的魏应召被发配边疆，但凡是给张柱做过证的，全都充军论处，而指认张福才是真凶的张福姐姐更是被结结实实地打了一百大板，生死史书未载，但是以明朝廷杖之残酷，就算是侥幸没死，下半辈子估计也残疾了。

事情发展到这里，不禁令人唏嘘，离奇！实在是太离奇了！

嘉靖不认识张福，也不认识张柱，涉案的这些老百姓，皇帝一个都不认识。

皇帝没有必要因为帮助一个不认识的张福而屡屡干扰法律的公平正义，甚至大肆处罚那些正直的臣工，皇帝更没有理由如此气急败坏、不择手段地去对付一个不认识的平头百姓张柱，甚至非要置张柱于死地。

但是，事情就这么发生了，嘉靖制造冤案，牵连官员，可以说是无所不用其极。

所有看似反常离奇的操作背后，一定有不为人知的目的所驱动。嘉靖这种异常的行为，说来说去只有一个目的，那就是他想要敲山震虎，杀鸡儆猴。

那些在大礼仪事件上一直反对他，一直阻挠他的大臣们是“猴”，而那个被杀掉的平民张柱，当然就是“鸡”。

那么问题来了，张柱一个平民，怎么会成为嘉靖报复和震慑大臣的典型呢？

其实也很简单，虽说张柱是平头百姓，但也有那么一点不同寻常，张柱是明武宗正德皇帝的皇后夏氏的亲戚，当然只是远房亲戚，都快八竿子打不着的那种，要不然张柱也不会沦为平民。

但是，这对嘉靖来说已经足够了。

初来紫禁城的时候，大臣们让嘉靖走侧门；当了皇帝之后，文官们抱成一团，想要控制皇帝，现在更是连自己父亲的名号都要保不住了。

别人当皇帝都是扬眉吐气，可唯独自己当皇帝是受尽欺辱。

也正是因为如此，怨恨难当的嘉靖皇帝终于抓住了机会，在他知道了张柱从理论上来讲其实是自己堂哥正德的外戚之后，他就一定要把张柱送上断头台。

这不仅仅是一桩由皇帝亲自铸成的冤案，更是嘉靖对那些不服从他意志的大臣们的一次严重警告：弘治和正德时代早已过去，现在，我才是大明真正的主人。

嘉靖当然知道张柱是冤枉的，但是他不在乎，极度自私自利是这位高智商、高情商的大明帝王为君一任最显著的特征。别说区区一个张柱的死，哪怕如后来海瑞所说，大明天下“吏贪将弱，民不聊生，水旱靡时，盗贼滋炽”，也无法耽误皇帝一刻钟的玄修。

海瑞最后问嘉靖知否，嘉靖反应极大，仿佛他从来不知道海瑞口中说的这一切，其实，他知道。

就如这一桩案件中有关张柱的冤屈一样，他比任何人都清楚。

参考资料

1.《明史·卷一百九十七　列传第八十五》

2.《万历野获编·卷一八·刑部·嘉靖大狱张本》

3.《明代中央司法审判制度》第四章，北京大学出版社，2004.

4. 王丽梅 . 朱厚熜帝系独立意识在陵寝建造中的反映 .《CNKI》，2007.

高湝：巧破遗失靴子案

南北朝时期的北齐，有个地方叫并州。

大禹治水时，把天下划分为九州，并州就是其中之一，所以并州并不是一个具体的州郡，而是很大一片区域，包括了今天山西的太原和大同、河北的保定，以及内蒙古河套的大部分地区。

这则故事，发生于北齐天统三年（567年）的八月份。

当月，并州境内有条河，这河水缓缓流动，清澈见底，一个并州当地的老妇人，正在河边洗衣服。

老妇人身上穿一身粗布麻衣，颜色已经洗得发白，磨损的痕迹也十分明显，一看就是穿了很久。但是，衣服虽旧，却整洁干净，说明这老妇人是个爱收拾的人。

老妇人头发花白，用一根素雅的木簪随意挽起，一缕银丝在微风中轻轻飘动。

阳光透过树叶之间的缝隙，斑驳地洒落在老妇人的头顶。北朝战乱，天下不安定，老妇人已经很久没有享受过这样的平淡时光了。

然而，无事生有事，这老妇人辛辛苦苦洗了一上午的衣服，临了把衣服放回自己的背篓，收拾收拾要回家的时候，却发现自己刚刚洗完的一双靴子不见了。

这靴子，家里人只穿过一次，算是新靴子。

靴子一丢，老妇人满头冒汗，当时可就慌了神。

读者可能疑惑，一双靴子而已，能值几个钱，丢了就丢了，至于这么着急吗？

后人读前人之史，总觉得很多事情不可思议，但是如果我们设身处地地想一想，就会发现，一双靴子对一个勉强温饱的普通家庭来说，确实很重要。

也许，老妇人家里只有这么一双靴子，他们没有额外的资金另外购置一双。如果丢了这一双，有可能家里有一个人这一年都必须光脚走路。

这个偷靴子的人，还不算特别坏，他也考虑到了这一双靴子之于此等百姓之家来说很重要，所以他把新靴子偷走之后，还留下了一双旧靴子来顶包。

可是，这双旧靴子久经磨损，鞋底儿都坏掉了，根本就不能穿了。

老妇人是又气又恼，拿起这双旧靴子，就告到了官府里。

北齐并州的官府，受理这个案子的，是一个叫高湝的大臣。

高湝，渤海郡蓨县（今河北景县）人，北齐神武帝高欢之子。

南北朝，天下分南北，隔江而治。南朝我们就不提了，北朝一直是北魏一家独大，后来北魏分裂成了东魏和西魏，我们可以视东魏和西魏为北魏的延续，但是这两个政权都是傀儡政权，皇帝不当家做主，而由权臣操控。

东魏有权臣高欢，西魏则有权臣宇文泰。

再之后，高欢的儿子高洋取东魏而代之，建立了北齐。而宇文泰的儿子宇文觉则取西魏而代之，建立了北周。

北齐建立的时候，开国皇帝是文宣帝高洋，他是高欢的嫡次子，高湝的哥哥。尽管高洋在位期间存在一些争议行为，但他对弟弟高湝还是比较厚道的，不仅赐予高官厚禄，还封他为任城王。

北齐的第三位皇帝孝昭帝高演，第四位皇帝武成帝高湛都是高欢的儿子，论辈分也都是高湝的哥哥，这两位皇帝对这个弟弟也很信任，直接把高湝安排到了并州，让做他并州刺史，专门管理一方事务。

我们常说，北齐这个王朝的皇帝，多多少少都有点大病。

初代皇帝文宣帝高洋，前期有多英明，后期就有多荒诞，是那种典型的高开低走型皇帝。

在位初期，“投杯而西人震恐，负甲而北胡惊慌”，突厥人一听到高洋的名字，大呼他是英雄天子。

但是，到了执政后期，高洋就飘了，纵欲无度好女色，饮酒不止兴杀戮，到最后干脆饮酒暴毙，实属荒唐。

二代皇帝齐废帝高殷，本来有点明君之气象，但是做储君的时候，整天被他父亲文宣帝高洋虐待，日子过得相当不好。

为什么说是虐待呢？这高殷吧，性格仁慈宽厚，心地比较善良。高洋认为儿子的这种心态不利于以后做皇帝，因为北齐并不是大一统王朝，北齐处在乱世，这乱世君王需要杀伐征战，手段强硬才行。所以高洋经常有意无意地培养儿子的性格，甚至有些时候还逼着儿子亲手处决囚犯，高殷下不了手，高洋大怒，拿起鞭子便狠狠地抽了高殷一顿。高殷又惧又怕，是胆战心惊，从此后就开始精神恍惚，甚至连说话都说不利索了。

三代皇帝孝昭帝高演，是靠发动兵变非法夺取的皇位。篡位成功之后，他把高殷给杀掉了。杀完高殷之后，高演就后悔了，他深觉自己愧对哥哥高洋，更为自己杀害亲人的行为后悔不已。

当然他到底后悔没后悔还有待商榷，反正史书是这么记载的。

史书中说，高演不仅十分后悔，还因此患上了严重的心理疾病，甚至一度精神错乱，生怕有鬼魂索命之类的事情发生。一个本来很有能力也有很多政绩的帝王，就这样被心魔缠身，就此颓废了。

四代帝王武成帝高湛，其行径更是相当之恶劣。

五代皇帝，也就是后主高纬，可以说更是一个泯灭人性的坏人。

高纬有个弟弟叫高绰，是北齐的南阳王。高绰喜欢养狗，有天他出门遛狗，在街上碰到一个妇人抱着孩子。他恶心大起，竟然驱使自己的狗把妇人和孩子都给咬死了。

当街行凶杀人，残害无辜，此事影响太过恶劣，很快被人告发。当地官府把高绰逮捕之后送到高纬面前，恳求高纬严惩高绰，结果高纬当场就把高绰给释放了，还问高绰除了狗咬人这种把戏之外，还有什么好玩的。于是高绰就给高纬出主意，说你弄一群蝎子放到盆里，然后再把人赤身裸体地丢进去那是最好玩的，高纬拍手称快，照办不误，结果又害死不少人。

纵观北齐，无论是皇帝还是宗室，无出其右恶贯满盈。但任城王高湝却是个例外，他在并州做刺史的时候，卓有政绩，深受百姓爱戴，所以当开篇的那个老妇人拿着旧靴子来报案的时候，别人可能不管，但高湝一定会管。

高湝愿意帮助老妇人，可问题是，这种盗窃案的侦破难度，实在太大。

没有监控，没有目击证人，不了解作案手法，嫌疑人除了留下一双旧靴子之外，毫无线索可循。

在一般人看来没办法，可在高湝看来，破案却是轻而易举。

第二天一早，高湝立刻召集当地的老妇人，尤其是那种年纪大的、有儿有女的，高湝把她们召集到了一起，然后拿出旧靴子展示，并且还十分悲伤地说：昨天上午，有人在城外的河边遇害了。受害人死状凄惨，已经不能辨认尸体，只有他穿的这双靴子还算完整，所以我把大家请来，看一看有没有人认识这双靴子的主人。

高湝话音未落，人群中立刻冲出一位老妇人，拿着靴子号啕大哭，边哭边说："这是我儿子的靴子啊，昨天他才出门做工去，怎么好端端地就让人给害死了！"

这不怕说实话，就怕编瞎话，高湝一顿钓鱼，结果把老妇人给骗了。三班衙役出动，立刻对这痛哭的老妇人开始调查，顺藤摸瓜直接把老妇人的儿子给抓了，一经审讯是供认不讳。原来偷盗之人正是这痛哭的老妇人的儿子。那一日，他到河边溜达，看到河岸上的新靴子模样甚好，当下起了偷盗之心，但这人还不算太坏，他一看河边洗衣服的老妇和自己的母亲年龄相当，心下也有点不忍，于是偷走新靴子的同时，把旧靴子给留了下来。

谁承想，这安慰自己昧掉良心的旧靴子，竟然成了破案的关键。

对于北齐的时间线来说，高湝虽然贵为任城王，但是他和这个王朝的主线发展没有太多关系，从这个角度来讲，其实他只是个小人物。

但是，这个小人物却拥有并不平凡的一生，他认真地履行了自己作为一州之长的职责，明察秋毫，勤政爱民。甚至，在后来北齐被北周所灭之时，他凛然不屈，不愿意投降北周，从容就义。

高湝留在这个世上最后一句话是：

下官神武帝子，兄弟十五人，幸而独存，逢宗社颠覆，今日得死，无愧坟陵。(《北齐书》)

读历史的时候，我们关注帝王的成败，关注将相的命运，关注才子佳人的妙事，关注王朝的治乱兴衰。但是，在品读大人物波澜壮阔的一生时，我们也可以在小人物身上驻足停留。虽然，太多太多的小人物，就如同水滴落入浩瀚海洋，被静悄悄地稀释在时代的浪潮之中，可他们也是历史的一部分，以他们的故事为横切面，我们能看到更加丰富的人生。

参考文献

1.《折狱龟鉴·迹盗卷二百一十六·高湝留靴》

2.《北齐书·任城王高湝传》

第四章

日月如磨蚁，万事且浮休——历史其实挺有趣

故事是外衣，而逃不开的命运，才是内核。

色，是刮骨钢刀——大明米脂的悲歌

明正统初年，陕西米脂县。

米脂县，位于今天陕西榆林中部，典型的黄土高原丘陵沟壑区。风沙漫卷，尘土飘扬，驼铃声阵阵，胡笳声悠扬，明朝末年的农民起义军首领李自成，就是出生在这个地方。

在榆林县，有一户姓刘的人家，老两口以务农为生，膝下有一儿一女。长子刘胜，被强征入伍，分配到了辽东戍边。长女刘秀月，年方十五，在古代也已经到了该出嫁的年纪。

当然，这刘秀月是不愁嫁的，因为这姑娘出落大方，长相端庄，面庞白皙如玉，皮肤细腻如瓷，身段婀娜多姿，双唇轻启，宛若桃花，贝齿明眸，一抹浅笑，更是透露出一丝柔情和妩媚。

刘氏老两口早早给刘秀月定下了一门亲事，要把她许配给邻村老郑家的儿子。郑家虽不富裕，但是也早就把聘礼送到了刘家，两家就等着挑个吉利日子，把儿女婚事一操办，也算了却一桩心事。

可谁知，刘家突遭变故，长子刘胜战死辽东，老两口痛失爱子，悲伤过度，一着急上火，纷纷病倒，相继去世。

偌大一个家，顷刻之间竟然只剩下刘秀月一个人。

本曾想红灯帐底卧鸳鸯，谁知道黄土陇头白骨丧。

死了的人一了百了，可活着的人却要承担生者离去的痛苦。

刘家本就不富裕，刘秀月一介女流，又成了孤女，之前侍奉父母，买药侍疾花去不少钱，现在料理父母和大哥的丧事又花去不少钱，甚至把郑家给的聘礼都花光了。

在这种情况下，郑家可就有点不太想继续迎娶刘秀月了。原因很简单，郑家想要个完人，就是父母健在的。现在刘家正值丧期，郑家认为不吉利。县里百姓更是风言风语，说刘秀月是个祸根，克死父母亲人，这种说法传来，郑家就更不想娶刘秀月过门了。

不想娶可以，但是问题是，两家已经订婚了，而且郑家聘礼也给了。按照明朝的法律规定，这个时候如果男方要退婚，那么男方不仅要到官府领五十鞭子以作惩戒，女方还不用退聘礼，这就使郑家陷入了两难的境地。娶刘秀月吧，晦气不说，还要帮她接着操持她家的丧事，这就得花钱。可要是退婚吧，聘礼拿不回来也就算了，问题是这五十鞭子保不齐就得把人给抽死。

左右为难之际，郑家有个远房亲戚叫郑常，他站了出来，说你们别犯愁，这事儿我来给你们解决。

郑常是个生意人，在山西太原有不少产业，财力还是可以的，他找到刘家，表明了想要退回这门亲事的想法。

刘家的这些亲戚，大多是刘秀月的远亲。但远亲也是明事理善讲理的，一听郑家要退婚，均不同意，表示要到官府去讨说法。

郑常一阵苦笑，说各位啊，到官府去打官司也是要花钱的，要请状师，写诉状，各种公文周转都是一笔不小的开支，眼下这刘秀月连料理父母丧事的钱都拿不出来，她拿什么去告状?

刘家的众亲戚听后哑口无言，因为让他们替刘秀月撑腰可以，但让他们掏钱，这人心不古，自然是谁也不愿意。

郑常一看都不说话，知道有戏，于是接着说我们郑家只要退婚，聘礼不要了，只求免了这五十鞭子的皮肉之苦。不仅如此，我郑常本人还愿意资助刘家纹银十两，当作刘家的丧葬费用。

不得不说，郑常是比较会谈判的，刘家人一看有钱可拿，纷纷同意，这事儿基本上就算是圆满了。

但是，刘家人还有隐忧，那就是刘秀月的直系亲属都已经亡故，那么接下来她要怎么过活呢？

人情淡漠如水凉，茕茕女子向何方？

可叹呐，在场的都是刘秀月的叔叔、婶子、大爷，平时和刘家也没少来往，刘秀月小时候也是对他们叔叔伯伯的叫着，可眼下却没有一个人愿意收养刘秀月。

刘家人不仅不愿意收养刘秀月，还变着法地想要把刘秀月给送出去。

郑常惯会察言观色，他一看刘家人对刘秀月刻薄寡恩，根本毫无亲情可言，于是就提议说，自己有个女儿，今年十岁，年幼稚嫩，正需要人照料，你们刘家人如果愿意，我可以把刘秀月收作我女儿的丫鬟，日子谈不上大富大贵，但至少落个活命的去处。

刘家人当然乐意，因为郑常又给了刘家人纹银三十两，当作刘秀月的卖身钱。

钱给了，刘秀月就被郑常领回了山西。

郑常真有这么好心吗？原来他根本不是大发善心，而是觊觎刘秀月的美色，回到太原之后，就把刘秀月纳为小妾。刘秀月既已卖与郑常为婢女，那她就是郑家的人了，眼下只能悉听尊便，无力反抗。

一连串的命运打击已经让刘秀月有些麻木，为婢也好，做妾也罢，反正都是混个浑浑噩噩地过活。

不过怎么是纳为小妾而不是娶做夫人呢？因为郑常早就结婚了，妻子还是大户人家的小姐，郑常能在太原城里做生意赚钱，少不了妻子娘家人的关照，所以他对妻子还是有点敬畏。

所以他把刘秀月给领回家之后，他害怕妻子会责难他。

正常来说，这种大户人家的小姐，尤其是在家里能掌握主权、说话算数的，是最见不得丈夫纳小妾、有二心的。因为这不仅仅是府上新添了一位女眷那么简单，更是丈夫对自己母家的蔑视和侮辱，所以刘秀月到郑常的家里，就有被大夫人给打死的风险。

但是有趣的是，这个大夫人见了刘秀月第一眼，就心生爱怜，喜欢得紧，对刘秀月相当的好，和刘秀月情同姐妹，关系非常亲密。

封建礼教之下相逢，这女人何苦为难女人呐。

夫人把刘秀月留在了府上，也默认了丈夫纳妾这回事儿，但却不允许郑常和刘秀月发生关系。郑常属于是买了个精致的花瓶回家摆着，只能看不能摸。

但是，人总有炫耀的心理，他娶了这么个如花似玉的小妾，心里得意，就总想着显摆显摆，于是每次有朋友来郑常家里吃饭，或者来家里谈生意，郑常都会让刘秀月斟茶倒酒以作陪。

别的不说，至少面子是有了。

时间，就这么过去了两个月。

两个月之后，山西太原阳曲县的李知县，突然来到郑常的府上做客。

阳曲，是扼晋要冲、太原城的北大门，战略意义非常重要。李知县到郑常的家里，是因为阳曲县要采办一批军用物资，而郑常正有拿下这笔订单的想法，所以请李知县到家做客，目的就是为了当面沟通，给自己争取机会。

生意谈得怎么样不重要，重要的是郑常和李知县吃饭喝酒，也是由刘秀月在一旁伺候。刘秀月吐气如兰，粉面桃花，步履轻盈，如同弱柳扶风，一颦一笑，更是万种风情。美，实在是美。李知县如坠梦中，色迷心窍，看得眼睛都直了，很快就相中了刘秀月。

返回官府，李知县就开始打上了刘秀月的主意，想要将其据为己有。

郑常巧得刘秀月，那也是和刘家人周旋，花了不少工夫的，但李知县毕竟是地方官，有权有势，很快就打探到了刘秀月的身份，甚至连刘秀月父母双亡、郑家退婚、郑常买刘秀月为奴婢第一系列事情都调查得一清二楚。

有了这些信息，李知县很快想到，《大明律》有过明文规定，但凡引诱诓骗良家女子为奴婢妻妾等，都是触犯法律的，不仅要挨板子，还有可能面临流放。

郑常趁刘家人亲情淡漠，刘秀月孤苦无依，乘虚而入，将其买为婢女，从陕西米脂带回太原后，又强纳为妾，这不纯纯是巧取豪夺吗？

不过，这个罪名的重点不在于巧取豪夺，哄骗拐带，而在于刘秀月必须是清清白白的良家女子。

但是，就算是有明显证据来证明郑常以哄骗拐带的方式得到良家女子刘秀月，定了郑常的罪，郑常也可以通过赎买的方式来减轻自己的罪过，并且使自己和刘秀月的关系合法化。

什么意思呢？就是说郑常拐带未婚的良家女子这个罪名，是可以花钱摆平的。只要你肯掏钱，不仅可以免于任何处罚，如果你掏的钱够多，官府甚至直接可以认定你和刘秀月的关系是正常的。

李知县的目的是从郑常手里把刘秀月给夺过来，那么光是这个拐带良女的罪名肯定不够，因为只要郑常愿意掏钱，他就能一直把刘秀月握在手里。

如果要得到刘秀月，只有一种可能，就是把郑常给弄死。

于是，李知县翻书查典，终于让他找到一个破绽，什么破绽呢？这刘秀月和郑家的儿子早前有过婚约，而且从某种程度上来说，刘郑两家并没有退婚。因为，所谓刘郑两家退婚的这个事儿，本质上是郑常和刘家的亲戚们在私底下操办的，一没有经过官府，二没有什么仪式，三没有文书为凭，所以从法理上来讲，刘秀月仍然是郑家的儿媳妇。

这么一来，刘秀月的身份就从良家女子变成了良家妻子。

刘秀月成了良家妻子，那么郑常的罪名就从拐带良家女子变成了抢占他人妻子，而抢占他人妻子，可是能判处绞刑的。

于是，李知县在搜集了充足的证据之后，立刻就以这个罪名把郑常给下狱了。

要知道，郑常不是普通百姓，他是乡绅，是生意人，平时免不了和太原地界的官员们打交道，他也是有依靠的。所以入狱之后，他立刻托家人左右活动，想要把自己给捞出去。

但是，李知县深谙官场之道，肯定不会给郑常这个机会，直接派衙役在牢房里就把郑常给杀掉了。

当然了，对外报的是病逝，就是人犯关到牢里还没审呢，就得病死了。

衙役的手段高明，杀人不留外伤，纵然仵作医术精妙，可也早已被李知县收买，验尸结果只会是暴病而亡。所以郑常的死，就是白死。

原本家财万贯、生活滋润、春风得意的郑常，就这么死在了监牢幽暗的角落里。

起高楼，宴宾客，转眼枷锁戴身裳，方才感叹他人命不长，哪知自己归来丧？

郑常一死，刘秀月重获自由身，返回陕西米脂还没待几天，就被李知县纳为了妾室。

李知县的手段，真是够狠的，杀人夺妾一气呵成，抱得美人归。他心里美滋滋，但是他不知道，从这一刻开始，他一只脚已经进了鬼门关，这正是：嫩草怕霜霜怕日，恶人自有恶人磨。

李知县作为朝廷命官，读圣贤之书，纳小妾总不是光彩的事情，一般来说都会搞得比较隐秘，藏着掖着就过去了，生怕别人说三道四。

但是，李知县不这么认为，他不仅不藏着掖着，反而还在太原城里风风光光地大办宴席，广发请柬，邀请亲朋来热闹热闹。

原因也很简单，因为办宴席能收份子钱嘛。

鼓乐声声震天响，笑语盈盈满堂欢。红烛高照，锦绣华裳，宴席之上，珍馐美味，琳琅满目。众人举杯相庆，觥筹交错，谈笑甚欢。

李知县的宴席办得相当成功，太原城里三教九流、官宦乡绅纷纷捧场，他也趁机敛了一笔横财。

而这些前来吃酒的宾客中，有一个叫吴杰的人，很值得一提。

吴杰，安徽人，大明安陆侯。吴杰的父亲是大明王朝的开国功臣吴复。吴复在元末明初可是跟徐达、常遇春称兄道弟的人物，建功立业不在话下，朱元璋更是亲颁免死铁券。

吴杰蒙荫其父，这才混上了个安陆侯。靖难之役时，吴杰被建文帝朱允炆派到战场上去打朱棣，结果战败被贬。后来朱棣登基之后清算建文旧臣，因为吴杰是建文朝的贬官，所以就没被处理，但是也没受重用。吴杰岁数大了之后被安排到太原，督促地方军队练兵。

督促练兵是不能调动和指挥军队的，属于有参议权，但没有实权，所以，吴杰虽然是侯爵，每天的日子就四个字：混吃等死。

正所谓，饱暖思淫欲，饥寒起盗心。这吴杰老来好色，此前就娶了不下十来房的小妾，这回参加李知县的婚礼，瞧见刘秀月的美色，简直是垂涎欲滴，恨不得立刻揽之入怀，于是回家之后，吴杰一天到晚就寻思如何把刘秀月给弄到手。

而且，吴杰经常和他名义上的一个部下张能聊起这事儿。

张能，是太原卫指挥使，三品，能调动太原本地军队，而安陆侯吴杰是一品，主要负责督促军务，所以两人属于上下级关系。吴杰有想法，张能自然乐意分忧，于是就跟吴杰说，您是侯爵，您相中的女人，哪儿有得不到的，直接动手抢过来不就行了吗？

吴杰听了直叹气，说真要那么好办还行了呢，主要这刘秀月不是普通百姓，她是李知县的小妾，知县虽小，那也是朝廷命官，想要抢他的女人，很难办啊。

张能一听乐了，说他不是知县还不好办，他要是知县那最好不过，因为《大明律》早有规定，地方官不能娶自己管辖区域内的女子为妻，目的就是防止有些贪官恶吏逼婚于平民百姓，李知县要是犯了这一条，就会被朝廷开除公职，官位不保啊。李知县成了平民，您再从他手里抢个刘秀月，那还不是易如反掌吗？

吴杰很兴奋，他认为有戏，立刻派人去查刘秀月祖籍何处，是哪里人氏，结果查来查去大失所望。原来刘秀月并非阳曲人氏，甚至都不是山西人，人家是陕西米脂的，是外乡人，如此说来，李知县纳刘秀月为妾完全是合法的。

那么，按照这种情况，如果吴杰还想要把刘秀月给搞到手，那么他就只有一条路可以走，那就是把李知县给弄死。

于是，吴杰和张能商议，要抓一抓李知县的小辫子，查一查他有没有贪污腐败，只要掌握一定的证据，然后发力把李知县送上断头台。

这个计划，十分可行，因为李知县名声在外，他做官的声名极差，单是他谋害郑常这事儿，就知道他绝非善类。

吴杰和张能调动关系细查李知县贪污腐败的证据，很快便查到了。原来，阳曲对太原来说是战略要点，此地是三晋首邑，纵贯南北，历来是兵家必争之地，因而别的县呢，可能只有财政上的流水，但阳曲县在军政上也有支出，朝廷在阳曲县投入了大量的兵力来驻防，所以阳曲县衙每年都会有采买军需用品的工作，也就是之前李知县和郑常谈的生意。

吴杰和张能在地方上左右活动，找了不少人，最终查出李知县在为朝廷采买军需用品的事情上吃了不少回扣，加起来竟然有白银三千两之多。

两人查实证据，立刻密报当地御史，御史报都察院，都察院报刑部，刑部转大理寺，最后三法司会审，坐实了李知县的贪污罪行。

这件事，还多亏一个叫李运的官员帮助，为吴杰大开方便之门，让他可以详尽查阅阳曲县的一些公文和资料，后文我们还会再提到他。

明朝对于贪污的处罚，那是相当严厉的。明太祖朱元璋规定，官员贪污纹银六十两以上就要杀头，李知县贪污三千两，超过标准太多，不仅本人杀头，家产、妻女、奴婢还要尽数充公。

昨嫌金丝紫蟒宽，今穿破烂囚衣裳。昨日美人相伴红烛醉，今日人头落地血淋汤。

李知县在阳曲县作威作福半辈子，机关算尽也没想到，自己会是这样的下场。

李知县死了，刘秀月作为家属本应流放，但吴杰早有准备，托人送礼，动用关系，终于把刘秀月捞了出来，如愿以偿纳为自己的小妾。

自此后，这吴杰夜夜笙歌，整日和刘秀月缠绵相伴。

这个吴杰啊，在太原地界也是家大业大，养尊处优，当地不管是小吏还是大官，都尊他一声吴侯爷，他吃得好、住得好、睡得好，最重要的是心情好，所以他的身体素质也很好，此时他六十有九，如无意外，养精蓄锐以保身，大可活到八九十岁。但是自打他纳刘秀月为小妾之后，就纵欲过度，大量服用丹药壮阳，可以说是严重透支自己的身体，因而不过半年，老头竟然死在了床上。

想那吴复当年随太祖立业，镇常州，讨士诚，平残元，何等英雄气概，却生出这等子孙来。

武勋列侯之家，乘坚策肥之族，子孙后代却浸淫富贵，一个个也读过圣贤之学，经纶致世之道，嘴里满口仁义道德，却是一肚子男盗女娼。

吴杰死了，吴家也因此荒凉落败。吴杰的儿子干脆把父亲这些小妾遣散的遣散，变卖的变卖，而刘秀月因为姿色过人，容颜俏丽，竟得不少人青睐，最终被太原卫指挥使张能高价买得。

张能，就是之前给吴杰支着儿的那位，此人也是个贪恋美色之徒，为了把刘秀月给弄到手，几乎是掏空了家底。但是，没等张能过上几天春宵欢愉的日子，北边战事骤起，而太原就是明朝九边之一，时常会遭到瓦剌人的滋扰。瓦剌人滋扰北边，张能作为太原卫指挥使，立刻被派上了战场。

战场是玩命的地方。风卷残云，黄沙漫天，战马嘶鸣，铁蹄踏碎大地，震得人心战栗。明军将士们手持长矛利剑奋勇冲锋，战场上血花飞溅，战鼓声、呐喊声、兵器的碰撞声交织在了一起……

张能一个没注意，冷箭袭来，正中胸腔，当场毙命。

垂死仍念佳人貌，死后方知悔过迟。只可惜镜花水月美人绝色终幻灭，繁华盛景黄粱一梦尽成空。

张能死了，接替张能继任指挥使的，是程鹏。程鹏既任新指挥使，理应代表朝廷抚恤阵亡的张能的家眷，结果程鹏到张家慰问的时候，也被张能的遗孀刘秀月给迷得魂不守舍，他立刻就打上了刘秀月的主意。

张能是有大房的，刘秀月嫁给张能，也不过是做妾室。张能死了，大夫人按照礼制要守节三年，但刘秀月却不必如此。于是程鹏给张家掏了好大一笔钱，张家人拿了钱自然开心，于是又将刘秀月转送程鹏。

这个程鹏，也有正妻，所以刘秀月也还是做妾室。

可偏偏，程鹏到了太原之后也要继续抵抗瓦剌人的滋扰，而且他打仗的水平还没有张能高，人品更有问题，他所带领的军队被瓦剌人围攻，他不殊死抵抗，反而扔下大部队，自己夺路而逃了。

程鹏因临阵脱逃、丢失阵地，被朝廷问责，最后被处以死刑。

情色场中皆是幻，贪嗔念里尽成痴。世人笑他愚且蠢，岂知自身亦如斯?

当然了，程鹏毕竟是卫指挥使，他这种级别的官员，不是说随便派个衙役就能把他给砍了的，因此朝廷还专门设置了刑场，还派出了按察司佥事刘翀来监督行刑。地方上有按察使，且其权力很大，主管一省的法律事务。按察司佥事，则相当于按察使的副手，权力也很大，属五品官。

刘翀监斩是例行公事，但他却在人群中偶然瞥见了来为丈夫送行的刘秀月。刘秀月虽身着丧服，却面若桃花，眸似秋水，唇红齿白，身姿曼妙，一下子就把刘翀给看呆了。

刘翀是进士出身，至今三十有余仍未婚配，可见他为人挑剔，一般女子是入不了他的眼的。可这刘秀月长得惊为天人，刘翀一眼就喜欢上了，日日思之如狂，只恨不能一亲芳泽。于是，刘翀干脆托人说媒，把刘秀月娶进门，而且这一回，刘秀月是以正妻的身份被刘翀迎娶回来的。

要知道，身世坎坷的刘秀月已经接连跟过五个男人，如今还能被刘翀尊为正妻，关心爱护，也算是苦尽甘来了。

然而，事情还没有结束。

刘翀有个同僚，名叫李运，也是佥事，就是之前帮助吴杰搞倒阳曲县李知县的那一位。

这个李运，在张能、程鹏等人死的时候，就一直觊觎刘秀月的美色，苦于无从下手。结果却被刘翀给抢了先，他是又气又恨又妒忌，反手就参了刘翀一本，理由是：刘秀月生性放浪，短短数年竟然有丈夫五任，如此不知廉耻的女子本该遭众人唾弃，刘翀堂堂朝廷命官，竟然将其娶为正妻，岂不是败坏纲常礼法？而且影响也不好，让老百姓知道了，会怎么议论怎么想？刘翀的思想有待清肃，必须严办！

很显然，李运是想要把刘翀给斗倒，好把刘秀月据为己有。

诚然，李运的这封奏疏，纯属胡说八道，刘秀月半生凄苦，她没有能力左右自己的命运，只能任由别人摆布，难道她愿意频频给不同的男人做小妾？而且，就算她有五任丈夫，可她于名节无亏，因为她嫁夫从夫，每一任丈夫活着，她都尽心侍奉，每一任丈夫故去，她都披麻戴孝，而且从来没有做过红杏出墙、勾三搭四之类的奸恶之事。

但是，谣言猛于虎，奏疏比嘴快，李运的这一封奏疏，很快就到了朝廷，并且惊动了内阁。内阁都知道了，那皇帝自然也知道了。明英宗朱祁镇少年天子，他对这种男女之事相当好奇，立刻要求亲自审理该案件。

然而，皇帝的想法很快被内阁的诸位大臣给否决了，因为在大臣们看来，天子坐明堂，治官不治民，如果任何案件都需要皇帝亲自处理，那皇帝定会不堪劳累？

另外，对于朝廷来说，这种案件既不涉及财政，又无关于军事，甚至连人命案都不是，内阁大臣们不会浪费太多精力来处理此案，仅让锦衣卫把刘翀抓到了诏狱里，严加审问就是了。

锦衣卫，是明朝的特务机构组成部分。诏狱，是特务机构开设的监狱，而这所监狱最厉害的地方就在于，它可以不遵守明朝的任何法律而对嫌疑人进行任何形式的审讯，包括处死。因为锦衣卫只对皇帝负责，他们执行的当然也是法律，但却是法外之法，是皇家的私法。

也正因为如此，刘翀被抓到诏狱里，他只会被屈打成招。

但是，刘翀也是个奇人，锦衣卫质问他作风不良，身为朝廷大员却迎娶民间风月女子。刘翀则振振有词，反唇相讥道：

第一，刘秀月五段感情经历诸位尽可详查，无非是山西地界的高官豪绅们巧取豪夺，她的这些丈夫们对她更有亏欠，而刘秀月恪守妇道，从无亏节之事，何来她风月之说？

第二，我刘翀为官一任，自问对得起天地良心，对得起当今圣明天子的栽培，我是明媒正娶的刘秀月，我们的婚姻是你情我愿，并无强迫，合理合法。她对我关心呵护，我对她尊重理解，我怎么就有伤风化，于官声有亏了？退一万步说，刘秀月的确有过五任丈夫，她嫁我并非初嫁，我也没能娶下哪家高门大户的小姐，但问题是，我娶刘秀月，这是我的私事，宣帝尚且不干涉张敞画眉之私，你们又有什么权力管我？

最后，刘翀还总结了一下，自己为什么被抓进诏狱，那就是自己肯定是被陷害了。那为什么会被陷害呢，原因是自己在山西为官清廉，执法刚正不阿，因此得罪了不少同僚，所以肯定是他们中有人栽赃陷害于我，才使我落到这般境地。

刘翀还认为，既然自己已经被抓到了诏狱，那多半是凶多吉少，搞不好就得死里边。于是，刘翀干脆把自己这么多年在山西官场的所见所闻全都交代了出来，顺手还揭发了他所了解到的一大群官员贪污腐败、违纪违规的不法行径。刘翀甚至猜测，当年那个太原城里的富商郑常也并非病死狱中，而是因为李知县想要抢占刘秀月而草菅人命。

刘翀是大丈夫，他自然是不畏死的，但是一想到太原城家里的娇妻如花美眷，他就不禁痛心，自己要是死了，这太原城里不知又有多少人垂涎她的美色，想方设法地把她弄到手，使她再受折辱呢？

孤身一人，刘翀倚窗而坐，目光透过铁窗的缝隙，投向那轮高悬的明月，他因惦念刘秀月而越发伤心，但他却不知道，刘秀月在太原城里也时刻记挂着他的安危。

是啊，刘秀月的前几任丈夫，对她是巧取豪夺，视她为掌上玩物，在这些男人的身边，她没有尊严可言，更得不到一丝一毫的关心和爱护。只有刘翀，把她明媒正娶迎回家中，刘翀理解她，尊重她，给予她关心呵护，让她品尝到了家庭的温暖和爱情的真正滋味。

现在刘翀被捕，刘秀月一个原本连自己命运都不能左右的女人，竟然生出了竭尽全力拯救丈夫的想法。

民要救官，那就只有一条路可以走，那就是众人游行，声势震动朝廷，朝廷或许就会对犯官从轻处罚。比如，某地官员施行仁政，爱护子民，因为某些事情被朝廷捕获，要论罪处死。百姓们不忍如此好的父母官丧命，于是纷纷自发走上街头，为其请命，宣扬他的政绩和功德。朝廷一看民众请愿，说明这位官员的确有可称道之处，说不定就会免于死刑而改成流放，这样百姓就相当于救了这位官员一命。

于是，刘秀月干脆散尽家财，雇用了不少百姓到京城去为刘翀请愿，宣扬刘翀的功绩，请求朝廷把刘翀给放了。

这办法虽然笨拙，而且后来很快被朝廷识破，但这已经是刘秀月为了救夫的搏命之举了。

诏狱里刘翀检举揭发了山西官场的不少大员，朝廷派人到山西去调查，有查实的，可也有不实的，而且很多事情时隔久远，已经不能详查。比如郑常的案子，别说郑常已经死了，就连李知县也不在了，如何查起？

因此，刘翀在诏狱里的一番慷慨陈词，的确让朝廷认为他和刘秀月的关系是清白的，但他也因为检举揭发（部分）不实而落得了一个诬告之罪。那个救夫心切的刘秀月也被查实，犯教唆煽动之罪，因此，刘翀被革去功名，全家流放云南，而这个“全家”，自然也包括刘秀月。

荒园败井，昔日玉满堂；残花败柳，曾作繁华场。

风烟漫布旧画梁，青帘今朝又垂于草庐旁。说甚么酒正醇、歌正扬，如何青丝又染霜？

前日乱坟岗上葬旧友，今夜翠帘帐内醉新芳。

粮满仓，粟满仓，俄顷败落人皆慌。正笑他人愁未央，岂料自身苦更长！

谕有德，难保他朝变悍将；追荣华，谁料想沉沦于风月场。

因嫌宝冠轻，终遭铁链伤；昨怜竹杖短，今嫌玉剑长。

闹嚷嚷你方说罢我开口，误以异地为关乡；甚迷惘，到头来皆是为他人筑明堂。

经过几个月诏狱里的严刑拷打，刘翀消瘦了不少，原本挺拔的身姿已变得佝偻，皮肤上也布满了斑驳的伤痕，脸上青一块紫一块，整个人的精神状态也有些萎靡。

最终，刘翀还是努力挺直腰板，尽管步履依旧蹒跚，但他的眼神中却逐渐燃起了一丝坚韧与不屈。

身旁是早已经哭成泪人的刘秀月，她的泪水如同晶莹的珍珠，顺着脸颊轻轻滑落。

然而，她的嘴角却微微上扬，勾勒出一抹温婉而动人的笑意，仿佛春风拂过湖面，荡起层层涟漪。

山高水长，云南很远，路途之上，毒虫猛兽，烟瘴毒雾，却即刻就要出发。

但这两人没有犹豫，他们挽起对方的手臂，在夕阳残照，晚风吹拂下渐行渐远，背影也渐渐消失。

这万水千山，你愿意陪我一起看吗？

参考文献

1.《明实录英宗实录》

2.《明英宗睿皇帝实录卷之八十二》

3.《全国地方县志》

4.《米脂县志》

参合陂之战：慕容世家的荣耀与衰败

慕容世家，是鲜卑慕容氏的后代，他们的祖先曾经在十六国时期陆续建立过一系列的燕政权。

我们说东晋，严格意义上讲不能算是统一政权，因为自司马睿衣冠南渡之后，晋人只占据了半壁江山。江南在司马氏的手里，但是北方却属于列国割据，匈奴、羯、氐、羌、鲜卑等民族先后在黄河两岸和北部地区建立了十六个国家，史称“五胡十六国”。

这十六国里，有个叫后燕的国家，开国皇帝是成武帝慕容垂，慕容垂把后燕的都城定在了中山（今河北定州）。后燕在北方有个老对手北魏，当时的北魏皇帝是道武帝拓跋珪，当时北魏的都城则是在盛乐（今内蒙古和林格尔）。

慕容垂是鲜卑慕容部，而拓跋珪则是鲜卑拓跋部，他们原本同出一脉，而且两部之间世世代代通婚，但是在异常凶残的北方战争上，任何来自血缘的印记都抵不过领土的扩张，后燕和北魏在各自发展的过程中很快走到了充满矛盾、反目成仇的境地。

最根本的原因是他们都需要生存。且他们的生存环境是十分残酷的。

后燕的慕容垂，首先坐不住了。因为后燕这一脉属于北方的老牌强国，而北魏则属于后起之秀。

年轻人会因为逐渐追赶上前辈们的步伐而欣喜，因为年轻就代表着时间上的充裕，代表着仍然有无限可能。但是，老年人却会因为新生儿的哭声而感到烦闷，会因为后辈们有超越自己的趋势而感到恐慌，因为，这种种的行为都在提醒自己已经不再年轻。

慕容垂绝对不允许北魏做大，所以他立刻派出精兵九万八千人开始讨伐北魏。这九万八千人，分成了前军和后军，前军八万人打头阵冲锋，由太子慕容宝、辽西王慕容农、赵王慕容麟指挥，这三位，都是慕容垂的儿子。后军一万八千人负责粮草运输等后勤工作，由范阳王慕容德，陈留王慕容绍指挥，这两人和慕容垂关系就远点了，只是后燕的宗室子弟。

大军集结完毕，马上就要出征的时候，后燕朝廷里有个叫高湖的大臣极力劝谏，想要制止此次军事行动。

高湖的理由很简单，第一，后燕和北魏世代友好，感情甚笃，北方纷乱，世事难料。谁知道谁哪天遭难？谁知道谁哪天倒霉？而多个朋友多条路，北魏本来能够成为后燕的坚实臂助，为什么要与其反目成仇，为后燕树立敌人呢？第二，北魏的道武帝拓跋珪治国有方、领军有略，各方面都挺强，这么一个强大的敌人，后燕很难战胜。第三，这九万多人，虽然是多人分管，但实际上是由太子慕容宝担任总指挥，而高湖对慕容宝的指挥水平并不相信，认为其人太过年轻，搞不好就会失误。

高湖当然不会未卜先知，只是直觉告诉他，此战必败，所以他干脆跑到宫里劝了慕容垂好几个钟头，希望他可以收回成命。

但是，人已经集结了，兵力已经部署了，粮草已经筹措了，慕容垂属于是箭在弦上，不得不发了。

所以，慕容垂不仅没有听从高湖的劝阻，还把高湖给撵走了。

慕容垂一意孤行。反观北魏这边，可以说是积极准备，严阵以待。

北魏的首席谋士是张衮。张衮认为，后燕不宣而战，主动出击，浩浩荡荡地集结将近十万人，生怕咱们北魏看不见他们的动作，这说明后燕太骄傲自负了，根本就没把咱们北魏放在眼里。既然后燕骄傲轻敌，咱们就应该把他们这种骄傲轻敌的心理给放大了，故意在后燕军队的面前展示出一种软弱的状态，这样他们就会更加轻敌。这一轻敌，戒心自然松了，到时候趁他们疏忽大意咱们再收拾他们，岂不是易如反掌吗？

道武帝拓跋珪还真是个比较听劝的人，立刻就听从了张衮的计谋。

拓跋珪把北魏几乎所有的牲畜、动产以及百姓全都迁徙到黄河以西五百多公里之外的地方，等于是坚壁清野，除了不动产全都拿走了，甚至连都城乐盛也不要了。

所以，后燕的大军一路讨伐，从河北定州一直打到内蒙古的包头，愣是一个北魏士兵也没碰上。

后燕的大军可以说是长驱直入，一直行进到了巴彦淖尔，接下来就是横渡黄河，收拾河对岸的北魏。

后燕势大，是老牌王国，北魏初登历史舞台，是后起之秀，所以这一仗对拓跋珪来说，其实很不好打。

慕容宝到了黄河边上后兴致勃勃，他把用来横渡黄河的战船一字排开，正要冲过去和北魏士兵作战，突然天降大风，直接把刚刚下水的几十艘战船给刮到了黄河南岸，结果这十几艘战船连带着船上的三五百士兵全都被北魏给俘虏了。

但是，拓跋珪的做法很高明，他把战船留下，把俘虏全都给放了回去，以此来展示他的仁德和大度。

古人崇敬天命，狂风刮走战船这种事对后燕、对慕容宝来说，无疑是一种灾祸的示警，对他造成了一定程度的心理阴影。

还没等开战就损失几十艘战船，慕容宝这属于开局不利，而且慕容宝从中山（今河北定州）出发的时候，老皇帝慕容垂就已经患病了。慕容垂属于英雄迟暮，一天不如一天了。

父子之间有通信，后燕皇宫每隔一段时间都会派出信使来到慕容宝的军中，汇报慕容垂的身体情况。

这个消息，不知道怎么就被拓跋珪给得到了。于是，拓跋珪干脆在慕容宝的身后设伏，不用来偷袭慕容宝，而是用来擒获信使。

拓跋珪把信使擒获之后，把他抓到两军阵前，然后让他对着后燕军队散播慕容垂已经驾崩的消息。

因为慕容宝和慕容垂之间唯一的沟通方式就是靠信使来传递消息，现在信使已经被俘虏，还嚷嚷着慕容垂已经驾崩，那么无论消息真伪，无论慕容宝相信与否，都会对后燕军队起到一定的扰乱作用，因为他们暂时无法核对信息的真伪。

拓跋珪在舆论上扰乱了慕容宝，慕容宝的内心可就有点狐疑，也就不太敢轻举妄动了。

慕容宝动作慢了，但是拓跋珪却一刻不停地部署兵力。黄河东岸安排了五万骑兵，黄河北岸安排了十万骑兵，后燕军队的后方，拓跋珪也安排了七万士兵，甚至就连北方另外一个政权后秦也派了不少人来支援北魏。

以前示弱是为了让后燕孤军深入，现在后燕都深入到黄河边上了，那北魏肯定是要关门打狗。

有人可能会说，现在这北魏的军队人数加起来都将近二十五万了，还用得着跟后燕玩阴的吗？直接一哄而上，依靠人数上的优势也能把他们给灭了啊？

理论如此，但其实不尽然。虽然拓跋珪是皇帝，但是就当时北魏的政治情况来看，他也不一定能对北魏所有的军队有百分之百的调动权。

所以，北魏的兵力虽然多，但是实际上能用的不多，大部分都是过来撑场面的。

可这对后燕来说，已经是个紧急的信号了，危险已经来临，但慕容宝却浑然不知。他既不进兵也不退兵，就在黄河边上和北魏对峙着。

结果这么一拖再拖，后燕军队内部出了问题。

后燕军队中赵王慕容麟的手下有个将军叫慕舆嵩，他听信了北魏方面传来的谣言，认为老皇帝慕容垂肯定死了。

慕舆嵩是慕容麟的部下，如果他认为慕容垂已经死了，那么他不会拥立太子慕容宝登基，而只会图谋策划在这个权力真空期把慕容麟推上皇位。

所以，慕舆嵩都没和慕容麟商量，就在后燕军队里搞叛乱，公开支持慕容麟称帝。

当然，慕舆嵩想一出是一出，他准备不周，仓促兵变，结果很快被慕容宝俘获，然后就被杀掉了。

经慕舆嵩这么一闹，慕容麟和慕容宝之间矛盾更加白热化了。

因为，慕舆嵩起兵叛乱，无论是否得到过慕容麟的指使，慕容麟又是否参与其中，慕容宝都不会再信任慕容麟了。

这么一来，后燕军队的高层就出现了相互猜忌、相互提防的状况。

这上行下效，高层都乱套了，底下的士兵们更是乱了套，将士们深陷兵变疑云之中而无心恋战。慕容宝一看这样也没办法打仗啊，他一咬牙一跺脚一叹气，下令大军回撤，这一仗就算是前功尽弃了。

慕容宝以为自己撤军就算完了，顶多算是白折腾，但是他不知道，军事战场上的情况瞬息万变，前两天他是刀俎，北魏是鱼肉，现在可反过来了，他是猎物，北魏成了猎人。

慕容宝撤退的时候，黄河还没结冰，走不了兵马，所以他认为北魏不可能追击他们，所以压根没有在大部队后边留两个斥候来探听北魏军队的动向。结果慕容宝前脚刚走，后脚就降温了，黄河结冰，冻得结结实实。拓跋珪抓住机会，派出两万骑兵追击慕容宝，最终在参合陂，也就是内蒙古凉城东边的岱海追赶上了后燕军队，并且成功发起了偷袭。

这一仗，拓跋珪大获全胜，后燕军队将领要么被杀，要么被擒获，几万士卒全部被消灭，只剩下太子慕容宝灰头土脸地跑了回去。

这场战役，史称参合陂之战。

对拓跋珪来说，这场战役只不过是他宏大人生中的小插曲，但是对鲜卑慕容氏来说，却是他们的国家彻底走向转折和衰败的预兆。参合陂之战之后十二年，后燕就灭亡了。

参合陂，一直是鲜卑慕容部心中永远的伤痛，这是他们命运的转折点，也是他们因骄傲轻敌而迎来的惨败。

所以，世世代代的鲜卑慕容的族人，把参合陂这三个字定为自己居所的名字和自己武艺的名称，目的就是警醒后代，时时刻刻记住当年的屈辱，不要再重蹈覆辙。

十六国时期的鲜卑慕容部，曾经在北方建立过五个燕政权，分别是前燕、后燕、南燕、西燕、北燕，其中慕容氏的最后一个政权北燕，于公元436年灭亡。

参考文献

1.《晋书·卷一百二十三　载记第二十三》

2.《资治通鉴·卷一百六》

3.《魏书·卷十五　列传第三》

4. 曾雯雯 . 参合陂之战后燕失败的原因 .《cqvip》，2018.

侯景之乱与梁武帝之殇

南北朝时期，天下两分，隔江而治，南人在这头，北人在那头。

这历朝历代的南朝帝王啊，他们都有收复北方、一统天下的情结，南朝第三个政权南梁的开国皇帝梁武帝萧衍也不例外。

统一，是镌刻在中国人骨子里的一种记忆。

皇帝想要一统天下想到什么地步，想到就连做梦都梦到自己平定了北方。

结果神奇的是，皇帝前脚刚醒，后脚就传来了北朝名将侯景要投诚南梁，已经把降表都送上来的消息。

南朝时，宋、齐、梁、陈四个政权先后存在，而北朝一开始是北魏一家独大，后来北魏分裂，成了东魏和西魏。

在北魏末年，即将要分裂的时候，侯景在北魏当兵，后来北魏分裂成了东魏和西魏，侯景开始到东魏政权里去谋生。

东魏和西魏，从本质上来讲，都是北魏的延续。但问题是，这两个政权都是傀儡政权，皇帝不顶用，东魏被权臣高欢所控制，而西魏则被权臣宇文泰握在手里。

侯景一开始跟着高欢混，高欢很喜欢他，一来东魏和西魏虽然同出一脉，但是一直处于敌对状态，经常打仗。那个时候的高欢正处于用人之际，侯景别的本事没有，打仗很猛，所以高欢对他相当器重。

但是，高欢临死的时候，却认为战斗力这么彪悍的侯景始终是个隐患，所以专门和接自己班的儿子高澄交代了，说侯景你可以用，但是要多加提防。

用我的时候把我当驴使，不用我的时候弃我如敝屣，这种落差让侯景相当受不了。所以侯景很快就叛出东魏，打算投诚西魏。

当时西魏的当家人是宇文泰。宇文泰是一代枭雄，非常爱惜人才，但问题是，侯景本来就是从东魏变节过来的。东魏把侯景当作政治牺牲品的原因就是认为侯景拥兵自重，现在侯景乌泱乌泱地带着不少兵来投诚西魏，西魏也同样会有这个顾虑。

东魏自己叛变了，肯定是待不下去了；西魏宇文泰犹犹豫豫，一时没准信。这么看来，在北方，侯景其实已经失去了生存的土壤，他不可能去投诚柔然，所以他归顺南梁是必然的。

梁武帝萧衍听说北朝的悍将侯景要归顺自己，那可以说是美得鼻涕泡都要出来了，立刻就打算接纳侯景。

第一，北朝著名将领投诚自己，这可以体现出自己的君德甚厚，能让敌人俯首臣服，这事儿如果能成，那自己就是妥妥的南北朝第一风云人物。

第二，侯景本身战斗力不俗，能带兵能打仗，是优秀的军事将领，而且他还不是一个人来的，他是带着军队过来投奔的。如果能吸纳侯景的力量为自己所用，那么南梁的势力就会大大加强，到时候自己甚至可以让侯景替自己北伐。

第三，侯景不仅人来了，兵来了，他还愿意带着北朝的十三个州郡归顺。

这叫什么，这叫“天予不取，反受其咎”啊！

尽管梁武帝急切地想要招揽侯景，但南梁朝廷里不乏有识之士，一群大臣说，陛下，我们认为侯景这个人反复无常，为臣不忠，若把侯景招揽到南梁，保不齐日后闹出什么乱子，为了稳妥起见，我们千万不能接收他。

大臣们一顿劝，但梁武帝是一个字也没听进去，立刻从南梁派兵去接应侯景。但是，就在接应侯景的这个事情上，出了很大的岔子。

首先，侯景人还在北方，一开始东魏看他要投降西魏，于是立刻派出重兵围剿侯景，侯景虽然击败了东魏的追兵，但是也损兵折将，元气大伤。

而西魏正在犹犹豫豫考虑要不要接纳侯景的这个节骨眼上，却听到了侯景要投诚南梁的消息，所以直接断绝了和侯景的联系。之前东魏打侯景的时候，西魏多少还出点人手帮一下侯景，而现在西魏则把所有的兵力全都撤了回来，任由侯景自生自灭。

原本侯景手里还有十来个州，结果在他和东魏、西魏斡旋之际，东魏收复了不少失地，西魏也趁机占领了不少，更糟糕的是，去北方接应侯景的南梁勋贵，梁武帝的侄子萧渊明还在战场上被东魏俘虏了。

折腾来折腾去，到最后侯景连一个州也没有了，刚刚反叛的时候掌握的雄兵要么死了，要么逃亡了，现在只剩下八百人。

梁武帝费了好大劲才把侯景给接了回来，结果此时的侯景早就一无所有了，等于是梁武帝除了把侯景这个定时炸弹给弄回来了之外，什么也没捞着。

不过，虽然侯景失势了，也帮不上梁武帝什么忙了，但是梁武帝还算厚道，照旧对侯景热情款待，授予高官厚禄，甚至还让侯景掌权带兵，以示对他的信任。

作为一个从北朝叛逃而来的羯胡人，如果说梁武帝已经给了他想要的权力和荣华富贵，那么他唯一所缺少的，就是身份上的认同。所以他有事没事就找梁武帝，想要让梁武帝给他安排一桩婚事，最好是娶个南朝名流家的闺女。

但是，每次侯景这么说，梁武帝都以侯景出身门第为由而拒绝。

侯景是北魏六镇之一怀朔镇的边户后代，是个鲜卑化了的羯胡，梁武帝当然瞧不起他。

这么一来，侯景心里就有点不太乐意。

而且，自打侯景来到南梁任职之后，一向剑拔弩张的南梁和东魏竟然开始逐渐交好起来。

东魏方面跟南梁通信，说只要两国修好，边境停战，那么我们可以把当年俘虏的萧渊明遣送回南梁。

梁武帝呢，恰好还是个比较在乎宗室亲情的人，所以他对和东魏交好持中立态度。

梁武帝有这个想法，侯景当然第一个跳出来反对，因为在侯景看来，如果南梁和东魏交好，成了互通有无的友邦，那么自己一定会成为两国之间的政治筹码。

东魏要把萧渊明给送回来，梁武帝不得把这个叛出东魏的侯景给人家送过去？

着急上火的侯景立刻向皇帝上书，说陛下啊，不能主和啊，你忘记要一统天下的雄心壮志了吗？陛下如果想要收复北方，我侯景愿意主动带兵北伐。

侯景拍胸脯保证自己一定拿下东魏，但是梁武帝十分直接地拒绝了侯景的请求。

因为，梁武帝不是那种特别自大的皇帝，在这么多年来南梁兵和北朝兵交战的过程中，梁武帝早就看出了双方的实力差距。他知道如果硬来，南梁不一定能打得过东魏，不然当年萧渊明也不可能被东魏俘虏了，所以梁武帝无心北伐，只想维持和平现状。

梁武帝这种和东魏不清不白的行为，那简直就是把侯景给架在火上烤啊，这就等于是有人拿了一柄达摩克利斯之剑挂在侯景的头上一样，那滋味是真难受。

所以，为了搞清楚梁武帝内心的真实想法，侯景开始耍诈。

怎么耍诈呢？他以东魏朝廷的口吻伪造了一封信件，秘密送到了梁武帝的手里。

信件的内容也很简单，那就是东魏希望和南梁保持友好，所以东魏可以放还被俘虏的萧渊明，但前提是梁武帝得把叛将侯景送回东魏。

梁武帝没有查实这封信的真伪，更没有到东魏去探听虚实，而是直接在信上回复道：

你们早上把萧渊明给送回来，那么晚上我就可以把侯景给你送回去。

这么一试探，可算是把侯景的心给试探得彻底凉凉了，他终于意识到，原来，从来就没有人真心地对待过自己。

于是，侯景反了，也就是我们常说的“侯景之乱”。

但是要注意的是，侯景之乱这个事件，不是说侯景突然造反然后打了南梁朝廷一个措手不及，最后很快取得了反叛的胜利。侯景之乱从开始到结束闹了四年多的时间，侯景一开始叛乱的时候只有七八千人，梁武帝压根就没拿他当回事。朝廷马虎大意，用人用兵都出现了严重的失误，结果放任了侯景的做大，给了他喘息和发展的时间。最后侯景才能一步一步地反攻南梁的都城建康，囚禁了梁武帝，并且将其活活饿死。

梁武帝萧衍统治了中国南方将近半个世纪，在政治、经济、军事、文化、科技、外交等方面都颇有建树。梁武帝本是个奇才，琴棋书画无所不通，诗词歌赋无所不精，更为后人所称赞。

然而，引狼入室的悲剧一旦发生，就再也停不下来。

这个曾经享受过无限荣光，过着全天下最为精致的生活的人，如今被囚禁在了偌大的宫殿之中。他曾经以天神的方式来怜悯那个走投无路的侯景，可现在侯景不给他吃、不给他喝，萧衍只感觉头昏脑涨、手脚无力，顺带着嗓子冒烟。

史书在这里的记载十分细致，人生中的最后时刻，萧衍感觉嘴巴发苦，想要喝一点蜜水，于是发出了“嗬嗬”声想要引起侯景的注意，结果仍旧是什么也没得到，最终被活活饿死。

萧衍的“嗬嗬”声不一定是想要引起侯景的注意，而应当有惊讶的意思。

萧衍自己曾经说，天下人把我和商汤周武相比，但我认为，我比不上他们，可话说回来，我比不上他们，他们也未必能比得上我。

他曾经多么骄傲啊，他的人生曾是多么的传奇啊，他的才华是多么的横溢，他当年的未来是多么的可期啊。

祀牺牲代面素，庙不血食语不惧。

饿台城应始悟，荷荷那得金仙护。

因此，梁武帝发出了“嗬嗬”的惊讶声，因为，他不相信命运弄人，自己会落到今天这一步。

参考文献

1.《南史·卷八十　列传第七十》

2.《北史·卷六　齐本纪上第六》

3.《资治通鉴·卷一六一》

钱能：见过贪污的，没见过这么贪污的

明朝成化年间，云南有个镇守太监叫钱能。

镇守太监，是个官职，设立于明洪熙元年（1425 年），也就是明仁宗那会儿设置的。大明两京十三省，除了北京没有镇守太监之外，其他地区都有这个职位。

地方上有总督，有巡抚，有布政使，其实在政务工作系统中，并不需要镇守太监这个官职，但是对皇帝本人来说，镇守太监却是不能缺少的。

因为，官僚阶级们只对自己上一层的领导负责，不会直接由皇帝统领。镇守太监就不一样了，被派出去的镇守太监都是皇帝身边的内侍，他们到了地方上权力极大，军政他们管，民政他们管，地方上的政策、活动，他们都有权管理。他们甚至还可以监管整个地方上官员的言行举止，并且，他们只对皇帝负责，只向皇帝汇报，所以镇守太监相当于皇帝的特派员。

这个钱能，当年就是明宪宗朱见深派出去镇守云南的。

从北京出发，一路跋山涉水，途经贵州的时候，钱能就开始发挥了。

钱能，生性贪婪，他每到一个地方，都要沿路州府官员为他接风洗尘，让地方上的大小衙门接待他。所以钱能路过贵州的时候，今天和甲衙门里的官员们吃饭，明天和乙衙门里的官员们喝酒，酒足饭饱快意之时，顺便向官员们勒索钱财。

钱能说我乃钦差，替皇帝办事儿，你们不得给点钱啊，不得支援支援啊。官员们当然不想给，因为这钱给了就是打水漂。但是他们也不敢不给，因为谁知道钱能会不会背后找个小本本把自己的名字记下来，到时候向皇帝打报告弹劾自己，所以大多数官员都是咬着牙把钱给付了。

地方上的大官们，比如布政使，法定俸禄不过每月四十八石粮食，钱能一次索贿就要数百两，但混到这个级别的官员们除了俸禄之外，另有生财之道，所以白银几百两对他们来说其实无所谓。但是，钱能这人不仅盯着大官要钱，小官小吏他也不放过，也伸手要钱。

这些小吏们，很大一部分是基层办事官员，什么照磨啊、书吏啊，一年到头他们也挣不了几个钱，还得孝敬钱能，而且还不止钱能一个，因为保不齐每年从自己的地界上就会路过几个去往其他地区的镇守太监。这可都是爷，都得供着，都得掏钱，而且今年掏完有明年，明年掏完还有来年，所以这简直就是无底洞。因此一些官吏很快受不了了，比如钱能途经贵州和抵达云南之后大肆索贿敛财的行为，很快引起云南当地不少官员的反感，他们积极上疏，恳请明宪宗朱见深把钱能给撤回去。

但是偏偏有个叫郭阳的巡按都御史，出于讨好钱能的目的，居然声泪俱下地给皇帝上了一封奏疏，奏疏中提及：

> 太监钱能刚果有为，政务归一……乞仍留镇守。（《弇山堂别集》）

郭阳说钱能到了云南之后工作干得相当好，人又有能力，云南自此政通人和，所以请求朝廷千万不要让钱能回去。

明宪宗朱见深每天忙着陪万贵妃，他哪儿有时间处理这些细枝末节的小事儿，因此钱能得以长期留任云南镇守。

到了云南一段时间之后，钱能几乎把当地大大小小的官员全都勒索了一遍，但是他并不满足，所以他很快又有了鬼点子。

首先，钱能谎报军情，向兵部上疏，说安南国（今越南）入侵云南境内，搞得老百姓很不安生，他请求朝廷授权，他好派使者去安南了解情况，最好能不战而屈人之兵，通过外交的方式平息骚乱。

古代全凭书信往来，兵部拿过钱能的书信一看，短期内又没有办法判断真伪，于是只好授权给钱能。

钱能得到了授权之后，马上在云南当地搜刮一番，带上玉带、彩缯等礼品，派人送往安南国，诓骗安南国说我是朝廷派来和你们互通有无的。

安南国一看这大明都派人来送礼了，咱们也不能怠慢啊，于是也备好了丰厚的礼品，让使者带回去。

当然了，从安南国拿回来的礼品，基本上都被钱能中饱私囊了。

但是，这对钱能来说，还远远不够，他的手，还要伸到当地富户的身上。

云南当地有个富翁，豪宅数十间，良田几百亩，日子过得相当滋润，但是这个富翁患有严重的皮肤病，久治不愈。钱能听说这事儿之后，立刻找到了富翁的儿子，然后恫吓他说，你父亲这皮肤病，我们衙门研究了，是传染性的，很有可能传染给云南的其他人，人传人，传来传去就有可能传到军士们身上，这就很危险，所以我们经过研究决定，要把你父亲抓起来，挖个坑给埋了。

富豪的儿子当然不干，没办法，只好重金贿赂钱能，花钱息事宁人。

这样的事情，还不止一桩。

云南还有个富户，个人身价有几十万两银子，这人姓王，我们叫他王富户。王富户曾是白手起家，多年前是在云南各地走街串巷的货郎，专卖槟榔，因此而赚了大钱，所以熟悉他这段经历的老百姓，都管它叫“槟榔王”。

这个绰号叫来叫去，最终传到了钱能的耳朵里。

钱能听说了这个消息后，立刻跑到这位王富户的家里，对着王富户又是一顿威逼。钱能说，你虽然有钱，但你是个平民，你既然是个平民，那你怎么能叫带“王”的绰号呢？只有皇帝才是君王，只有皇帝的儿子才能叫藩王，你叫“槟榔王”，是有意造反！

其实钱能的说法，很荒唐，但是从某种程度上说，他代表的是皇权力量在地方上的延伸，他的话对平头老百姓来说有着极强的威慑力。所以他这么一说，王富户被吓得两股战战，二话不说就把自己所有的家产都交给了钱能，希望可以消灾免祸。

通过以上种种，钱能在云南简直成了山大王，就没有他欺负不到的人。几年时间，钱能屡屡作恶的名声，也在朝野之间传开了，朝廷里不少官员实在看不下去，于是开始猛烈地弹劾钱能，希望皇帝可以将他绳之以法。

但是奇了怪了，明宪宗朱见深明明知道钱能作恶多端，简直人神共愤，弹劾他的官员也呈送上了不少十分翔实的有关钱能的贪污证据，但是皇帝却一直是睁一只眼闭一只眼，从来没处理过钱能。

后来朝野间要求处理钱能呼声太高，皇帝没办法，只能把钱能调离云南。

然而，事情还没完。

钱能被调走之后，没有说弄到宫里来削官贬职，或者说给出什么具体的惩罚。哪怕把他按在地上廷杖二十，那也算是大快人心，以儆效尤了。

但是，皇帝都没有。

皇帝不仅没有，反而把钱能调到了更为繁华富庶的留都南京去做了守备太监。

钱能在云南守备的时候，他最主要的职能是监察，就是可以直接向皇帝上疏官员的过失，这也是云南官员们畏惧钱能的主要原因之一。现在他从云南任上被撸下来了，本来人人拍手称快，谁知一个转身，钱能又跑到了南京去做守备太监——这也不是贬啊，这明摆着是升！

南京守备太监，他可就不仅仅具有监察的权力了，他还能节制南京地区的卫所部队，能指挥南京五军都督府中的一些兵力，说白了就是钱能可以带兵掌兵，他有实权了。

南京，是明朝都城，有一套和北京一模一样的班子，而且那个时候南京朝廷里有不少刚正猛烈的臣僚，他们可不惯着钱能，所以钱能到了南京之后有所收敛，也不敢如当年那么放肆了。

在南京，钱能最大的爱好是显摆。

他在云南的时候，贪污受贿也好，巧取豪夺也罢，得到了很多古玩字画和奇珍异宝。恰好，当时南京城里还有一位老宦官叫王赐，这个王赐是个附庸风雅之人，平时也搞搞收藏，所以这两位有事没事就把自己的文物拿出来晒一晒，相互显摆显摆。那些在南京城里不熟悉钱能过去的官员们，不会认为他是一个作奸犯科、穷凶极恶的歹人，而只会认为他是一个风烛残年、苟且此地的老黄门。

最终，钱能在南京城里平平安安地度过了成化时代，甚至一直活到了弘治末年。正德初立，钱能终于老死，被埋葬在了最胜寺。

不过有意思的是，这个最胜寺，似乎并不在南京，也不在北京，而在浙江温州。

我们无从得知钱能最后为什么被埋在了这个地方，也许这里是他的家乡，也许另有原因，但这一段成化年间的往事，随着钱能的死去，也被彻底埋葬。

参考文献

1. 钱茂伟 . 明代张志淳《南园漫录》研究 . 华东师范大学出版社，2008：193-204.

2.《明史・卷一百七十六　列传第六十四》

3.《国琛集・下卷》

4.《今献备遗・卷二十四》

5.《名山藏・卷六十七》

睢阳危局：南霁云的坚守与决绝

大唐贞元年间，唐朝著名大诗人韩愈路过临淮城，逛到了临淮城的一座佛塔下。

佛塔整体呈现圆锥形，塔身高耸入云，远看高大而雄伟。

当然，这已经是一座古塔，表面有了不少磨损和风化的痕迹。

韩愈是个诗人，写景色尤为出众，他到哪里都会仔细观察，因此他往往能看到容易被一般人所忽视的细节。

这一回，韩愈在这座佛塔下，不仅看到了精美的石雕、复杂的图案，看到了石刻的莲花、石造的雕像，还在塔身上看到了一支整个箭头都已经深深陷入的羽箭。

这支箭，锈迹斑斑，并非民间所制，是属于大唐朝廷的正规军械。

那么问题来了，在这座无名古塔之上，为什么会莫名其妙地出现一支箭呢？谁射上去的？为什么射得这么用力？又为什么这么多年没被拔下来呢？

这一切，还要从大唐王朝的那场惊天浩劫说起。

中唐时期有位名将叫南霁云。他是魏州顿丘（今河南清县）人。

史书上关于南霁云的青年时代，记载并不多，只说他老实巴交、勤劳能干，而且又读书又练把式，属于是文武兼修，甚至还说他不知道从哪里学了七十二路枪法，打仗很厉害。

怎么体现出他打仗很厉害呢？他不仅枪法出众，还会左右开弓，百步之内箭无虚发，一打一个准，可以说既是神枪手，又是神箭手。

俗话说："学成文武艺，货与帝王家。"南霁云有这么一身本领，他当然想要报效朝廷，加上他本来家境贫穷，所以他很快就参军投到了大唐将领张巡的麾下。

但是，南霁云投军的时机，似乎不是很好，因为他投军的时候，正好赶上安史之乱的爆发。

将领张巡的驻地在睢阳（今河南商丘），当时的睢阳，情况非常不好，被叛军围了个水泄不通，长期没有粮草支援。

睢阳城里的将士们可以说是十分坚毅，他们吃光了粮食，就开始吃城里的麻雀和老鼠，吃光了麻雀和老鼠，就开始吃草根和树皮。可以说，当时的睢阳唐军们，已经时刻处在崩溃的边缘了。

后人读史，只能通过记载来还原当时的情景，而只有你真的是当年睢阳城里的士兵之一，你才能体会到，当时的情况是多么的绝望。

俗语说："人是铁，饭是钢。"叛军围而不打，目的就是想要把城内的唐军给饿死，所以张巡当机立断，立刻派出了综合素质较高的南霁云出城寻找外援。

南霁云带领着一百多人组成的小队，趁人不备溜出了睢阳城。他首先来到了彭城，找到了彭城的御史大夫许叔冀，希望许叔冀可以出手相助。

按道理来说，睢阳和彭城都没有沦陷，也没有投诚安史叛军，所以从这个意义上来讲，它们仍旧属于大唐朝廷的势力，是兄弟部队。但是问题是，安禄山、史思明一造反，天下大乱人人自危，一来这地主家里也没余粮，许叔冀当然不愿意因为帮助睢阳城而额外产生负担；二是乱世之中人心不古，大家都只想着自保，所以许叔冀对睢阳的危急根本无动于衷。

南霁云从睢阳到彭城，途中遇到不少安史乱军，殊死相搏的过程中折损了七八十人，所以到彭城的时候就只剩下了三十多号人。

这三十多号人，是多么希望许叔冀能够伸出援手，但乱世就是这么残酷，他们遭到了拒绝。没有办法，南霁云只好带着这三十多号人又奔赴临淮，向临淮的御史大夫贺兰进明求救。

要知道，临淮距离睢阳三百公里，快马疾驰，急行军的话三天就能到，慢一点四天也到了，所以临淮的唐军去救援睢阳，那是最合适不过了。

但是，南霁云到了临淮，也碰壁了。

一来，贺兰进明本来就和睢阳的守将张巡关系不好，两人原本就不对付；二来贺兰进明和乱世中大多数人的心态一样，他不想别的，只求自保，所以他也不愿意出兵。

贺兰进明不愿意出兵也就算了，南霁云一来，他发现这小伙子是个人才，临危不惧、勇敢无畏，于是打算把南霁云招募到自己的麾下，所以贺兰进明还专门摆下宴席来招待南霁云。

在宴席上，南霁云抓住机会好言相劝，他说：睢阳和临淮近在咫尺，唇齿相依。一旦睢阳有失，临淮就失去了门户，失去了在外侧的防御，所以您出兵救睢阳，就是在保护临淮的安全啊。

南霁云把话都说到了这个份上，一般人要是通情达理，早就出手相助了，但问题是，贺兰进明就是执迷不悟，他什么也不说，就是一个劲儿地劝南霁云喝酒吃菜。

睢阳城危在旦夕，南霁云是带着任务出来搬救兵的，睢阳的生死存亡全在自己的手里，别说贺兰进明给他安排了一桌并不算特别丰厚的宴席了，就算是贺兰进明请御厨给他做顿饭，他也吃不下啊。

所以，南霁云是一口菜没吃，一口酒没喝，而是无限悲怆地说：我从睢阳出来的时候，睢阳已经弹尽粮绝。城中将士先是捕捉老鼠鸟兽为食，之后宰马为食，最后把自己身上的皮甲一块块地割下来用水煮着吃，而现在他们大概只能吃草根树皮了。为了充饥，守将张巡甚至杀掉了自己的几个小妾，我一路赶来，自然是饥渴难耐，但我想到睢阳的状况，心如刀割，所以一口也吃不下。

南霁云把这句话说完，贺兰进明还是无动于衷。南霁云没有办法，他抽出腰刀，一刀把自己左手的中指给斩断了，然后强忍着剧痛，道：

我是士卒，主帅交给我的任务，我眼下是无法完成了，随之而来的就是安史叛军无法扫清，四海天下不得太平，所以，我只能断掉我的一根手指留给你，以示我报国的决心。

说完，南霁云就走了。

南霁云晓之以理、动之以情地劝说没有任何效果。作为武将，他的政治智慧可能并不高，他做不到当年三国时诸葛亮舌战群儒，拉拢江东和刘备联合，但实事求是地说，他已经尽力了。

所以，他临走的时候十分愤恨贺兰进明在家国危难之际无动于衷，见死不救，于是他回身拉弓搭箭，狠狠地向临淮城中射了一箭。

刚才我们说，南霁云是神箭手，所以他这一箭威力无穷，竟然直接射中了临淮城中的一座高塔上，整个箭头都没入了高塔的墙砖里。

最后，南霁云指着羽箭射出的方向，说了这么一句话：

我这次回去，如果能消灭安史叛军，一定回来灭掉贺兰进明，这一支箭就是我报仇的记号。

返回睢阳的过程中，南霁云继续努力找援军，最后硬生生地让他拉到了战将三千、战马百匹。

其实，南霁云知道，自己集合的这些兵力，就算是返回睢阳，那也是杯水车薪、以卵击石。因为围困睢阳的安史叛军少说也有十来万。但是，南霁云没有犹豫，他还是回去了。

在返回睢阳城的过程中，南霁云运气不好，又碰上一股叛军，双方血战之后，南霁云虽然取胜，却折损了两千士卒，所以他返回睢阳的时候，就只剩下了一千人。

睢阳的守将张巡，说实话也真是一条汉子。他带着城内为数不多的士卒，靠着吃草根、树皮等，竟然硬生生地撑了如此之久。

在张巡守卫睢阳的过程中，他还写下过一首《守睢阳作》，我们完全可以把这首诗当成他的战时笔记。

接战春来苦，孤城日渐危。合围侔月晕，分守若鱼丽。
屡厌黄尘起，时将白羽挥。裹疮犹出阵，饮血更登陴。
忠信应难敌，坚贞谅不移。无人报天子，心计欲何施。

张巡说，自己和安史叛军的交战从春天开始就一直持续，战事十分吃紧，因为没有后援，左右无法帮助，因此睢阳从某种程度上来说，就是一座孤城。

安史叛军把睢阳城层层包围，就好像是月亮周围的光晕一样，一圈又一圈，所以我把城里仅剩的兵力都用来布防，做成了鱼鳞阵，争取做到没有死角。

睢阳城的百姓们和我麾下的士卒们同心协力，无数次地击退了叛军的进攻，各级将领们毫不畏死，身先士卒，顶着落石和箭雨在城头上指挥战斗。

受伤的士卒们刚刚包扎好自己的伤口，立刻重新回到战场上浴血。我们如此无畏，我们什么也不怕，我们团结，我们有韧性，我们应该是不可战胜的才对啊。

可是，眼下没有支援，和外界也逐渐失去了联系，就算我有破敌的奇策，恐怕也无法施展了。

当年十月，睢阳城在弹尽粮绝、孤立无援的情况下终于失守，张巡和南霁云都被俘虏，安史叛军对他们威逼利诱，软硬兼施，两人誓死不降，均遭杀害。

那个出城求援的南霁云临死前慨然大笑道："男子汉大丈夫，不可向不义者屈服。"

叛军在掰开守将张巡的嘴巴之后，发现不过四十九岁的张巡因为饥饿、长期营养不良以及高强度作战，牙齿已经几乎全部掉光。

为严将军头，为嵇侍中血，为张睢阳齿，为颜常山舌。

千百年前安史之乱刮起的狂风早已经止息，而那支南霁云射向城中的箭，却穿越了历史长河，仍然保持着在风中的样子。

参考文献

1.《太平寰宇记·卷十二·河南道　宋州　宋城县》

2.《旧唐书·卷一百八十七下　列传第一百三十七》

3.《新唐书·卷一百九十二　列传第一百一十七》

4.《资治通鉴·卷第二百二十·唐纪三十六》

隐蕃：这段正史，比无间道还碟中谍

三国时期有个很冷门、很神秘的人物叫隐蕃。

这个隐蕃冷门神秘到什么程度？他只有名讳，连表字都没有。不仅字不详，关于他的童年、少年、青年时代的任何事迹，在史书上都找不到蛛丝马迹。

通过现有的史书，我们只能知道隐蕃是山东青州人，成年之后，生活在三国时期魏国魏明帝曹睿的时代。

隐蕃初入三国舞台时，只有二十出头，他留给当时的人们最初的印象是，这个小伙子口才很好，能言善辩。

当然了，三国是个华丽的乱世，人才辈出，幕僚众多，能说会道只能算是基本配置，但是隐蕃不一样，隐蕃口才极佳，擅长诡辩，可以说他在语言艺术这一块，很有个人特色。

也正因为如此，隐蕃很快被魏国朝廷注意到，魏明帝曹睿更是亲自接见了隐蕃。

两人这次见面具体聊了什么，没有人知道，但是上午隐蕃和曹睿聊完，下午他就投奔了东吴，估计是没聊好，没聊妥。

隐蕃是魏人，他投奔东吴，当然就属于叛逃。他跑到吴国之后，吴国的社会反响十分不错，因为这年头从东吴往曹魏叛逃的多，但是从曹魏主动来投奔东吴的却少得可怜。隐蕃虽然算不得是曹魏政坛上的大人物，但他在民间素有才名，这等于是曹魏的青年人才投奔了东吴，所以东吴方面把隐蕃的这次叛逃定义为“归义”。

东吴朝廷很认可隐蕃，但是东吴大帝孙权却对来投奔的隐蕃并不感冒，甚至隐蕃来到东吴已经有一段时间了，孙权也没打算接见一下隐蕃。

按理说，三国纷争从某种角度其实就是人才争夺战，隐蕃虽然名气不大，可谁能说得准，他会不会是下一个卧龙凤雏呢？

所以，孙权的这一反应，还真是有点奇怪。

隐蕃在东吴等了一阵子也觉得很奇怪。早就听说东吴惜才，对士人又极为友好，自己大小算是个人物，冒着生命危险千里迢迢来投奔东吴，而东吴却摆出漫不经心的态度，这真让人心生不满。

隐蕃很生气，立刻奋笔疾书，给孙权写了一封书信，大概内容是这样的：

这纣王无道，微子出逃；高祖礼贤，陈平来投；凭我隐蕃的本事，在魏国谋个官职还不是轻轻松松？我之所以要放弃在魏国的荣华富贵而投奔东吴，是因为我认为天命将会归于有道的君王，谁是有道的君王？当然属你孙权。可是，说你有道吧，我来东吴这么长时间了，你也不召见我。这使我有很多精妙的计策和治国的良方不能告知，所以我认为咱们君臣之间有必要好好地谈一谈。

隐蕃的这一番话很讲究，他是欲抑先扬，先夸孙权是有道明君，是有道之主，然后话锋一转，再说既然你是有道之君，那么你就应该干有道之君应该干的事儿，你不礼贤下士，那么你作为有道之君，天命所归，你就是有瑕疵的。

事实证明，这种激将法对孙权来说是很有效的。当年赤壁之战时，诸葛亮游说东吴时所用之法也是如此。

当时诸葛亮对孙权说，现在曹操要南下了，孙权你打得过就打，打不过还不如趁早投降。孙权说既然曹操势大，那你主刘豫州怎么不投降呢？诸葛亮脸一变说我主是大汉皇叔，怎么可能屈身事贼，肯定抗争到底啊！孙权一听，你这不是挤对我吗？二话不说就决定联合刘备携手抗曹。

这孙权呐，就怕挤对，所以隐蕃一挤对他，他便受不了了，立刻召见隐蕃，要看看这个隐蕃是个什么样的人物。

见到孙权之后，隐蕃果然是侃侃而谈，还针对东吴的发展提出了很多具有建设性的意见，不由得让孙权眼前一亮。

送走隐蕃之后，孙权立刻找来大臣胡综，问胡综对隐蕃作何评价。

胡综当时在东吴的官职，相当于孙权的机要秘书，东吴的诏书、诰文、官方的书函、对内的册封、对外的书信，都是由胡综来主持的。

胡综是个非常纯粹的文人，他对隐蕃这种巧言令色之徒没有太多好感，他是这么回答孙权的：

隐蕃这个人，论口才很像西汉的东方朔；论思辨呢，又很像击鼓骂曹的祢衡。但也只是相似，要是论真才实学的话，恐怕他不如东方朔和祢衡，所以不能对他委以重任，更不能把他下放到地方去治理百姓，不如把他留在朝廷，给他个小官干一干，随时考察他的表现。

东方朔是西汉文学家，博闻强识，能言善辩，别人在汉武帝面前都战战兢兢，唯有东方朔在汉武帝面前十分放松自如，还时常谈笑取乐。

祢衡则是东汉名士，此人有奇才，且相当桀骜不驯。初仕曹操骂曹操，再仕刘表骂刘表，后仕黄祖骂黄祖，当然后来也是这个缘故，最终被黄祖给杀掉了。

胡综把隐蕃和东方朔、祢衡相比，其实已经给了隐蕃很高的评价，这是变相地对隐蕃的认可。胡综虽然认可隐蕃，但是却不希望孙权重用隐蕃，这大概是考虑到隐蕃是从曹魏来的，他本质上对隐蕃还是有一种不信任的感觉。

孙权思考再三，最终还是听从了胡综的建议，但是也没完全听从。一番交谈之后，孙权还是颇为欣赏隐蕃的才华，喜欢隐蕃的谈吐。如果真像玉帝给孙悟空那样给他安排个弼马温的闲职，未免太过于埋没人才。所以思来想去，孙权决定给隐蕃一个廷尉监的职务，主要负责管理东吴大大小小的刑狱工作。

做了廷尉监之后，隐蕃相当于正式步入了东吴政坛。廷尉监管刑事、管监狱，还真不是闲职，算不上位高权重，可也有头有脸。加上隐蕃这个人本来就外向、健谈，因此他很快在东吴结交了不少的朋友。比如当时的东吴左将军朱据、廷尉郝普，在公开场合评价隐蕃是个大人物，有王佐之才；骑都尉潘翥更是视隐蕃为偶像，有事儿没事儿就往隐蕃的府上跑，时不时地还厚礼相赠。

这个时候的隐蕃，在东吴政坛上可以说是呼风唤雨，孙权赏识他，同僚赞许他。他在工作岗位上更是接触了不少东吴高层，以及高层所掌握的机密。

也就是隐蕃在东吴的发展如日中天的时候，一件意外的事发生了。

东吴政权，在战场上最喜欢用的一套计策，是诈降计，其中最经典的不过赤壁之战的时候黄盖的诈降，可以说把曹魏给骗惨了。但是曹魏似乎并不吸取教训。公元228年，赤壁之战过去二十年后，东吴鄱阳太守仿效黄盖，又诈降曹魏，结果曹魏又上当了，深陷吴军包围圈，正面战场上更是被吴军杀得大败。

按理说这都上当两次了，就是再不聪明也不可能再上当了，但是偏偏不久之后东吴中郎将孙布又搞了个诈降计，想要再骗一次曹魏。

孙布给曹魏的扬州刺史王凌写信，当然还是那一套，他和王凌说我在东吴干不下去了，想投奔你们，你们赶紧来接我吧。

王凌是个武夫，想来应该是急于建功，所以也没寻思，当即就要出兵接应孙布。

要知道，扬州一直是魏国和吴国交火最猛的军事战略区，从广陵到江淮，双方一直派重兵争夺。如果王凌举全兵接应孙布，必然为孙布所埋伏，全军覆没那是意料之中的事情，紧接着扬州地区也会被东吴打开突破口，这么一来，曹魏在正面战场上就陷入了被动。

眼见孙布的诈降计就要成功，东吴方面的大臣们都很开心，只有一个人不开心，这个人就是隐蕃。

因为，隐蕃的真实身份，其实是魏明帝曹睿派往东吴的卧底。

他来东吴一年多，凭借着极强的能力，已然攀至高位，得到了东吴方面的不少信任，尤其是孙权的信任。当时他已经能掌握孙布诈降曹魏这种高级军事机密，甚至他有可能已经窃取了不少东吴的机密文件，并且传递回了曹魏。如果再让他蛰伏几年，更加获得孙权的宠信，就算不能官拜大都督，身居朝廷要职或者地方太守也是没有问题的。

如此一来，隐蕃将会成为潜伏在东吴心脏的“钉子”。

作为卧底，孙布诈降，隐蕃的第一反应是要把消息传递出去，示警曹魏，至少示警王凌，让他不要上当。

可问题是，当时的东吴，为了拿下扬州，为了诓骗王凌，全国戒严，隐蕃根本没有能力也没有机会向外传递消息。

情报传递不出去，王凌一旦上当了，扬州的豁口就被打开了，一切可就全完了。

千钧一发之际，隐蕃选择了在东吴的都城建业就地发动叛乱。

当然，因临时起意，准备不足，隐蕃的这次起兵谋逆很快被镇压下去，他本人也被活捉。但是他闹出动静来提醒曹魏方面的目的已经达到了——孙布的大军本来埋伏得好好的，就等王凌上钩了，但是王凌走到一半听说东吴竟然发生了叛乱，冥冥之中感觉不太对劲，所以直接就撤兵了。

王凌不会知道，是自己素未谋面的曹魏情报人员以付出生命的代价救了自己。

隐蕃被捕了，最难过的不是魏明帝曹睿，而是孙权。

因为，孙权曾经非常信任隐蕃，他真认为隐蕃是上天派给他的王佐之才，对他委以重任，结果闹了半天，隐蕃是个结结实实的间谍，是跑来东吴搞破坏的。要不是这次隐蕃为了传递情报而暴露身份，隐蕃就算把自己卖了，自己还替人家数钱呢。而且，孙权还意识到，当一个隐蕃暴露的时候，就说明东吴已经潜藏了无数个隐蕃了。

是啊，东吴的诈降计屡试不爽，可是曹魏这么多年到底派过来多少间谍，东吴也不知道。

面对隐蕃，孙权又气又恼，他质问隐蕃，说你为什么要背叛我呢？为什么要给曹魏卖命呢？

隐蕃一句话也没说，孙权更难受了，他又问：现在把你的同党供出来，也许可以将功赎罪。

这句话不说还好，说完之后，隐蕃一阵冷笑，回了这么一句话：

我当然有同党，但我绝对不会牵连他们，因此我只求速死。

孙权无奈，只好杀掉隐蕃。

《吴录》的原文，是这样记载的："孙君，丈夫图事，岂有无伴！烈士死，不足相牵耳。"

注意，隐蕃这里对孙权的称呼，是孙君，君的意思，要么是君王，要么是主公，即便不是以上两种，在语境中这也是一种对人的尊称。

那就是说，不仅是孙权有曹操杀陈宫的那种惋惜和悲伤，从某种角度看来，隐蕃似乎冥冥之中也对当初孙权对他的礼遇有感激和愧疚之情。

只是，他们立场不同，命运不同，背负的使命不同，纵然君臣相知，也一定会走上不同的道路，迎来不同的结局。

我们无法得知，当年魏明帝曹睿和隐蕃到底聊了什么，两个人又建立起了怎样的关系和情谊，值得让隐蕃这么一个拥有无限前途的人以赌上生命为代价孤身潜入敌营，最终又以这样的一种方式死去。

明明知道打入东吴风险极大，明明知道仓皇起事必死无疑，这在很多人眼里是可笑，是愚蠢，是蚍蜉撼树，螳臂当车，但隐蕃还是这么做了。

因为，隐蕃的身上流淌着一种古老的哲学思维，那就是："虽千万人吾往矣，虽九死其犹未悔"。

在华丽的三国乱世中，隐蕃做到了自己该做的一切。

故事是外衣，而逃不开的命运，才是内核。

参考资料

1.《建康实录・吴上》

2.《三国志・吴书・胡综传》

3. 王栋亮，郜俊斌 . 论三国时期孙吴政权的长江防御体系 .《黑龙江史志》，2014.

4. 王璐 . 魏明帝曹睿高平陵的考古调查与初步研究 .《黄河科技大学学报》，2015.

五千九百五十字，写尽东晋一百年

洛阳和长安细雨凄迷，雨水洗刷着这两座古老而宏伟的东方城市，它们因多年战乱而沾染上的伤痕似乎也随之冲刷离去。

在江水滔滔的岸边，一个叫司马睿的年轻人饮尽了杯中的最后一杯烈酒，因为他知道，一旦渡过长江，将再也遇不到故旧亲人。

建兴五年（317 年）十二月二十日，西晋王朝的最后一位皇帝，晋愍帝司马邺驾崩了。

说驾崩是好听的，其实他是被汉赵王朝所俘虏，死于汉赵皇帝刘聪的百般虐待之下。

魏、蜀、吴的三国乱世，一共持续了六十年的时间，而由晋武帝司马炎完成一统的西晋，只存活了五十一年。

从晋武帝的“羊车望幸”到晋惠帝的“何不食肉糜”，再到八王之乱的皇族竞技场大乱斗，最后是晋怀帝和晋愍帝先后被俘虏杀害，西晋这个王朝啊，不是不好评价，而是一言难尽。

著名历史学家范文澜曾经在《中国通史简编》中这样评价西晋：

> 封建统治阶级的所有凶恶、险毒、猜忌、攘夺、虚伪、奢侈、酗酒、荒淫、贪污、吝啬、颓废、放荡等等龌龊行为，司马氏集团表现得特别集

中而充分。

是的，任何一个封建王朝，无论是大一统的还是割据的，它们都会拥有自己的道德观，但西晋已经把道德观念全部抛弃了。

在西晋灭亡的时间节点上，有一个人不得不提，这个人就是司马睿。

司马睿，字景文，西晋政权奠基人司马懿的曾孙，西晋开国皇帝司马炎的侄子。

八王之乱后期，整个西晋内部已经是四分五裂，回天乏术了。

如果只是司马氏内斗也就算了，但问题是，西晋的内斗会引起外部环境的紊乱。北方割据政权在这一时节纷纷崛起，他们裂土分疆，各自称王称帝，西晋的灭亡，只不过是时间问题了。

这个时候的司马睿，正领着一支兵马，在华东地区的下邳附近驻守。至于司马睿为什么要在下邳驻守，其实他也不知道，他也很迷茫。

天下大乱的世道，虽然他是晋朝皇室，是宗族子弟，但他也不过如风中烛、雨中灯，如浮萍落叶一样摇摆。

有关以后和未来，司马睿也没有打算。

不过好在司马睿帐下有一位好友，名叫王导。王导头脑灵活，目光长远，他一看西晋王朝气数已尽，便向司马睿建言，北方已经不能待了，应该到南方去发展，王氏家族是大家族，若到南方去发展，王氏家族定会鼎力支持，更有潜力。

司马睿听从了王导的建议，遂即收拾行李跟着王导渡江到建邺（今南京）去扎根发展，也就是我们熟知的衣冠南渡。

司马睿到了南方没多长时间，西晋的最后一位皇帝司马邺驾崩。司马睿收拢势力，建立东晋，他也摇身一变，成为东晋的开国皇帝——晋元帝。

司马睿能当上东晋开国皇帝，实现四平八稳和长治久安，主要靠被他拜为丞相的王导的帮助。一方面，王导在社会上颇有影响力，让天下百姓和南北士族都愿意支持司马睿；另一方面，王导背后是琅琊王氏，本身就是世家大族，有这样的宗族支持，司马睿当然是十拿九稳。

可以说，在东晋王朝的草创期，司马睿和王导共同谱写了一段君臣相互尊敬、相互帮助的佳话，乃至于当时会有“王与马，共天下”的论调。

但问题是，王导一人得道，王家亲戚也紧跟着鸡犬升天。

王导的堂弟王敦手握兵权，牢牢控制着长江中下游；东晋朝廷里有一半以上的官员都是王氏家族的人；东晋一朝，由王氏家族送到宫里的皇后，就多达八位。

司马睿有衣冠南渡的勇气，有乱世立国的信念，说明他本人也不是一个平凡的人，他也不甘心偏安一隅或者大权旁落，所以他一直在试图通过各种方式来牵制王家的势力。

然而，空有想法的司马睿掌握的权力太少，根本没有资格拿回主权，反而是王导的堂弟王敦，到后来甚至带兵杀入朝堂，逼得司马睿脱掉天子的华服，穿上大臣的衣服，以近乎哀求的语气表示，如果你想要当皇帝，我就把皇位让给你，没有必要闹到这个份上。

司马睿连尊严都不要了，才能勉强安抚王敦的野心。

王敦没有废杀他，但司马睿却终于明白，自己名为天子，但其实不过是王氏门阀豢养在宫里的“金丝雀”。他越这么想，心里就越难受，竟然因此抑郁成疾，很快就病逝了。

抬眼望，仰天却不能长啸。

北方胡人作乱，中原失守，不能还于旧都；南方权臣坐大，自己空有虚名，丝毫作为不得。

眼前的江南，已不是他的江南，身后的北方，是他回不去的北方。

司马睿死后，长子司马绍即位，史称晋明帝。

司马绍登基的时候，是二十五岁；驾崩的时候，是二十七岁。

在位两年，从时间概念上来讲，只能算是个打酱油的皇帝。但就是这位在位时间较短的皇帝，却活出了其他皇帝二十年来都未必能活出的质量。两年时间里，晋明帝先是平定了王敦叛乱，成功拿回了属于皇帝的权力。但他没有彻底铲除王氏宗族，对他们斩尽杀绝，而是采用怀柔政策，让王氏门阀心回意转，全身心地拥戴自己。他勤政治国，努力保持和江东士族们的和谐关系，对东晋的趋于稳定起到了非常大的作用。他父亲留给他的烂摊子，基本上都让他给填平了。

虽然在位不过两年，但晋明帝似乎对王朝的兴衰有着别样的感悟。

司马绍的治下当时有两位名臣，一位是父亲留给他的王导，一位是新生代的武将温峤。有一次王导和温峤一起来拜见司马绍，司马绍问道，当年的西晋是如何统一天下的呢？武将温峤和司马绍都比较年轻，他们出生的时代已经离三国乱世相去甚远，所以温峤不能作答，只能由素来博学的王导给出答案。

王导也不美化历史，而是一五一十地和盘托出：司马懿蛰伏三朝，最终发动兵变，获得曹魏大权，然后又经历司马师和司马昭之手进一步蚕食曹魏，最后由司马昭的儿子司马炎建立了西晋。顺带着，王导还把司马昭杀害曹魏末代皇帝曹髦的事情也告诉了司马绍。

司马绍听完，那是痛哭流涕。

他没想到，自己的先祖们所创立的基业，不是光明正大拼杀来的，而是靠着阴谋诡计夺取来的，司马氏的先人们竟然还有悖主弑君的行径，所以他相当崩溃，连连哀叹道：如果事实果真如此，那么晋朝明显是得国不正。既然如此，晋朝的天下又怎么会长久呢？

君臣相顾无言，谁也没有再说话。

或许，在此时此刻，他们在冥冥中，已经预料到了东晋的最终结局。

晋明帝司马绍死，明帝长子司马衍即位，史称晋成帝。

司马衍即位的时候，只有四岁。司马衍在位的前半期，一开始是由母亲庾太后主政。后来庾太后驾崩，则由大臣王导和庾亮辅政。司马衍在位十八年，但他执政的大部分时间都是在太后和辅政大臣的带领下度过的，这就导致他本人主政的时间其实并不长。和父亲司马绍截然不同的是，司马衍一直想要清除王氏宗族的势力，所以在他为数不多的主政时期，一直重用庾亮，并且通过庾亮来打压王导。

庾亮是司马衍的舅舅，属于外戚，司马衍用起来自然是要比普通大臣放心一点的。但问题是，庾亮当权之后肆意打压和杀戮大臣，引起了东晋统治内部的冲突，甚至引发了地方上的兵变，最终还是王导出山才摆平了乱局。

“莫道茂弘堪寄命，赤心到底让郗公。”（《两晋通俗演义》）

东晋帝王们视王导为眼中钉肉中刺，视王导为东晋王朝的最大威胁，但事实证明，这个天下，没了王导还真不行。

司马衍病逝，传位于弟弟司马岳，即晋康帝。

晋康帝司马岳在位时间只有三年，他在位时期没有亮眼的政绩。司马岳写得一手好书法，其墨迹尤为时人所推崇，他的书法作品《陆女帖》被收进了宋代的《淳化阁帖》。《淳化阁帖》是中国历史上最早的汇集各路书法大家作品的法帖，更有中国法帖之冠的美称。其书法作品能被收录到《淳化阁帖》之中，可见司马岳的书法艺术造诣深厚。

晋成帝本来有两个儿子，不过年纪都比较小，大臣们认为如果由小皇帝执政，难免主少国疑，所以才把司马岳拉来做皇帝。司马岳本来志不在此，所以与其这三年兢兢业业地当皇帝，还不如做一点自己喜欢的事情。

人生在世，不要勉强，自己开心，才是最重要的。

晋康帝司马岳病逝，传位于长子司马聃。司马聃，两岁即位，由司马聃的母亲褚太后代为执政。

从司马聃开始，褚太后先后扶持拥立了晋哀帝司马丕、晋废帝司马奕、晋简文帝司马昱、晋孝武帝司马曜五位皇帝。

在这期间，她还曾经三度临朝听政，可以说是冠绝历史，绝无仅有。她的一生，和东晋王朝生死相通，荣辱与共，这个女人的命运和帝国的兴衰，深深地纠缠在了一起。

司马聃两岁登基，十九岁驾崩，他执政期间，东晋还进行了好几次北伐。至于北伐结果，不能说好，也不能说坏，因为一直是有输有赢，所以南北一直处在对峙的状态。

司马聃死后，司马丕即位。司马丕是成帝司马衍的儿子。

晋哀帝司马丕即位时，东晋已经开始走下坡路了。一来皇帝没能力不强势，驭下无方，致使东晋内部斗争剧烈，虽然大司马桓温几次领兵北伐，但从长远来看，也不过是虚耗国力。北方的鲜卑慕容氏所建立的燕政权屡次打败东晋，司马丕因此而受到打击，在宫里日趋消极，不想着怎么复兴王朝伟业，反而开始研究炼丹修玄，妄求长生，结果不吃药还好，一吃药直接中毒了，没两天就死了。

半壁残垣的江山，长生又有何用？

不思进取的生活，永存毫无价值。

司马丕死，传位弟弟司马奕，即晋废帝。

握有实权的东晋权臣桓温和晋废帝司马奕并不对付，所以桓温一直想要把司马奕给废了。西汉时期，权臣霍光曾废除了刘贺的皇位，桓温权势比霍光还大，所以他想要废立君王，简直易如反掌。

但问题是，司马奕不比刘贺，刘贺当皇帝不务正业，还有点叛逆，落了霍光口实，所以霍光可以把他废掉。但司马奕这个皇帝当得非常合格，无论是执政、个人品德，还是平时的言行举止都让人挑不出毛病，这样的皇帝，大家都是比较拥戴的，所以桓温没有理由说废就把他给废了。

既然没有理由，那就得找个理由。

如果实在找不到理由，那就得编个理由。

桓温有个手下，这人可够损的，居然编排出了司马奕不能生育的黑料，开始大肆散播，一时间传得是沸沸扬扬。

皇帝不能生育，那就无法诞育子嗣，诞育不了子嗣，就无法传承国祚。传承国祚是作为皇帝最重要也是最基本的条件，若基本条件都不具备，皇帝如何服众？

司马奕有没有生育能力？他当然有，但他苦于无法自证。

古代没有基因鉴定技术，你生出来一个，人家说不是亲生的，你再生一个，人家还说不是亲生的，谣言乱象，真是永远也洗不清了。

当谣言成为主流，真话反而沦为了罪恶。

就这么着，司马奕在舆论的压力之下被废黜了皇位，以一种十分魔幻的方式结束了自己的政治生涯，终于了此残生，不再过问朝堂之事。

废掉了司马奕，桓温随即拥立司马昱为帝。司马昱，史称晋简文帝，他是东晋开国皇帝司马睿的小儿子。

司马昱在位时间更短，只有八个月。

在位时间就算只有八个月，他还要时刻和桓温做斗争，想要制约桓温，结果却一直被桓温所控制，最终忧愤而死。

司马昱死后，他的第六个儿子司马曜即位，史称晋孝武帝。

如果说王导主导了东晋的前期，那么桓温就主导了东晋的中期。

不过到司马曜的时代，桓温已经去世了。

那谁来主导东晋的后期呢？是一个叫谢安的大臣。

谢安，他并不像王导和桓温那么强势，他属于坚定的保皇派，不仅帮助司马曜收拢权力，使他成为东晋开国江左以来最有权力和执行力的皇帝，还成功用八万大军抵挡住了北方前秦二十多万兵力的入侵，打赢淝水之战，解除了东晋的危局。

前秦天王苻坚做梦也没想到会被谢安的北府兵给打败，而这个堪称本朝开国以来表现最佳的司马曜也不会想到，他很快就会被自己后宫里的妃子给杀死。

怎么回事儿呢？

有一天晚上，晋孝武帝司马曜在宫里喝酒，酒过三巡，他就有点迷糊了，晕晕沉沉开始口不择言，对身边一位叫张氏的贵人说了这么一段话：

你呢，年老色衰，也没给我生下一儿半女，明天我就把你打入冷宫。

司马曜能管得了东晋天下，小小后宫的生杀予夺，他当然是管得了的。作为皇帝的女人，皇帝让你生你就生，让你死你就死，你没得选。但这位张贵人不得不说是个狠人，一听司马曜这么说，那是火冒三丈，当天晚上趁着司马曜酒醉昏睡，侍寝的时候直接拿枕头把司马曜给捂死了。

本来有机会建立更大功业，乃至于带领东晋一统天下的晋孝武帝，就这么死了。

晋孝武帝死，长子司马德宗即位，即晋安帝。

根据史书的记载，司马德宗智力低下、性格内向、不善言语，甚至四季都分不清楚。

司马曜在位时，东晋正处在巅峰期，如果是个普通皇帝接班，至少能做个守成之主，东晋的下坡路还能慢一点，但问题是这个低能儿司马德宗根本无力掌握国家运转。东晋的状况由此急转直下，各地军阀开始割据，天下霎时混乱一片，大臣桓玄甚至自立为帝，建立新政权之后出兵东晋，直接把司马德宗给俘虏了。

危急关头，东晋将领刘裕挑起大梁，他四处带兵平叛，战功彪炳，击败桓玄，夺回皇帝，很快成为东晋的新一代权臣。刘裕一看这东晋唯我独尊，权欲熏心的他没过多久就把司马德宗给杀掉了。

这个东晋王朝的帝王，或许从出生到死亡，从幼小到壮年，他都没有说过一句话。

他无法辨认寒暑，也从来不知饥饱，面对死亡，他才是真的从容。

因为，生如司马德宗，他什么都不在乎，包括他自己。

司马德宗死后，他的弟弟司马德文成了新帝，称为晋恭帝，这是东晋的最后一位皇帝。

末代皇帝的命运，基本上都是很悲惨的，如汉献帝刘协那样安度余生的，实在是少数。

晋恭帝司马德文浑浑噩噩地当了两年被刘裕操纵的傀儡皇帝之后，难逃厄运，最终被刘裕先废后杀。刘裕代晋建立刘宋，大晋王朝宣告灭亡，南北朝的时代正式开篇。

按理说东晋的灭亡没什么好说的，但是在这个朝代的尾章中，不得不提到一个很不起眼的小人物——张伟。

张伟是东晋朝廷的琅琊侍中，官不大，干了很长时间，没什么存在感，好几代东晋的皇帝都没见过他。

在刘裕掌权的时候，他被刘裕派去用毒酒毒杀晋恭帝司马德文。张伟拿着毒酒往司马德文的居所走，走到一半，他打开毒酒，一饮而尽，死了。

张伟临死之前，留下了这么一句话：让我杀害主君来换自己的性命，还不如自己死了。

没有人为这个张伟修书立传，他也从来没有闪耀于历史舞台。

他一直是一个小人物，但是很显然，他是一个值得尊敬的人。

衣冠南渡的王马，写出《桃花源记》的陶渊明，绘出《女史箴图》的顾恺之，兰亭集会中的王羲之，厉兵秣马的刘琨，渡江击楫的祖逖，淝水之战的谢安……

这是多少人的荒唐且美好，这是多少人的意难平。

在历历在目中一朝湮灭，王朝兴衰，正是如此。

东晋晴乾不肯去，落得直待雨淋头，自然是成事莫说，覆水难收。

参考文献

1.《三国志・吴书・胡综传》

2.《晋书・卷六十五・王导传》

3. 白寿彝 .《中国通史・第五卷中古时代：三国两晋南北朝时期（上册）》

4. 司马光 .《资治通鉴・晋纪・晋纪十五》

第五章

何以成败论英雄？

他们，主宰历史的浮尘！

仁宗也许算不上是一个好皇帝，但他一定是一个好人。

生猛肢解，大明二帝

剖析英宗和代宗这两位皇帝，或者说走入他们的内心世界，要从景泰五年（1454年）七月份，开始说起。

明代宗朱祁钰找来进士王重，让王重牵头，在朝野内外再找上二十多位文人雅士，然后把他们全部下放到地方，当然不是去做官，而是去采风。

每到一处，他们都要详细记载当地的地理资料，如建筑风貌、气候变化、山川河流、风土人情等。这些人写完之后，把资料汇总，然后再送到代宗皇帝的手里。

当然了，这肯定不是送回来就完事儿了，朱祁钰草草看完之后认为问题不大，于是又把初稿交给高谷、陈循、王文三位大臣做最后的改良工作，之后出版成册，命名为《寰宇通志》。

这本书，相当于明代官修的地理总志，水平相当高。

因为改良此书的大臣高谷、陈循、王文都是翰林出身，是文化巨匠，曾经都担任过内阁首辅，他们三位联手做出来的书，质量肯定有保证。

当然了，这修书其实本质上是一件很吃力的事情，尤其这本书还不是那种文学类的，坐在家里就可以写，因此朱祁钰前前后后为这事儿付出了不少的时间和精力。

但是在皇帝看来，这件事儿办得很值得。

首先，早在明成祖朱棣执政时期，明成祖就曾经安排夏原吉编撰《天下郡县志》，但是后来因为各种原因没修成，这事儿在大明君臣的心里一直是个遗憾，朱祁钰现在把《寰宇通志》做出来了，也算是替自己的太爷爷圆梦了。

其次，在自己的主导下做出一部官修的地理总志，对朱祁钰本身来说，也是很有必要的。因为，从朱祁钰登基开始，他对自己的皇位就一直隐隐有些不安。因为他的皇位完全是从天上掉下来的。

代宗之前的皇帝，是英宗朱祁镇，朱祁镇是代宗的哥哥。朱祁镇当皇帝的时候，朱祁钰是藩王，封地就在北平。

我们知道，明朝的藩王，一般都是分封在全国各地。这些藩王养尊处优，虽然没有执政权，但日子也逍遥自在。比如，朱元璋的很多儿子都被封为藩王，高皇帝第十一子献王朱椿，被封到四川成都做藩王之后，喜欢研究文学，对当地文化事业做出了不少贡献，因此朱椿在四川还有“蜀秀才”的美誉。再比如，高皇帝第五子周王朱橚，被封到河南开封做藩王后，精研医道，编写了不少医书，他本人更是明朝历史上有名的医学家和植物学家。

无赫赫之功名，无显显之仕途，然福至心灵，通则有生，亦能达于高远；于琴音中悟道，于书画中寄情，于诗词中言志，于山水间得真，此亦人生一大乐事。

别人能选择这样的生活，但朱祁钰却不能，因为朱祁钰是郕王，被封在哥哥身边。作为藩王，又在皇帝身边，那么最重要的一点就是明哲保身，千万不能有什么大动作。若藩王惠济百姓，皇帝恐心生不满，明之子民就是朕之子民，朕的子民还用藩王来爱护？若藩王培养爱好，卓有所成，皇帝恐心生忌惮，你表现这么好，名声在外，荣誉加身、卓有成绩，哪怕不是政治上的成绩，那也不行，因为这风头万一盖过皇帝，皇帝肯定要狠狠地打压藩王。

所以，身为藩王的朱祁钰就算是想要表现自己，他也不能表现出来，因为他任何正向积极的表现都会被视为对皇权的一种潜在威胁。因此，无论朱祁钰有没有能力，他都必须努力把自己变成一个平庸的人。

普通人被灌输的教育是要和别人不一样，要出人头地，要有事业，要成功。这当然是一条艰难的道路，要付出很多努力。但是让一个本来有上进心、有能力、有理想、有抱负的人每天只能吃喝玩乐混日子，想来则更加痛苦。

如无意外，朱祁钰这辈子基本上就这么过去了，史书上只会留下他的名字，以及他的生卒年。

但是谁承想，后来英宗非要御驾亲征去讨伐瓦剌人，结果全军覆没，吃了败仗不说，本人还被俘虏了。我们试图分析一下，英宗当时除受到宦官王振的蛊惑和怂恿之外，他非要亲自上战场，似乎也有不得不为之的原因。

那就是，九岁登基的英宗皇帝，在成长过程中，急需在朝野间树立自己的威望，证明自己的价值，而不是一直做一个被文官辅佐的帝王。

明朝皇帝想要证明自己，在当时来看似乎只有一种办法，那就是建立军功。

当然，高皇帝朱元璋不用证明自己，他从乞丐到皇帝的跨越式跃进就是他实力的最好证明。明惠帝朱允炆也无须证明自己，因为他的存在恰好证明了后来的明成祖朱棣的实力实在是异常强悍。

朱棣呢，也许你认为靖难之役并不能证明他是一个优秀的军事家，因为朱允炆毕竟实力较弱，所以他选择用五次御驾亲征来诠释永乐大帝的称号。

明仁宗朱高炽也想要证明自己，但是奈何他在位只有十个月，上天给他时间并不多，但是他还是通过自己释放靖难遗孤的行为和各种惠民政策为自己赢得了仁宗的美誉。

接班的明宣宗朱瞻基，也曾经巡视过北边，也上过战场，而且还平定过叔叔朱高煦的叛乱，所以他本人也是有军功的。

英宗朱祁镇长到一定年纪，自然而然想要效仿先祖，到战场上去建立军功，因为这对一个皇帝来说简直是莫大的荣耀，诸如后来的明武宗朱厚照为了立下军功，竟然不惜偷偷溜出皇宫，跨过居庸关去打蒙古人，这都是一样的道理。

但是，英宗似乎错误地估计了自己的实力，他以为自己是当年骁勇善战的朱棣，但他不是。他的对手也不是被朱棣撵得鸡飞狗跳的马哈木，而是诡计多端的瓦剌太师也先。

英宗被俘虏之后，明王朝所面临的问题十分严重，然而细看，问题其实只有两个：一是要抵御来自瓦剌人的进攻，如果守不住京师，那么明王朝就要重蹈宋室南渡的覆辙；二是对大明来说不可一日无君，因为封建帝制下，没有皇帝，朝政就全瘫痪了。没有帝王坐镇，朝臣会揣测，万民会不安，地方上可能会发生动乱。

大明不缺忠良，于谦于少保用他的行动“挽狂澜于既倒，扶大厦于将倾”，带领军民成功打赢了北京保卫战，而本来命运线和明朝这条故事主线毫无关联的朱祁钰，也临时被拥戴为新帝。

以古人视角来看，有皇帝可做，那简直是天上掉馅饼。因为中国古代历史几千年，也就出了四百多位皇帝，这些人在亿万人中无一不是幸运儿，谁要是能做皇帝，保准偷着乐，做梦都能笑醒。

但是，郕王朱祁钰成了代宗朱祁钰的时候并不开心，反而表现出相当程度的抗拒。

因为，他有压力。

一个已经认命、已经浑浑噩噩地过了许多年的藩王，突然被推到风口浪尖上，全天下的目光都集中于他，帝国的所有问题都压在他的肩上，任何人都不可能泰然处之。

这就像我们普通人总是幻想成为大明星一样，可如果不给你准备时间，突然让你成为超级巨星，然后立刻把你送到一个数万人围观的舞台上，所有的聚光灯都照向你，那么你能够从容地一展歌喉吗？

想来不能。

但是，朱祁钰最终克服了这种压力，唱完了属于他的帝王金曲。

在他并不算漫长的执政生涯中，他驱逐外敌，勤勉政事，大力发展经济，治理河患，明王朝经土木堡惨败后开始逐渐恢复元气。代宗时盛行的铜胎掐丝珐琅，也就是我们俗称的景泰蓝，就是那个时代最好的见证，新皇帝俨然逐渐成为一代中兴之主。

我们也可以理解为，代宗是一个希望通过自己的行为和政绩证明自己不是一个临时被拉过来凑数的帝王。他想昭示于人，自己是有真正的帝王之姿的，至少要比被瓦剌人俘虏的英宗皇帝做得好。

代宗囚禁返京的英宗，他有足够的理由说服别人，比如，英宗宠信宦官，识人不明；英宗土木战败，葬送国运；英宗被俘虏，无所作为，而扭转局势保全国祚的人是他朱祁钰。

但是，这些说法可以说服别人，却无法说服他自己。

因为，无论英宗多么不堪，多么不称职，只要英宗存在一天，都在每时每刻地提醒着代宗：你只是临时当皇帝。

所以，代宗才会大张旗鼓地编撰《寰宇通志》，他想要通过这种方式来告诉天下人，自己了解大明的山川、土地、河流、风土人情，这是他的大明，他了如指掌。他还会把它们记录下来，刻板刊印，万世流传。

然而代宗没想到，后来京师爆发了南宫之变，在一群为求政治投机的大臣们的谋划下，通过武力兵变的方式，他们解救出困于南宫的英宗，将英宗重新扶正。当时，代宗的身体已经每况愈下，时日无多，甚至不能自理，对于英宗的复辟他无法干预也不能拒绝，因此英宗复辟几天后，代宗就驾崩了。

当然，在英宗朱祁镇的眼中，代宗绝非驾崩，而是薨逝，因为英宗早已经废黜了代宗的帝位，将其降为藩王，打回原形，还给他上了一个“郕戾”的恶谥。

英宗后来还把代宗时期编撰的《寰宇通志》尽数销毁，理由是这本书用词不当，水平太低。再之后，英宗也仿照当年代宗修书的流程，重新组织人手官修了一部地理志，也就是后来的《大明一统志》。

《寰宇通志》出自三位内阁首辅之手，怎么在英宗的嘴里就变成了一本烂书？因为，英宗不仅要否定代宗皇帝的身份，更不允许他享有修志的美誉。

看来，当年活着的英宗给代宗造成了不小的心理阴影，而如今死去的代宗，也将会成为英宗永远挥之不去的梦魇。

参考文献

1.《明史・本纪第十二・英宗后纪》

2. 谷应泰（清）.《明史纪事本末・卷三十五》

苻坚：一代雄主的江南梦断

前秦宰相王猛临终之际曾告诫皇帝苻坚，切勿轻率攻打东晋。

> 晋虽僻陋吴越，乃正朔相承。亲仁善邻，国之宝也。臣没之后，愿不以晋为图。(《晋书·载记第十四》)

苻坚一向敬重王猛，如果苻坚是刘备，那么王猛就是诸葛亮。

当然，如果苻坚后来成为大一统王朝的开国皇帝，那么王猛的名气将会盖过孔明。

平时苻坚对王猛都是言听计从，但是在这件事情上，苻坚其实不太赞同王猛，因为，苻坚这阵子过得太顺了。从公元373年开始，他拿下了东晋的梁州和益州，向北吞并了鲜卑的代国，往西消灭了前凉，势力一度发展到西域，基本上统一了整个北方。

这“天予不取，反受其咎”，近来一直是顺顺利利的，苻坚认为天意让他南下灭东晋，一统天下，建立绝世之功业。

当然，王猛在苻坚的心中也是有分量的，所以王猛临死前的一席话，苻坚也听了。因此在王猛的劝阻之下，苻坚硬是按捺住自己的野心，在北方老老实实地待了八年。

该说不说，时机选得不是很好，因为当时东晋的统治者晋孝武帝司马曜，堪称东晋历史上为数不多的明君，而且还是极少数能掌握实权的，是江左开国以来最有权力的皇帝。

这欺负人都挑软柿子，谁闲着没事去碰硬骨头啊？

当初苻坚要打东晋的时候，王猛最担心的一点就是，东晋在地理位置上占据优势，因为东晋有天然的长江天堑做屏障。

但是，对苻坚来说这不足为惧。

苻坚说，我有雄兵百万（当然后来参战的只有二十五万人左右），只要我一声令下，我让士兵们把马鞭投入江水之中，那么就可以阻隔长江水使之断流，所以区区长江根本不算什么。可以说，当时的苻坚异常骄傲。

盛世在即将结束但还未彻底结束的时候，狂风骤雨在将要来临但还未来临之时，身在其中的人，该是多么的彷徨和焦虑？

这是人类对战争原始的恐惧，可苻坚似乎不以为然。

我们常说骄兵必败，但是实事求是地说，当时的苻坚的确有骄傲的资本，苻坚举兵攻打东晋，他弟弟符融为先锋，领兵二十五万，苻坚本人殿后，步兵有六十万，骑兵则有二十七万，这么一加起来，这可就是一百一十二万大军。

那么应战方东晋有多少人呢？粗略估计，只有八万左右。

八万对一百一十二万，东晋为何还打赢了呢？

我们要注意的是，苻坚打东晋，是在他统一北方八年之后发动的。

八年时间，对一个人来说很长，刚出生的孩子此时都会打酱油了。但是八年时间对一片土地、对一个区域、对一个王朝来说，却太短暂了。

八年时间里，北方的经济民生没有得到良好恢复，说白了就是苻坚手里压根就没有多少钱。此外，那些被他征服的地区尚未完全形成对政权的认可。

打仗靠什么？首要一点就是靠经济，如果经济强，那么百万雄兵等于如有神助；如果经济弱，那么所掌握的兵力越多，反而就越是一种拖累。

因为，能调动指挥的士兵数量越多，所需要供给的粮草就越多。打仗，首先要解决士兵的吃饭问题，士兵如果连饭都吃不饱，他们上战场能有力气杀敌吗？再者说，打仗也不能光靠士兵肉搏，还需要器械，攻城要用云梯，陷阵要用弓弩，拼杀需要刀剑，这些武器装备可都需要花钱。

苻坚此前在统一北方的过程中连年征战，一天到晚都在打仗，好不容易休养生息了一阵子又开始打仗，百姓和士兵都有了极强的厌战心理。

苻坚比较着急，因为在乱世之中，任何有了一定成就的皇帝，对他们来说，一统天下都是巨大的诱惑。

在自己的荣耀墓碑面前，谁也不会想要刻上别人的名字。

苻坚，有点把持不住。

我们可以想象，当年王猛劝苻坚再等等，苻坚的确是等了，他一天一天这么掰着手指头过去，等了八年，突然在八年后的一个夜晚，他实在是不想等下去了，隔天就宣布了南征的计划。

突然，实在是太突然了。

这也就是说，在开战之前，苻坚根本没有对士卒进行正规化、专业化的训练，士兵们都解甲归田七八年了，你突然让他们扔下锄头拿起刀枪就上战场，这实在是有点太仓促了。

如果只是准备得不够充分那也就算了，因为兵者诡道也，这战场上的情况总是瞬息万变的，而决定一场战争胜利的条件也往往在于指挥层而不在于士兵，但偏偏苻坚是一个很不听劝的人。

而且，诡异的是，苻坚不是一直以来都不听劝，在淝水之战之前，纵览他的表现，他一直都是善于纳谏的。

十六国时代刚刚开始的时候，列国林立，相互混战，北方乌烟瘴气，老百姓的日子那是相当不好过，乱世真如人间地狱，但苻坚算是那个时代的一股清流。

首先，苻坚文化水平很高，很有素养，所以在他的治理下，国家政治清明；其次，他性情温良，一不残暴，二不弑杀，礼贤下士，颇有容人之量，所以前秦朝廷里人才济济。

著名历史学家田余庆在他的著作《东晋门阀政治》中甚至直言不讳地表扬苻坚，说苻坚统治北方的二十多年，是十六国时期最好的一个阶段。

可以说，从苻坚当皇帝以来，他的表现一直都是令人满意的，但就是在开战前夕以及战争的过程中，苻坚出现了严重的心理失衡。

他开始狂妄自大、一意孤行，听不进去任何人的劝阻，甚至可以说是忠奸并蓄，在用人上出现了重大的失误，忠臣良将的话他不听，奸佞之辈的话他偏信，属下拼死拼活挣下功劳他不赏，对于那些频频出错的下属他倒是打得火热。

熟悉苻坚的人都知道，这很不符合苻坚的风格，如果苻坚一直这么愚蠢，王猛也不会豁出命去辅佐他，但他当时的表现偏偏就是如此。

通过正常的方式方法，我们很难得出苻坚屡屡出现严重失误的原因，但从心理学的角度就很好理解，那就是苻坚的压力太大了。

以前他逐步统一北方的过程，大环境是相对安全的，这种安全的环境和氛围能给苻坚兜底，成功了他不一定很开心，失败了他也不会亏太多。

但是和东晋的决战不一样，对苻坚来说，这是他生命中最重要的一场战役，成功了他光宗耀祖，彪炳史册。失败了他可就一无所有，没人给他兜底，所以他连重来的机会都没有。

东晋有奇才谢安严阵以待，而苻坚由于准备不充分导致战斗力锐减；东晋有长江天险作为倚靠，而苻坚心理压力过大导致其临场发挥的失常，再辅以苻坚骄傲轻敌的基调，失败就在所难免了。

战后统计，这一场淝水之战打下来，苻坚的军队被消灭的和被打退的，加起来有七十多万人，苻坚输了，他统一南北的梦想就此破灭。前秦更因战争失利而逐渐衰败，北方的暂时统一也随之土崩瓦解。

两年之后，苻坚死于兵变。

其实，在后人看来，苻坚的确是太心急了，他本可以先从蜀中、襄樊、两淮出兵，蚕食东晋疆土。之后逐步削弱姚苌和慕容垂这种北方依附派的势力，甚至可以把他们拉到战场上去当炮灰，就如同当年蒙古人灭亡南宋一样，只要耗上十年、二十年，天下必然归于前秦。

如果我们不以成败论英雄，苻坚的确是一位好皇帝，他在位期间不乏善政。淝水战败之后，苻坚在逃亡路上，百姓们仍然对他的部众多有帮助和接济，足见其民

心所向。

但是，那又怎么样呢?

南方是天下盛放之地，也是乱世离丧之所，江南是北方的渴求，是北方的欲望，是如苻坚、慕容垂、拓跋珪，乃至于后世的孝文帝、宇文泰等人心里的念想。

但他们，终将无法抵达了。

参考文献

1.《资治通鉴·卷一百二十》

2.《观音慈林集》

3.《晋书·苻坚载记》

4.《十六国春秋别传·卷四·前秦录》

千古仁君，不是吹出来的；壮志难酬，不是黑出来的

宋仁宗赵祯是北宋的第四位皇帝，宋英宗赵曙是北宋的第五位皇帝。

赵曙并不是仁宗的亲儿子，而是养子。不过，英宗赵曙是宋朝第二位皇帝太宗赵光义曾孙，那也是响当当的赵宋皇室。

宋仁宗即位时只有十三岁。

这个年纪，你说他懂事了吧，他还没有看清这个世界的残酷；但你说他不懂事儿，那也不现实，因为宋仁宗从小就是个聪明的孩子，相较于一般人，他是比较成熟的。

十三岁登基，主少国疑，朝廷大权掌握在太后刘娥手里。

太后刘娥不是宋仁宗的生母，只是名义上的母亲。

不过好在刘娥有吕武之能，却没有吕武之恶，替宋仁宗当了十年家之后一命呜呼，顺利完成了和仁宗的权力交接。

说实话，仁宗对刘娥的感情是复杂的。

所谓“狸猫换太子”虽是野史不足为信，但从情感上来说，宋仁宗自然更愿意坐在那个凤辇上的人是自己的生母李宸妃。

这位诞育了大宋天子的女人，从儿子登基的第一天起就被刘娥安排到了皇陵守护宋真宗赵恒的陵寝，青灯素衣十余年，最终迎来自己生命的尽头。

而直到亲生母亲死后一年，宋仁宗才发现自己并非刘娥所生。

世上的爱大多数是为了相聚，而李宸妃的爱，却是为了和儿子分离。

宋仁宗少年时代长期处于失权的状态，被满朝文武和太后刘娥掣肘了十来年，而刘娥在垂帘听政十年后就把权力还给了宋仁宗，也是因为刘娥的寿命极限到了。虽然她没有称帝之心，但如果她高寿的话，也许她能架空宋仁宗一辈子。

可以说，宋仁宗所背负的过去，是很沉重的。

但自打宋仁宗亲政之后，可以说是展现出笑傲历史长河、独领帝王圈的优秀品德。

宋仁宗的性格，主要体现在一个“仁”字上。

宋仁宗治下有个著名大臣，名叫包拯，是中国历史上著名的清官、好官。包拯性情刚正，不避斧钺，时常直言进谏，批评宋仁宗的一些作为。有一回包拯批评宋仁宗，由于君臣二人离得比较近，包拯情绪又比较激动，讲话声音比较大，居然喷了宋仁宗一脸的唾沫星子。冒犯圣颜，这就是死罪，然而宋仁宗根本不当回事儿，反而一边擦脸，一边老老实实地接受包拯的建议。

对臣如此，对民，宋仁宗更是好得有点离谱。

宋仁宗在宫里用膳，从粥里喝出一粒沙子，正巧还咬在门牙上，引得牙齿一阵剧痛。然而他的第一反应却是叮嘱身边的侍从，今天这事儿你知我知，不能让第三个人知道，因为一旦皇帝御膳有问题（有沙子）这事儿传出去，那御膳房的下人们不得遭殃吗?

类似的事情，还有一件。

正逢酷暑，宋仁宗带着妃子在外边溜达，炎热难耐，他一步一回头，老是往身后瞅。溜达完了回到宫里，妃子就问，刚才在外面转悠，怎么总往身后看啊？宋仁宗嘿嘿一乐，表示我刚才那是口渴了，我寻思看看周围伺候的下人有没有带水。他们有带水的，我就能顺便喝一口；他们要是没带，我也不能麻烦人家专门再回宫里给我取一趟啊，大夏天的，咱也不能净折腾别人啊。

您看，宋仁宗虽然是皇帝，却能体恤百姓、关爱黎民，哪怕是微不足道的小人物，皇帝也能换位思考，这种品质，是弥足珍贵的。

世界以痛吻我，我却报之以歌。

虽然在过去，宋仁宗没有被善待过，但他并不因此仇恨这个世界，反而了解了生活和生存的不易，更加体会到了善良对人的可贵。

宋仁宗即位的时候，宋辽已经签完了澶渊之盟，所以北宋基本上没有太大的外患压力。而知人善任、知言纳谏的宋仁宗治下又是一个相对来说吏治清明的大环境，所以北宋也没有什么内忧。

诚然，宋仁宗不是那种气吞万里如虎的雄主，也绝对谈不上奋发有为，甚至如果实事求是地说，他在守成之主里都算是比较靠后的。

他执政并不勤劳，时常偷懒，性格优柔寡断，耳根子又软，所以糊涂事儿也没少干，而且仁宗皇帝还挺好色，有事儿没事儿就往后宫跑，但他最大的优点——宽容、忍让、仁厚、和善，也不能被埋没。

在那个勉强算得上和平的年代里，宋仁宗不算完美，但美好地完成了自己的使命。

仁宗也许算不上是一个好皇帝，但他一定是一个好人。

不过，仁宗虽然好色，但却一个儿子也没能留下。后来实在没有继承人，他只好把皇位传给了堂兄（濮安懿王赵允让）的儿子，也就是宋英宗。

宋英宗赵曙，在位时间满打满算只有四年，在两宋历史上，可以说是一个比较没有存在感的皇帝。

某位贤人曾经说过一句话：“你可以说你没看懂，但你不能说你没看见。”

同理，你可以说宋英宗没有存在感，但你不能说，这位皇帝没有存在过。

事实上，宋英宗对父亲（养父）宋仁宗赵祯的执政风格，是很有意见的。

从赵匡胤在陈桥驿穿上黄袍到宋英宗即位，北宋王朝已经立国一百多年，宋英宗一直在思考，百年前的老祖宗们制定下的国策和制度，到今天是否还适用？宋仁宗的无为而治，把大部分的话语权留给文人士大夫，这样的状态真的好吗？

在东京汴梁，宋英宗感受到了一种奇怪的氛围。在这里，所有的问题都可以变成政治问题，而解决政治问题恰好是文人们所擅长的。

文人们解决了大多数的问题，宋英宗无所适从。

所以，英宗在位时期，非常想改革，而改革从来都不是轻易就能完成的。

后来的王安石变法几经挣扎，最终功亏一篑；明朝的张居正改革更是横跨十年，仍然有人批评张江陵不见成效。

宋英宗在位不过四年，其中还病了三年，他实在是有点有心无力啊。

在政治上难有太多建树的英宗有个很有意思的副业——追星。

宋英宗这个人，很喜欢当时北宋的一位著名文人——苏轼，此时的苏轼常年流放在外。

皇帝追星，那当然是希望能直接在家门口追，所以他立刻就要把苏轼安排到翰林院里去整理文件。

皇帝的想法挺美，却遭到大臣们的一致拒绝。

试想，皇帝为了追星，此一时让他到翰林院上班，彼一时难道就要让他做宰相吗？这等做法显然不合常理。

大臣们把宋英宗好一顿教训，宋英宗软磨硬泡，且和大臣商量，那便不让他进翰林院，让他来给我修起居注行不行？这个起居注（官），就是记录帝王言行举止的一份工作，宋英宗要苏轼来给他修起居注，说白了还是想要和偶像离得更近一点。

大臣们不好糊弄，立刻表示那肯定不行啊，让苏轼来修起居注，一来二去你俩关系处铁了，难保皇帝不会因私而重用他。

不行不行，绝对不行。

皇帝最后实在是没辙了，追星计划失败，随便给苏轼安排了个小官。

其实，英宗搞不好真的是想要委苏轼以重任，因为这件事发生不久之后，宋英宗就找来了大臣司马光（砸缸的那位），让他整理史料，编修史书，这才有了后来神宗朝的《资治通鉴》。

若当年苏轼遵从宋英宗的安排，步入了那条被安排好的仕途，或许我们就无缘得见那位吟出“十年生死两茫茫”的文学巨匠了。

苏轼的未来或许难说，但张怀民至少能睡个好觉了。

仁宗和英宗都算不上一流的帝王，也没有让人惊叹的丰功伟绩，他们的骨子里都有一种和帝王格格不入的真诚，或者说，他们把真诚看得很重。

他们爱和风煦日的黄昏，爱秋色明月的午夜。

他们爱古老的皇家宫殿，他们也尽可能地去爱身边的人。

汴梁在北，时常下雪，纵见两位帝王的身影。

礼制和对抗，征服和守候，开放和繁荣，如果你问我，我会告诉你，东京梦华，这就是北宋。

参考文献

1.《宋史・卷九》

2.《仁宗纪一》

3.《续资治通鉴・卷三十四》

4.《续资治通鉴长编・卷九十二》

5.《邵氏闻见后录・卷一》

6.《后山谈丛・卷三》

朱高炽：在位十个月，至今被封神

明仁宗朱高炽，永乐二十二年（1424年）八月登基，洪熙元年（1425年）五月就驾崩了，满打满算，在位只有十个月。

而且，朱高炽死的时候年纪还不大，只有四十八岁。

更加奇怪的是，关于朱高炽的死因，《明史》和《明实录》几乎只字未提。

要知道，明仁宗一直是一个十分勤政的皇帝，虽然在位不过十个月，但是他这十个月的成绩，简直比万历和嘉靖的十年还要充实。

政治上，朱高炽抚恤过灾民，因为他刚刚即位的时候，正赶上中都凤阳，也就是大明太祖高皇帝朱元璋的老家发洪水，朱高炽立刻全身心地扑到了抢险救灾的工作上，而且卓有成效。

在这次天灾面前，他甚至还发出了一道饶有深意的诏令：天灾人祸之际，如果发现有百姓无法过活，逼不得已卖儿卖女，官府应该将其子女赎回，归还给他们。

这是一种人文主义的精神。

由于工作越来越忙碌，朱高炽一个人忙不过来，所以他还对内阁进行了改组。

明朝的内阁制度，是明成祖朱棣设立的。因为朱棣很忙，所以他从朝廷挑了不少自己看着顺眼的大臣，组成了一个秘书团，专门把他们放到一个房间里让他们替自己办公。这个办公的地方，就叫内阁，也就是今天的紫禁城文渊阁。

但是，朱棣性格比较强硬，也不太信任别人，所以他在位期间，内阁里的这些大臣只是帮朱棣干活，他们有议论权，但是没有决策权，只能老老实实地执行皇帝的决策。

但是，到朱高炽时期，这种方式就不太行了，因为并不是每个人都能扛住朱元璋和朱棣那种宵衣旰食、废寝忘食的工作强度，朱棣研究起奏疏来能一晚上不睡觉，朱元璋更是把原本能有力分担皇帝工作的宰相职务给罢黜了。

而朱高炽，本来身体就不好，经常精力不济，他大概率没有办法维持这么高的工作强度。当皇帝从来都不是一件清闲的事。

凡天下之大，幅员之广，官员、权贵、乡绅、百姓，士、农、工、商各色人等，经济、文化、军事种种事务，一个大一统王朝每天需要皇帝来处理的事情成百上千，这不是个形容词，而是一个实数。

就算是昏庸的皇帝，就算他本人不干活，他也会把工作交给别人去做。比如刘禅把活安排给诸葛亮，唐僖宗把国家大事尽托田令孜，更何况是朱高炽这种想要做出点业绩出来的帝王呢？

所以，旧制度在新一任帝王的面前不可避免地会被改进，朱高炽授予内阁大臣协理或独自处理政务的权利，也为明朝将近三百年的内阁制度定下了基调。

尽管有内阁大臣（大学士）为他分忧，但他内外两手抓的同时，还有时间平反冤狱，释放和安抚靖难遗孤。

靖难，就是朱棣发动的靖难之役，这场仗打完之后，他才把他小侄子给撵走，自己当上了皇帝。

所谓遗孤，指的是那些不愿意效忠新帝而忠于建文的一些势力，如指着朱棣鼻子嚣张地说“你灭我十族又如何”的方孝孺，以及在明王朝所有类型的科举考试中均取得第一名的考生黄观，因不满朱棣篡位，拒不效忠，进而投水自尽。

诚然，那个时候投诚朱棣的有很多，可是反对朱棣的、不愿意向朱棣称臣的也有不少。而对于那些反对者，朱棣对待他们相当残酷，甚至祸及子孙，影响后代。朱高炽一向以宽厚仁义著称，即位之后基本上把这批靖难遗孤都给赦免了。

朱高炽还废除了宫刑，因担心花钱太多停止了郑和下西洋。

因他年轻的时候明朝的都城在南京，而南京作为都城之际，皇帝朱棣大多数时间都在御驾亲征，讨伐北边，所以朱高炽那个时候长期在南京监国，他更加熟悉南方的环境，父亲死了之后，他还一直计划把都城迁回南京。

此外，朱高炽在军事、经济、文化等方面都有不少调整，可以说非常勤政。他不但勤政，工作效率还相当高，甚至他驾崩三天前，还在辛勤工作，笔耕不辍。两天前才感觉身体有点不舒服，结果过了一天，直接就驾崩了。

毫无疑问，这是暴毙。

我们可以横向对比一下，明武宗朱厚照，死因是落水，武宗落水是在正德十五年（1520 年）九月十二日，而驾崩则是在第二年的三月十四日。武宗落水，是在江苏淮安的清江浦，八九月份水正凉，他倒栽葱一般掉到水里，喝了个水饱，估计是引发了肺部感染，因此成疾。后来陆续治疗了大半年没有起色，最终还是驾崩了。

明光宗朱常洛，死因更加复杂，他最开始是身体虚弱，起不了床，结果他不找御医看病，非要相信小宦官的偏方，吃了不少通利药，结果整晚腹泻，越来越虚。按说到这地步了，该找御医看病了吧？朱常洛却坚决抵制御医为他治疗，转而服用了一些方士炼制的效用不明的丹药，结果吃完不到一天就驾崩了。朱常洛从发病到驾崩这将近一个月的时间里，史料对他的病情记叙非常详细。

大明十六帝，除了朱高炽之外，死因大多记载得清清楚楚。

这人命关天，一个普通人死了都要问个明白，又何况是大明天子呢？

但是，以明朝史料之具、之细、之杂，却找不到有关朱高炽死因的任何记载。

没有记载，不代表就没有线索。

这个线索，要从一个叫李时勉的大臣开始说起。

李时勉，号古廉，安福（今江西吉安）人，明朝大臣，礼部官员。仁宗在位时，他在礼部任职，级别不太清楚，反正有资格参加早朝。

有天早朝，李时勉直言进谏道："节民力，谨嗜欲，勤政事，务正学。"

李时勉劝谏皇帝要懂得爱惜百姓，注意节约民力，克制私欲，勤于政事，致力于正学，要把时间和精力放到正事儿上。

李时勉这么说，隐隐透露出对皇帝有些不满的意思。

明仁宗整日忙碌，疲惫不堪，对自己的表现应该较为认可，突然被李时勉劈头盖脸地教育了一顿，他已经有点不乐意了，没想到李时勉继续说道：

臣听说，汉灵帝在位的时候，汉桓帝刚刚驾崩，丧期还未结束，汉灵帝就大肆从民间敛聚女子入宫，这是否于礼不合呢？

这话说得太犀利了，明显就是意有所指，意思是，先帝朱棣没死多久，你朱高炽就广采秀女，流连后宫，你这样合适吗？

把朱高炽和桓灵二帝相比，这谁能受得了。

如果李时勉是胡说八道，那么以仁宗宽宏博爱之性格，估计笑笑也就算了，因为他连靖难遗孤都能赦免，说明为人还是很大度的。

所以，很有可能李时勉所言并没有诽谤，而是被他说中了。因为李时勉话还没说完，朱高炽便恼羞成怒，命殿中武士击打李时勉。

这顿打，可是够狠的，打完之后李时勉被拉出去，肋骨都断了好几根。

甚至，到后来明仁宗弥留之际，还恨恨地说，李时勉竟然敢侮辱我！

这么一来，这位皇帝的死似乎就有点眉目了。

首先，朱高炽的身体素质不是很好，体形肥胖，这一点从他的画像也能看得出来；其次，因为肥胖，他的腿脚也不是很利索，发展到后期连行走都成问题，平时走路得两个宦官搀扶。

朱棣曾说，“世子多疾”，世子正是指的太子朱高炽。这可以从侧面证明，朱高炽病体恹恹。

如果身体素质不好，选择修身养性以保身，问题也不是很大。朱高炽是皇帝，他的生活待遇肯定极好，人一富贵，吃点好的喝点好的，心情愉悦，保不齐就延年益寿。

可是朱高炽是个闲不住的人。

通过上文我们可以得知，明仁宗朱高炽是一个非常勤于政事的人，不说比洪武帝、永乐帝勤劳，但至少比嘉靖帝、万历帝勤政得多，所以他的工作量不少，批阅奏折至深夜也是常事。

工作量一大，就容易积劳成疾，何况他本来身体素质就不好。

最后，如李时勉所说，朱高炽即位之后还广采秀女，流连后宫，这么一来，他仅剩的一点精力也在这温柔乡中被消耗殆尽了。

先天身体不好，中天工作劳累，后天纵欲无度，那就很容易引发大病。

所以，朱高炽才会在毫无预兆的情况下暴亡。因为古代医疗技术有限，就算朱高炽有发病之征兆，人们也很难察觉和判断。因此对于他死因的缺失也就容易解释了——不是不想下笔，不是另有隐情，而是因为以古人的医学水平，他们无法理解，一个好端端的大活人，怎么说没就没了。

如此圣明贤德之君，实在可惜。

朱高炽是在洪熙元年（1425 年）五月病逝，而当年的三月份，他还委派自己的儿子，也就是后来的明宣宗朱瞻基到南京去祭祀朱元璋和马皇后的明孝陵。

然而，朱瞻基拖拖拉拉，四月初才出发，五月抵达南京的时候，朱高炽已经死在了北京城。

京师和留都之间相隔甚远，传播消息的速度慢、方式有限。可朱高炽刚死，尚未发丧，南京城中就已经传出了洪熙皇帝大行的消息。

车水马龙，人来人往，西风骤起，残阳晚照。

似乎，明仁宗的死，是早在意料之中的。

不可说，不可说，因为宣德皇帝的时代，已然来到。

参考文献

1.《明仁宗实录·卷一》

2.《明史·卷八·仁宗本纪第八》

3. 王灿炽 .《燕都古籍考》

4.《太常续考·卷四》

朱允炆：建文帝的逃亡与谜团

清朝初年，有个历史学家叫谷应泰，他最著名的作品是《明史纪事本末》。

这本书，记录了从草根朱元璋起兵到李自成攻入京师、崇祯自挂东南枝将近三百年的历史，可以说是一部史学巨著。

谷应泰写这本书的年份很早，早到那个时候清朝还没有兴起文字狱，所以他的创作相对来说不受干扰，因此这本书一直是研究明史的重要史料。

那么问题来了，浩瀚明史，哪一部分最吸引人，哪一部分人们讨论的最多呢？

大概是有关建文帝朱允炆的下落之谜，时至今日一直为人们所津津乐道。

大部分有关明朝的史料，对朱允炆的下落基本上只有三言两语笼统概括，有的说死了，有的说没死，但大都是轻描淡写地盖棺定论，很难有具体的记载。

有趣的是，谷应泰的这本《明史纪事本末》却如小说一般描述了朱允炆在南京皇宫中的最后一个夜晚。书中记载，建文四年（1402 年）六月乙丑日，在那个闷热的夏天，朱允炆全线溃败，燕王朱棣的大军攻破南京金川门，年轻的皇帝短短四年的统治即宣告结束。

朱允炆心高气傲，得知城门已破的消息之后，他长叹一声，当时就要拔剑自刎。

在这个时候，翰林院编修程济把他给拦住了。

程济，历史上确有其人。在洪武时期，他是地方官员，曾经在四川、岳池二州做教育类工作。后来建文帝登基，他被调回京师，在翰林院做编修，主要工作是校对古籍，抄抄写写，整理圣谕。

程济的文化工作做得一般，但是他擅长易学，好风水之术。有天晚上，他夜观天象，竟然预测到来年明朝将会刀兵骤起，很有可能是北方地区要发生叛乱。他一纸奏疏就把自己的预测汇报到了朝廷里。

在朝廷看来，程济在翰林院里不过是个不起眼的小角色，不把本职工作干好，竟然妖言惑众，实属十恶不赦，于是立刻将他逮捕，打算杀掉。

但是没想到，程济屠刀当前面不改色，反而振振有词地说，你们可以先把我关一年，看我说得准不准，如果不准，明年再杀我不迟。

果然，一年之后，燕王朱棣起兵造反，程济预言成真，被视为神人，并且得到重用，成为朱允炆的亲信。

南京城破的时候，程济就在皇帝的身边，他一把拉住朱允炆，说皇帝既然你死的勇气都有，那为什么没有勇气出逃呢？

朱允炆连声叹气，说天下已然沦丧于燕贼之手，我又何苦挣扎，接着又要拔剑自刎。

程济再次把朱允炆拉住，耐心地劝慰道，昔日晋朝八王之乱而后五胡乱华，中原沦丧，汉室倾危，幸有司马睿衣冠南渡而有东晋江山。后来北宋有靖康之耻而钦徽二帝死于异土，可高宗赵构南渡，也草创了南宋天下，古人尚且如此，今人何不如呢？

程济引经据典，说了不少，总而言之中心思想就一个，死了就真没了，但是只要不死，只要跑出去，朱允炆就可以发天子诏书，号令天下兵马勤王，因为当时明朝的武装势力并不一定都归顺了朱棣，朱允炆完全可以在残局中盘活，一步一步再做打算。

这个程济啊，劝人还真有一套，一番工夫下来，朱允炆就不想死了，而是立刻开始计划如何逃出南京城。

但是，谷应泰接下来的记载，可就有点奇怪了。

书中说，建文帝要逃跑，但是不知道如何脱困，这时候一个叫王钺的宦官提供了一条线索。王钺说，太祖高皇帝宾天之际，曾经留下过一个箱子，说逢大难之际可以打开，里边或许有破解之法。

于是，群臣把箱子找出来，砸碎锁头，打开一看，赫然是一柄剃刀、三套僧服、三张度牒。

度牒，可以理解成和尚的通行证，有了度牒之后，出入城池就可以畅行无阻。

而且，这三张度牒上早就写好了名字，也就是和尚的法号，分别是应能、应贤、应文。

甚至，箱子里还有白银十两充作盘缠，另有书信一封，上边写着应文从某某门逃走，应贤和应能则从另外的某某门逃走，出城之后在一个叫神乐观的地方汇合。

神乐观，在今天南京市玄武区龙蟠路，白马公园附近。从南京皇宫的后门走上一公里，就可以到达这个地方。更为重要的一点是，神乐门附近就是玄武湖，顺着玄武湖走金川河，就可以直达长江，到了长江上，那就真是天高海阔任我游了。

度牒中的应文，指的就是朱允炆，而应贤则是指监察御史叶希贤，应能则是指大臣杨应能，这两位都是建文帝的近臣。

按照这个说法，朱元璋简直是料事如神，他不仅预测到朱棣会起兵，会战胜朱允炆，会攻陷南京，还料到朱允炆会败亡，还提前为朱允炆准备了逃生计划和工具。那就是让朱允炆化装成和尚逃走，甚至还贴心地为朱允炆留好理发工具，更为朱允炆亲自挑选了两名亲随，连最优逃跑路线都规划好了。

读史到此，不由得感叹一声，这保护做的，真是三百六十度无死角啊。

于是，朱允炆一行人和朱元璋实现了跨时空对话。在朱元璋的指引下，朱允炆成功逃出皇宫，抵达了神乐观，而神乐观的道士王升更是提前就准备好了船只来接应朱允炆。

难道，这王升能未卜先知吗？

他当然不能未卜先知，他的解释是，前两天太祖皇帝就已经给自己托梦了，让他早做准备。

看看，托梦都出来了。

文献分析到这里，这内容已经不是历史质感了，完全是写小说了。所以很多专家学者都认为这一段记载纯属稗官野史，并不可信。

但是，如果我们把其中那些说的神乎其神，各种夸大的剧情摘除的话，就会发现，也许，这才是真正的答案。

朱允炆的爷爷朱元璋，也就是大明王朝的开国皇帝，曾著有《皇明祖训》一书。这本书是朱元璋亲自编写，用以给后代皇帝阅读的职业指南，怎么当皇帝，怎么做好皇帝，全写在书里了。

那么，这本书里具体写了些什么呢？可以说是方方面面，事无巨细，全都罗列了。

皇帝应该如何治国，皇帝应该如何驭下，皇帝应该如何生活，甚至皇帝的吃喝拉撒睡怎么安排，朱元璋都有具体的要求。

内容很多，这里就不赘述了，但是书中有几点，很值得一提。

朱元璋在祖制中规定，皇帝晚饭不能吃得太饱，不然容易胃痛，会造成身体不适；皇帝晚上睡觉不能睡得太死，要时刻警觉，没事的时候要常到宫外走一走转一转，听一听外面的动静；皇帝还要备几副盔甲和刀剑在身边；甚至朱元璋还要求，皇帝要在宫门各处饲养几匹好马，皇帝更要熟悉宫里的各个宫室和暗道，以备不时之需。

什么叫不时之需？说白了，这是朱元璋在教育子孙后代要掌握紧急避险和逃生的能力。

祖制的影响力自然是有的，但是不过几代，越往后皇帝执行得越松，因为朱元璋的祖制太苛刻了，完全是按照他本人那种宵衣旰食的精神状态和工作强度来要求的，很难有人贯彻落实下去。但是，朱允炆毕竟是二代皇帝，跟他爷爷又感情极好，他本身又是一个古板守旧之人，所以他当皇帝的时候，以上祖制中的措施，想来应该是严格执行的。那么既然如此，朱允炆就完全有逃走的条件，因为他的准备措施做得足够充分。

建文四年（1402 年）六月初八，朱棣的军队距离南京城只有三十公里了，但朱棣直到六月十三日才攻破城池，五天时间，朱允炆要是想跑，谁也留不住他。

有人可能会认为，靖难之役这种天和开局朱允炆都能输，全国之师打不过地方一藩王，足见朱允炆的能力严重不足，既然他能力严重不足，那他肯定就跑不出去。

这种看法，失之偏颇，因为决定一场战争胜利与否的因素太多了，往往是天时、地利、人和缺一不可，而且很多时候是由一些我们无法具体察觉的细节导致了战争最终的走向。如果只以成败论英雄的话，那么我们能说诸葛亮北伐是因为他个人的能力不足而导致六出祁山全部失败吗？

何况，不仅仅是有程济那让人觉得过于离奇的预言，朱允炆在还没当皇帝的时候，就对分封在各地的藩王有过担忧。

在一次和朱元璋的谈话中，朱允炆甚至有针对性地提出了解决这些藩王的办法。他告诉爷爷，设立这些藩王是为了让他们戍边，为大明王朝抵挡胡虏的入侵。胡虏作乱藩王们可以平定，可如果藩王作乱，那就难办了。不过难办也要办，如果藩王造反，我会先晓之以理再动之以情，用天威来感化他们，用道德来约束他们；如果不管用，就要削减他们的官阶，收回他们的封地；如果还不管用，那就只好动用武力，把他们击败后贬为庶民。

从这个角度来说，朱允炆对朱棣的造反早有预见性，所以，他必然要考虑到，如果消灭了朱棣那皆大欢喜，可如果被消灭的是自己，那么他就要早早地做好万全之策。

所以，朱允炆既然在程济的劝阻下不再轻生而有了逃跑的想法，那么结合上述条件，他就一定能逃跑。

只不过，朱元璋不会给朱允炆留下完美的计划，朱允炆想要逃出生天，只能靠他自己。

我们可以想象，这个曾经无限骄傲的年轻人此时灰头土脸，头发凌乱，满身泥土和草屑，脸上更是脏兮兮的。他也许真的进行了外观上的改造和化装，但并不一定是和尚，无论是什么身份，他的脸上总是时不时地浮现出不安和惊恐的表情，伴随着内心的痛苦和挣扎。

四散的人群，崩塌的宫室，冲天的火光，结束了，一切都结束了。

时人总是会纠结于朱允炆的生死，其实这并不重要。因为我们不得不承认，大明南京朝廷倾覆的那一刻，朱允炆在政治环境中已经死亡，而至于他当时是否逃走，是否隐于世间，都已不再重要了。

而如果朱允炆没死，时人又会热衷于探讨朱允炆究竟去了何方，甚至在明清各地的各种地方县志中，都可以看到有关朱允炆去过哪里，在哪里隐居，在哪里生活过的记载。

然而，他去往何方，居于何所，已经不重要了。

羁旅西北历多秋，霜染青丝满鬓头。乾坤何处寻旧梦？江河依旧水悠悠。

紫禁城中花已谢，奉天殿上月如钩。年年杨柳春风度，野老低声泣未休。

因为，命运如覆水难收，从来不会给帝制时代的君王第二次机会。

参考文献

1.《明太祖实录·卷五十一》

2.《明史·卷一百一十七·诸王二》

3.《皇明祖训·法律》

4.《明鉴纲目·卷二》

5.《明通鉴·卷十二》

朱厚照：豹房里的放纵与反思

正德九年（1514年）正月十六日，夜。

这个时期的明朝皇帝是武宗朱厚照，他是明朝的第十位皇帝。

正德九年，朱厚照已经不在乾清宫里住了，而是搬到了自己新修的豹房中。

豹房，在皇城西苑的太液池西南，离西华门和北海公园比较近。

虽名叫豹房，但这里边可不仅仅有豹子，还有老虎、大象、麋鹿、雄鹰、鹁鸽等，简直是个动物园。除了饲养动物之外，豹房中吃喝玩乐的设备样样俱全，无论是唱歌跳舞还是斗酒耍牌，必然能玩个尽兴。因此这个地方，堪称朱厚照为自己打造的高级娱乐场所。

朱厚照玩得好、玩得多，当然花钱花得更狠。建造豹房的时候就花了不少钱，建成之后维持豹房的运转，每年又是一笔不小的开支。

光禄寺卿胡恭曾上奏："本寺供应琐屑，费出无经。"

这是在说光禄寺日常供应琐碎且费用支出没有固定的标准。言外之意是说豹房花了太多的钱，光禄寺的流水根本就计算不过来。

巡抚宁夏的都御史韩文言则上奏："宁夏採豹以贡，糜费甚多，无益于用，宜停止。以免军民劳扰。"

朝廷整日要求宁夏地区在当地活捉豹子，然后进贡到宫里，不仅费力费钱，折腾得当地的军队和百姓不得安生，而且本质上还没有什么大用。

要知道，那个时候是冷兵器时代，明朝虽然已经有火枪了，但是不见得能配备到基层。就算配备到了基层，也不见得人手一把，所以捕猎豹子最常用的手段是设置陷阱和用弓箭射击。

要知道，豹子是一种感官十分灵敏的动物，嗅觉和视觉都特别敏锐，比如说花豹，一只成年花豹如果跑动起来，平均时速可以达到每小时八十公里，捕捉花豹是很有难度的。

况且，朱厚照的要求是供观赏的活豹，要毫发无损、品相上乘，因为朱厚照要放到豹房里当宠物玩，这就又大大增加了捕获豹子的难度。

朱厚照整天在豹房里寻欢作乐，而他原来居住的乾清宫也没被闲置，而是改造成了仓库，用来专门堆放军械和火药。

恰恰是在正月十六的晚上，宫里放烟花，一不小心就把乾清宫给点着了，熊熊大火烧了一夜。朱厚照在一旁围观，不仅不组织救火，反而哈哈大笑，说了这么一句话：是好一棚大烟火也！

玩世不恭，这似乎是朱厚照的天性。

正德十二年（1517 年），鞑靼人进犯明朝边境，消息传到京师，朱厚照相当开心，表示要御驾亲征。

当然，他的想法很快被大臣们全票否决了。

武宗之前的皇帝是孝宗，孝宗之前是宪宗，宪宗之前是英宗，这英宗当年如果不是非要御驾亲征，怎么会有后来的土木堡惨败？大臣们什么都听得，就是听不得“御驾亲征”四个字。难不成朱厚照也想被俘虏？

一般来说，内阁六部三法司都拦着不让去，那皇帝基本上就去不成了。但是朱厚照不是一般人，白天有人拦着他不让他去，到了晚上他单枪匹马就溜了出去，纵马疾驰直奔居庸关，还临时接管了边地的明军。这还不算，朱厚照还指挥明军成功击退了鞑靼人，取得了战争的胜利。

也就是说，朱厚照御驾亲征大获成功。后来朱厚照回忆这段战场上的经历时，还沾沾自喜地说，自己不仅御驾亲征，还亲自上了战场，上了战场还不算，自己还徒手击毙了一个敌军。

要知道，御驾亲征这种事儿，那是会上瘾的，有了第一次，那就会有第二次。正德十四年（1519 年），江西的宁王朱宸濠叛乱，朱厚照更是连夜整军，浩浩荡荡地率领队伍开拔江西，亲自平乱。

当然，大臣们这回还是不同意，但是这一次朱厚照采取了果决的手段，把反对他的大臣全都施以廷杖，一直打到同意为止。

好汉架不住三遍打，架不住的都同意了，架得住的也都被朱厚照给打死了，所以皇帝南巡是势在必行。

但是，说是南巡，其实本质上是南征，朱宸濠要效仿朱棣，万一真成功了，朱厚照的下场难以预料。朱厚照本应紧张起来，但他则完全把南征平乱当成了一场轻松惬意的旅行。

首先，他在途中发现了一个很大的问题，那就是大明的百姓养猪的很多，基本上年初养，过年就杀掉了，要么留着自己吃，要么卖了换钱来贴补家用。因为猪是六畜之一，早在母系氏族公社时代，我们的古代先民们就已经开始饲养小猪小牛等动物了。

但猪和牛还有点不一样。

古人对牛是有特殊保护的，一来因牛的数量比较稀少，二来牛是中国古代农耕时重要的生产力，所以朝廷一般都会设置法律来保护耕牛。比如在唐朝，杀牛和杀人的罪过相差无几，但是猪不一样，猪是古代百姓重要的经济和食物来源，所以养猪再正常不过了。

但是，朱厚照认为不正常，他思来想去，得出了一个十分荒诞的结论——自己姓朱，而猪和朱是谐音，那么老百姓养猪吃猪就等于是吃自己，明显对自己不利。于是他干脆下令全国范围内禁止养猪，不仅禁养，更不许偷吃，如有违反，直接流放三千里，发配边远地区充军。

一路上，朱厚照总是产生各种奇思妙想，一会儿自行离开队伍私会从宫里跑出来的嫔妃；一会儿觉得路过的地方风景比较好，他就暂时停下，游玩一番再继续前进。结果帝王之师刚到河北涿州，前线就传来了宁王之乱已经被平定的消息，宁王朱宸濠更是十分不争气，已经被南赣巡抚王守仁活捉。

这个消息传来，朱厚照差点没从马上摔下来。他是又急又气，埋怨王守仁多管闲事，让自己不能在战场上大显身手。但是很快，他又调整了心情，认为既然出来了，那就应该开开心心的，于是干脆改南巡为旅游，浩浩荡荡的队伍到保定、临清、扬州等地玩了半年多，最后终于抵达明朝的陪都应天府（今南京）。

到了应天府之后，王守仁把造反的朱宸濠上交给朱厚照，而朱厚照非要把朱宸濠给放了再捉一次，以表示这功劳不是王守仁的，而是自己的。于是一帮人又开始陪着他演戏，把朱宸濠的枷锁解开，由朱厚照领着一大帮人再把朱宸濠给按倒在地，重新给他套上枷锁。

此情此景，想来朱厚照心中只有一个感想：爽。

大半年过去了，闹也闹了，玩也玩了，朱厚照终于打算起驾回宫了，大臣们相当开心，簇拥着朱厚照就往回走。但是，回去的路上朱厚照还在作妖，路过江苏淮安府的清江浦时，他看水草丰茂、湖水清澈，非要亲自驾驶小船到湖中捕鱼，结果一个趔趄没站稳，扑通一声就落了水。捞上来的时候已经喝了个水饱，淹得不轻，秋日水凉，朱厚照想来是得了风寒，肺部又灌了脏水导致感染，返回京师后，身体久病不愈，不到一年就死了。

朱厚照是个放浪不羁的帝王，他这辈子最大的愿望，就是世界这么大，他想去看看。他从来不喜欢紫禁城，更不喜欢那些迂腐的大臣们。

他在宫里的一言一行都要受到约束，文官们总是想要摆布他。

其实这怨不得朱厚照，因为朱厚照登基的时候，只有十五岁，这正是青春悸动的年纪，是一个人对外部世界充满好奇和向往的阶段，任谁也受不了被一帮大臣这么管着。

不让花钱，不准娱乐，就连自己跟谁玩都要被批评两句，朱厚照对大明的文官厌恶至极。

大明文官，诸如当时的文官代表刘健、谢迁、李东阳，他们也许并不是成心要限制朱厚照，因为正德一朝能和皇帝搭上话的文臣，基本上都是从弘治那一朝被提拔起来的。他们曾经是大明政坛上的中下层官员，在弘治的父亲成化的时代里，因为糟糕的吏治而处于下位，报国无门。弘治给了他们展示自我、实现抱负的机会，但偏偏弘治治而未大治，有天不假年的遗憾，十数年间意在守成，未及施展就故去了。于是这帮大臣把对弘治的感激之情转移到了弘治的儿子正德身上，颇有点“盖追先帝之殊遇，欲报之于陛下也”的意思。

所以有人说，朱厚照临死，应该是想明白了这一点，想明白了大臣们都是为他好，所以他的临终遗言才会是：

> 前此事皆由朕而误，非汝众人所能与也。

以前的事情都是我朱厚照不对，和众大臣没有关系。

那么从这句话来看，放浪不羁、离经叛道了一生的朱厚照，在临终之时应该后悔了。他完全否定了这一生的所作所为，并且诚恳地向臣僚们赔礼道歉，所以朱厚照的结局似乎挺完美的。

然而，一切真的是这样吗？

武宗是明朝历史上最后一位御驾亲征的皇帝，而且还胜利了。面对明王朝的藩王叛乱和局部起义，武宗也间接平定了，虽然本质上跟他没有什么关系。

政治上，他抑制了文官集团的势力；文化上，他修成了《大明会典》；经济上，他发展海外贸易。这么一看，武宗其实干了不少事儿。

他的性格还算比较稳定，不是那种传统意义上残忍嗜杀的昏庸君王，甚至在很多事情上（比如诛杀刘瑾），他都能够分清是非对错。

当然，武宗荒淫好色、贪图享乐也是不争的事实。

在清朝，如果上书房的皇子们读书不认真，教书的师父就会训斥说，你们不好好学习，难道是想要效仿明朝的朱厚照吗？

可见，朱厚照已经成为反面帝王的典型。

有人说，朱厚照将死之时，其言也善，是坏人的金盆洗手，是恶人的痛改前非。但是也有人说，这是这个为了追求个性和自由的帝王，在生命最后时刻无奈地妥协和屈服。

最后，让我们来看一下朱厚照意有所指的诗文：

《銮舆幸第》

车驾亲临茂社堂，玺书高挂耀龙章。

升平宴罢明良会，盛事流传万载香。

《赐大学士杨一清诗　拦门劝酒》

欢饮醺醺出相门，劳卿再四劝金尊。

南征已定旋师旅，去暴除残第一人。

《赐大学士杨一清诗　上马留题》

正德英名已播传，南征北剿敢当先。

平生威武安天下，永镇江山万万年。

欲言又止，欲语还休，无论如何，朱厚照终于为自己画上了休止符。

物质世界中，朱厚照的肉体早已消散，而精神世界中，又有谁来审判这位大明天子的灵魂呢？

参考文献

1.《大明武宗毅皇帝实录・卷一百九十七》

2.《尧山堂外纪・卷九十四・国朝》

3.《明史・本纪第十六・武宗》

4. 李维桢 .《大泌山房集》

5. 张邦奇 .《四友亭集》

朱祐樘：完美皇帝，就这一位

明朝的第九位君王，德敬皇帝明孝宗朱祐樘，是一个极为特殊的皇帝。

首先，作为皇帝来说，三妻四妾是标配，佳丽三千是寻常。西晋的开国皇帝晋武帝司马炎，后宫嫔妃近万人，晋武帝每天晚上相当犯愁，因为他压根不知道该宣哪个妃子侍寝。真可谓“乱花渐欲迷人眼”！

于是每到夜幕降临，司马炎就找来一头山羊拉车。他坐在车上，让山羊在宫里四处溜达，停到哪位妃嫔的宫门前，晚上就临幸哪一位，此之谓“羊车望幸”。

皇帝多几位嫔妃，这在封建社会是再正常不过的事情。因为在封建时期，君主集权同样代表皇帝能够享有更多的资源。

但是，朱祐樘却很不一样，他从登基到驾崩，只有一位妻子——孝康敬皇后张氏。

是的，偌大的后宫，就这么一位张氏。

朱祐樘不纳嫔妃，不封美人，甚至没有贴身服侍的宫女，除非出于职责所需，皇帝通常不会和其他女性产生接触，每天只和张皇后同寝同居。

隋朝的开国皇帝是隋文帝杨坚，杨坚的皇后，是独孤氏。杨坚和独孤皇后关系就非常亲密，也非常恩爱，但让杨坚扪心自问，整天只面对独孤皇后一人，他肯定也有点疲惫。所以隋文帝到晚年的时候，他想要在独孤氏之外，再纳几位妃子，最终选定了一名叫尉迟氏的宫人。结果，独孤皇后前脚听说杨坚另寻新欢，后脚就派人直接把尉迟氏杀掉了。

独孤皇后杀掉尉迟氏之后，杨坚当然是相当难过，但是杨坚特别惧内，怯于独孤皇后的严厉管束，杨坚是敢怒不敢言，只能自己生闷气。杨坚越想越难过，越想越伤心，竟然一气之下，策马奔出皇宫，来了个离家出走，夜不归宿。

说回朱祐樘，他并不是妻管严，张皇后对他选妃纳嫔的事情，并不干涉，可他从来都是守身如玉，对其他女性丝毫不感兴趣。

历朝历代的皇陵中，皇帝死了，多少都有嫔妃陪葬，甚至嫔妃殉葬，而朱祐樘的泰陵修得也不算太小，就只有他和张皇后而已。可以说，在男尊女卑的时代里，朱祐樘是个地地道道的一夫一妻制践行者。

朱祐樘不好女色，那么他喜欢做什么呢？答案是，他喜欢搞发明。

在中国的南宋时期，就已经有牙刷了。四川成都中药博物馆里，有展出一柄来自宋代的竹柄牙刷，制作非常精美，堪称古代医史文物中的珍品。

那么问题来了，竹柄牙刷最早起源于中国，世界范围内的第一柄现代牙刷是谁发明的呢？正是朱祐樘制作出来的。

弘治十一年（1498年），朱祐樘突发奇想，他把一撮短而硬的猪鬃插进了一支动物骨骼的手把上，这就形成了现代牙刷最初的样子。

2004年，伦敦罗宾逊出版社出版的《发明大全》一书列举了人类最伟大的三百个发明，而朱祐樘发明的牙刷赫然在列。

发明家朱祐樘，相较于明朝的历代帝王来说，还是个脾气很好的人。

首先，朱祐樘在做太子的时候，就有名师指点，比如刘健、程敏政这种大儒都或多或少地影响过朱祐樘。经过一番培养的朱祐樘可以说是熟读经史子集，又在儒学文化熏陶之下，养成了优良的品格。所以以儒士的观点来看，朱祐樘几乎是一个在道德上没有什么瑕疵的帝王。

但是，就算是再完美的皇帝，如果缺少了人性构成的篇章，就会沦为一个政治上的机器。

因此，朱祐樘也有自己的小爱好，除了爱发明之外，他还喜欢写诗。根据史料的记载，朱祐樘在位期间曾写过《诗集》五卷，可谓文采斐然，而且创作量也很大，不过很可惜，已经失传了。

写诗之余，朱祐樘还喜欢绘画弹琴。

其实这本来是陶冶情操的爱好，朱祐樘只是喜欢，谈不上痴迷，但是在文官们看来，音乐和绘画对皇帝来说，就是一种声色犬马的体现。

文官们有些过于敏感，或者说分外固执，他们认为，如果皇帝总是醉心艺术，就很容易误入歧途。喜欢绘画，皇帝就有可能会变成宋徽宗；喜欢音乐，身上又难免有南唐后主李煜的影子。所以，一些文官们就鼓动大量御史向朱祐樘劝谏，希望他可以放弃这些爱好。

对于大臣们的劝谏，朱祐樘的回复是：

弹琴何损于事？劳此辈言之。

喜欢弹琴和做一个好皇帝有什么冲突呢？要劳烦你们屡屡进言劝告。看得出来，皇帝不乐意。但是皇帝虽然不乐意，却很少对士大夫发怒，这自然体现出身为帝王宽容的一面。

说到这里，倒是有一件趣事儿。

朱祐樘擅长绘画，所以宫里有很多画师为他服务。这些画师中，有一个叫吴伟的，画功了得，朱祐樘非常喜欢。一次，朱祐樘赏赐给吴伟几匹锦缎，吴伟正要跪地谢恩，没想到朱祐樘却急忙摆手，说了这么一句话：

“急持去，毋使酸子知道！”

这句话的意思是：你不用谢我，赶紧拿着走吧，如果让大臣看到我宠幸画师还赏赐礼物，他们又要多嘴了。

从这件事可以看出，朱祐樘没有像明武宗朱厚照那样和大臣们积极对抗，也没有像明神宗朱翊钧那样彻底被大臣们拿捏，朱祐樘之所以能够得到文人们一致且高度的称赞，是因为皇帝不愿意也认为没必要和他们产生冲突。

因为，大明的文官有个能力，他们喜欢把一切问题都变成政治问题，都变成和朝廷相关的问题。例如皇帝的言行、皇帝的家庭、皇帝的私生活，在他们的嘴里，都可以变成和王朝命运息息相关的政治问题。

而解决政治问题，则是文官们最为擅长的，而朱祐樘则不给文官把问题转化的机会，所以他自然就不会被文臣所倾轧了。

朱祐樘这个皇帝做的，可以说相当不错。他勤政有为、尊重官僚、体恤百姓，他对明朝方方面面的改革也颇为成功，以此来看，朱祐樘似乎是一个完美的皇帝。

然而，人无完人，朱祐樘也有瑕疵。

朱祐樘的身体，一直不是很好，这要归咎于他童年时代的凄惨遭遇。朱祐樘是宫女所生，他的皇子身份直到他少年时代才被证实。所以他出生之后很长一段时间，都是被宫女偷偷养活在宫中的，也因此吃了不少苦头。

登基之后，朱祐樘一直希望通过进补的方式来提高自己的身体素质，而皇家进补，往往会给一些炼丹修玄的方士们可乘之机。

比如，宦官李广常向皇帝进献所谓延年益寿的方法，因此深得朱祐樘的宠信，给予他诸多权势。好在那个时候朝廷里的大环境是清明的。别说一个小小的李广，就是魏忠贤、刘瑾、王振来了，也很难有话语权，所以后来李广在朝野的压力之下就自杀了。

可是朱祐樘非常相信李广，他一直固执地认为李广会养生术，是个高人。所以李广死后，朱祐樘还专门派人把李广的家给抄了，想看看李广的家里藏没藏什么可以让人长生不老的天书之类的东西。结果，锦衣卫一顿抄家，天书没抄出来，反倒抄出了不少李广贪污腐败的账本。

瑕不掩瑜，大体上，朱祐樘还是一位好皇帝。

朱祐樘在位十八年，宵衣旰食、励精图治、治理内政、革除弊病，缔造了属于自己的弘治中兴时代。

我们不难发现，朱祐樘的身上有一股极强的人文主义气息，无论是他的个人生活、理想爱好，还是他的执政方式方法，都很人性化。

然而，朱祐樘不是开国皇帝，也不是二代皇帝，他已经是明中期的帝王，所以他只是一个守成之主。

君主集权时代，他最大的使命是维护封建统治，其本质上是要积极地维护地主阶级的利益，因为他要依靠地主阶级的支持。

所以，皇帝的改良和变革，只能是添砖加瓦或者查缺补漏，谈不上根本性的变革。

但是，几百年才有一个圣人？几百年才出一个圣贤？

我们太过于相信完美主义，其实，完美似乎很难追求，或者说根本不存在。如果你相信得太多，那么你知道的就会变少。人类社会和历史进程的变化，是复杂的，如能窥得其中一二，便会大吃一惊。

朱祐樘当然预料不到未来的历史，但是从他的角度来说，他已经完成了自己的使命。

参考文献

1.《明史・卷十五》

2.《明史・卷一百八十六》

3.《大明孝宗敬皇帝实录・卷一》

第六章 明朝七大案

可眼泪向来不是万能的，眼泪通常是无能的。

胡惟庸案：废除宰相，君权独揽

洪武十三年（1380 年），时任大明丞相的胡惟庸向皇帝报告，自家宅邸中的一口古井里，突然涌出了醴泉，此乃祥瑞之兆，特邀皇帝到家中观赏。

甘雨时降，万物以嘉，谓之醴泉。

早已经枯死的古井突然涌出甘甜的泉水，在当时来说，的确是一件了不得的大事。

太祖高皇帝朱元璋兴致勃勃，骑着一匹枣红色的良驹，带着贴身太监云奇，简装前往。

皇帝的马走到南京城西华门附近时，牵马随行的太监云奇却一把勒住缰绳，拼命地把马头往回拽。

朱元璋十分不悦，难不成你一个小小的宦官，胆敢阻拦天子去欣赏祥瑞不成？皇帝一时恼怒，正要出言斥责，却发现今天的太监云奇似乎有点不太对劲儿。这位平日里低眉顺眼，对自己诚惶诚恐的小宦官此时脸色涨红、目光焦灼，一只手拼命地拽住缰绳，另外一只手却用力地指向不远处的胡宅。

朱元璋何许人也？从至正十二年（1352 年）参加红巾军起义，到洪武元年（1368 年）建立大明，定鼎中原，一路走来，朱元璋经历了太多的尔虞我诈、血雨腥风。

狡黠的皇帝很快意识到——事出反常必有妖！

宦官云奇的种种反常举动，似乎是在提醒自己什么。于是，朱元璋回转身形，调转马头，快速返回了南京皇宫。返回皇宫后，朱元璋没有休息，立即登临城头，向远处的胡宅眺望。

不看不知道，一看吓一跳。

胡惟庸的府宅上空尘土飞扬，旗帜闪动，宅院中各处都摆放了强弓硬弩，内宅之中，更是安插了几百装备精良的士卒。

眼前的景象触目惊心，不觉让朱元璋倒吸了一口凉气。

倘若刚才自己没有被宦官云奇拦住，而是直奔胡宅，此刻恐怕已是胡惟庸的刀下亡魂了。

此刻，皇帝的脸色铁青，他颔首立在城墙之上，遥望着千里江山，万里锦绣，神情复杂，复杂中又透出一丝忧虑。

夕阳西下，云层红褐如血，朱元璋就这样沉默地站立着，最后一缕日光勾勒出这位大明开国皇帝肃穆的身形，之后昏昏沉沉的黑暗将他完全笼罩。

胡惟庸，字子中，南直隶凤阳府定远县（今安徽定远）人，和朱元璋算是半个老乡。

相比淮西功臣集团那些显赫一时的人物，如李善长、汤和等，胡惟庸根本不能算作是朱元璋的创业伙伴，抑或心腹重臣。他在龙凤元年（1355 年）才投奔朱元璋，那个时候的朱元璋，已经占据和州，在元末农民起义军里有了一席之地。

不过虽然投奔的时间比较晚，但胡惟庸却很受朱元璋的待见。

他历任元帅府奏差、宁国主簿、吉安通判、湖广佥事、太常少卿，虽然从基层干起，但升迁速度极快，很快就进入了朝廷，成为明王朝的一名参知政事（候补丞相）。

这其实是可以理解的。高皇帝朱元璋虽然没上过学，没有文化，但他骨子里极为敬重文人。朝廷里如刘基这样的文人不少，但在政见上和高皇帝并不相投，而胡惟庸素有才学，又唯高皇帝马首是瞻，自然深得高皇帝的器重。

并且，胡惟庸不仅深谙为臣之道，明白如何跟皇帝打交道，他更深刻地认识到了“木秀于林，风必摧之”的道理。

想要在仕途上稳中有进，得皇帝信任是一方面，跟同僚搞好关系也颇为重要。

于是，胡惟庸很快攀上了淮西集团的高枝——李善长。

李善长，字百室，定远（今安徽）人，辅佐朱元璋成就功名大业的第一功臣。

汉初刘邦有萧何，而李善长之谋断，不亚于萧何。

作为陪伴朱元璋走过最为艰难困苦一段岁月的创业合作伙伴，朱元璋授其左柱国，兼任太师，中书左丞，恩遇不可谓不重。

按理说，此等开国重臣，和胡惟庸这种半路出家的投机主义者，是没有什么关系的。

但巧的是，两人都是定远人，是同乡。

老乡见老乡，两眼泪汪汪，所以两人的关系比一般的臣僚要近一点。

更巧的是，李善长亲弟弟李存义的儿子李佑，迎娶了胡惟庸的侄女，这么一来，两家又成了儿女亲家，关系则更为紧密。

同窗之谊不如同籍之谊，同籍之谊又不如同宗之谊。

胡惟庸和李善长同籍又同宗，两家的关系自然更为亲近，基本上算是荣辱与共了。

对朱元璋来说，朝廷上有朋党情况的出现，他是可以允许的。他的帝位之巩固，靠的也是淮西朋党的支持，所以只要朋党没有发展成政党，那就无关紧要。

时间来到洪武六年（1373年），对胡惟庸来说，这是他仕途中极为重要的一年。

这一年，李善长极力推荐胡惟庸担任中书右丞，百官更无异议，朱元璋也准许了。又过了四年，即洪武十年（1377年），胡惟庸政绩斐然，升任中书左丞，位居百官之首。

升迁太快，百官们难免有意见，但朱元璋力排众议，表示丞相之位，有德行才干便能居之。胡卿忠君体国，才学出众，自然能堪此位，此后更是不许百官妄议。

朱元璋的意思再明显不过了，胡惟庸是朕亲自起用的人，朕爱怎么用怎么用，朕想安排什么官儿安排什么官儿，你们老老实实做好本职工作，以后就少管朕和胡爱卿的闲事儿了吧。

帝王乾纲独断，往往偏听则暗，但事实证明，胡惟庸的确没有辜负朱元璋的栽培和信任。他在丞相的位子上政绩卓著，办事果决，协助朱元璋处理政务的效率极高，凭借着过硬的工作能力，很快得到了大臣们的诸多好评。

选得如此贤臣，对朱元璋来说，无疑是一个好消息，但福祸相依，好消息往往伴随着坏消息。

之所以说是诸多好评，原因十分简单，那就是胡惟庸在做丞相期间，虽然笼络了一大批朝中的官员，形成了以自己为首的势力极为庞大的“胡党”，但总还有那么几位忠贞不屈的官员，不愿意与胡惟庸同流合污。

朝廷里有几位秉公守正的御史时常弹劾胡惟庸，说他表为中书左丞，实为大明独相，表面上做政务工作滴水不漏，但实则中饱私囊，贪赃枉法，党同伐异，更有诸多可疑行迹。

在皇帝看来，御史的话不能全信，这些官员最喜欢没事找事，吹毛求疵，可不能让他们冤枉了自己一向倚重的胡爱卿。于是朱元璋又带着南镇抚司的锦衣卫去秘密调查，检验御史们所言是否属实。结果锦衣卫查来查去，不仅证实了御史们对胡惟庸的弹劾并非虚言，还搜出了胡惟庸的海量罪证，诸如纵容不法、仗势行凶、侵吞田地、强抢民女等，其中还包括胡惟庸四处招揽亡命之徒，并且和北元政权互通书信等内容。

中国历史上有很多对臣子严苛，对百姓宽容的帝王，例如东汉孝明帝刘庄、清世宗雍正等，而明太祖朱元璋，同样是一个“宽政于民，严法于臣”的帝王。

朱元璋出身凄苦，少年时父母双亡，要过饭，当过和尚撞过钟，他深知普通百姓的疾苦，所以他身上有种极强的民粹主义精神。

朱元璋对百姓的体恤进而演变成了对贪官污吏异常强烈的刻骨仇恨，所以他在反贪工作中所下的力度，比历朝历代都要大。

朱元璋曾经规定，大明官员只要贪污白银六十两以上，便要处以死刑，足见他治臣下之严苛。

从朱元璋登基后，因为贪赃枉法而死于他屠刀之下的官员，没有一万，也有八千，而胡惟庸竟偷偷摸摸犯下如此多的罪行，恐怕死个一百次也不为过。

但奇怪的是，朱元璋听完锦衣卫的奏报之后，只是若有所思，并没有什么

反应。

他没有生气，也没有愤怒，更没有气急败坏，反而在几天之后的朝会上，表扬了丞相胡惟庸工作认真负责，还给予了物质嘉奖。

朱元璋对胡惟庸的累累恶行装糊涂，但朝廷里对胡惟庸的反对之声却越来越多。

御史上完折子，六部的官员上折子，六部的官员上完折子，都察院又上折子，都察院的官员们告完状，大理寺的官员们也坐不住了，纷纷上疏弹劾胡惟庸。

但奇怪的是，对这些铁证如山的弹劾，朱元璋一概留中，置之不理。不仅如此，朱元璋对胡惟庸的礼遇日渐隆重，封官赏爵、施以厚礼，君臣之间的感情好到无以复加的程度。

这不禁让人怀疑，这还是那个法度严明、冷酷无情、手段狠辣的朱元璋吗？

不仅百官怀疑，连胡惟庸也怀疑过这一切。

百官控告他的行为他早有耳闻，他甚至指使胡党中的几名御史去告自己的黑状，以试探朱元璋的底线，但换来的似乎都是朱元璋无条件的信任。胡惟庸还曾多次以身试法，纵容手下行凶，他在朝廷收支上故意露出马脚，以此来激起朱元璋对自己的不满，但朱元璋一概置之不理，把这一切都当作没发生过。

后来，胡惟庸甚至在胡宅中安排兵马和人手，诓骗皇帝来自己府上赴宴，企图以此控制住皇帝。最后事情败露，被皇帝发现，但他等了好几天，并没有等来皇帝震怒，抑或将他罢官免职的消息，反而再次获得了皇帝一笔十分丰厚的奖赏。

一系列的小心试探之后，胡惟庸终于放心了。

胡惟庸认为，朱元璋已经不是年轻时的朱元璋了。

朱元璋用了半生来征战天下，又用了半生来建设明帝国，此刻，他已经心力交瘁，属于强弩之末了。

这盘根错节、复杂无比的大明政务，朱元璋已经不能掌握，不能处理。胡惟庸认为，朱元璋需要我胡惟庸的协助，他必须依靠我，而且，事到如今，他唯一能指望的人只有我。所以无论我做了什么，朱元璋为了保住我，只会装作视而不见。

有了这样的想法之后，胡惟庸的内心开始逐渐发生变化。

他已经不再满足于做一个掌握大权、统领百官的丞相，而是萌发了更为远大的理想和抱负，那就是取朱氏皇帝而代之，自己来做这个王朝的新帝。

胡惟庸认为，朱元璋已经完全失去了对王朝的掌控，自己就算是举兵作乱，皇帝也已经无力抵挡了。可叹朱元璋啊朱元璋，事到如今，都怪你自己当年心狠手辣，把淮西集团的功臣都杀了个一干二净，到如今你独木难支，倒叫我胡惟庸后来居上了。

此刻的胡惟庸，已经完全陷入了对权力的幻想之中。他开始勾结党羽，暗中培养军事力量，和沿海倭寇、北元政权相互结盟，只等着自己万事俱备，出其不意地发动攻势，将朱元璋一脚踢开，自己再度攀升，成为这天下的新主人。

但让胡惟庸没有想到的是，幻想是可望而不可即的，现实往往十分残酷。

洪武十三年（1380 年），早朝。南京皇宫左祖右社，面朝后市，笼罩在一片朝阳之下。

始建于至正二十六年（1366 年）的皇家府邸，明南京皇宫是中世纪时期世界上规模最大的宫殿建筑群之一，它是之后北京故宫的蓝本，明清宫殿的母本，被称为“世界第一宫殿”。

两侧太庙，社稷坛巍峨矗立，奉天殿、华盖殿、谨身殿层层递进，皇宫自南而北，一派春秋鼎盛的气象。

这一天的早朝如期举行，御史中丞涂节率先启奏，弹劾胡惟庸蓄意谋反。

谋反，这在封建帝制时代，可不是说着玩的。按理说，区区御史敢在早朝时弹劾官员，还是朝廷大员，必然是有着十足的把握，此言一出，一定会引发朝堂之上的轩然大波。但奇怪的是，涂节的弹劾似乎并没有在大臣们之间引起多大的反响。

事实上，大臣们对弹劾胡惟庸的启奏，已经见怪不怪了。

一年到头，弹劾胡相的折子，没有一百，也有八十，但无论什么罪名，有无罪证，皇帝一概偏袒，从不处理，大家早已司空见惯。

甚至连当事者胡惟庸，也懒得站出来辩驳了。

反正皇帝会替自己说话，替自己摆平，那么何必自己出马呢？

但让所有人都没想到的是，皇帝今天似乎有点反常。他听完涂节的弹劾之后，缓缓从龙椅上站起来，对着奉天殿宽敞明亮的大门轻轻招手，很快，几队亲兵从殿外涌入，直奔胡惟庸，片刻就将胡惟庸拿下。

百官们尚未从这巨大的变故中醒来，皇帝身边的小宦官已经传出皇帝的上谕：中书左丞胡惟庸蓄意谋反，罪无可赦，着立刻处死，一干胡党，系与同谋，同罪论处，兹事体大，以胡惟庸首罪之恶，危害之深，自此废黜左右丞相，永不复议，胆敢妄议复立丞相者，皆斩。

大臣们很快找到了这段话的重点：

第一，处死胡惟庸。

第二，废黜丞相官职。

第三，打击胡党，同罪论处。

一段话字数寥寥，却听得所有人都骇然了。

最骇然的，当属那个已经被押出去准备问斩的胡惟庸。他实在是想不明白，昨天朱元璋还对自己多有偏袒，对同僚的弹劾概不追究，今天怎么就翻脸不认人了呢？这还是自己辅佐了多年的那个整天稀里糊涂的朱元璋吗？

刽子手手起刀落，有明以来权势最大的权相胡惟庸人头落地，他到死也没有想明白这一切是怎么回事儿。

而从胡惟庸人头落地的这一天开始，往后十年，朱元璋屡屡借胡惟庸案打击胡党。三万多名与胡党成员有牵连的官员纷纷引颈受戮，大批功臣，如左柱国李善长、荥阳侯郑遇春、南雄侯赵庸、永嘉侯朱亮祖纷纷受到牵连，被朱元璋诛杀。

这场帝王在须臾之间发起的政治清洗运动，即为明洪武年间赫赫有名的“胡惟庸案”。

案件的名字虽然叫胡惟庸案，但此案真正的主题，并不在胡惟庸，而在胡惟庸所担任的官职，中书右丞（即丞相）上。

从一开始，皇帝的目的就非常明确，那就是废黜丞相，加强皇权。

对朱元璋来说，这是一个十分艰巨并且很难办到的事情。

从秦汉以来，丞相制度一直沿袭下来，历朝历代都是如此，这已经成为封建帝制时代必须恪守的规矩。有政权，就必然有皇帝，皇帝是帝国的核心，是无上的权威。但有皇帝，就必然要有丞相，丞相是权力的中间人，辅佐帝王、统领百官，是替皇帝分忧解难的一种不可或缺的存在。

但在朱元璋的眼里，丞相却成了制约皇权的架构，成了一种变相的权臣。身为帝王，他绝对不允许有第二个人凌驾于文武百官之上，所以他一定要废黜丞相这一职务。

但千百年来约定俗成的规则，不是朱元璋能轻易撼动的。

废黜丞相，势必会引起文武百官的激烈反抗和百姓的纷纷议论，其过程是否顺利、会不会激起变故，这都是朱元璋不得不考虑的。

朱元璋考虑了很久，并且在这个过程中，他任用了很多丞相。李善长做过丞相，但李善长为人谨慎，丝毫不会露出马脚；徐达做过丞相，可徐达常年领兵在外，并没有在朝廷中发挥作用；汪广洋也做过丞相，但汪广洋只不过是一个纯粹的知识分子，为官一任，只剩下风花雪月和不切实际的理论。唯一一个在丞相位置上露出马脚的杨宪，也只不过是在做事的手段上过于狠辣，并没有什么别的纰漏。

对皇帝来说，这远远不够。

皇帝需要一个人，一个愚蠢的人，一个邪恶的人，一个可以在丞相位置上辱没了这个官职，糟践了这个官职的人。这个人可以大权独揽，可以尸位素餐，可以贪赃枉法，可以为祸朝堂，这个丞相的罪行越多、越大，就越能让丞相一职显得人神共愤，人人得而诛之。

只有让丞相一职沾满污名，失去权威，失去公信力，皇帝才能扳倒它。

而胡惟庸，就是朱元璋选中的那个人。

事实证明，胡惟庸的表现正符合朱元璋的预期。他在皇帝刻意的包容和放纵之下，把一个奸佞之臣能干的坏事儿基本上都干了一遍，最终竟然走到了谋反的道路上。

在胡惟庸到达临界点的那一刻，朱元璋果断地发起了攻势，开始彻底对胡惟庸和他所担任的丞相职务进行清算。

看来，没有文化的朱元璋，最起码是看过《道德经》的。

> 将欲歙之，必固张之；将欲弱之，必固强之。

将欲废之，必固兴之；将欲取之，必固与之。

是谓微明，柔弱胜刚强。

四两拨千斤，看来，这位大明帝王做到了。

相权和君权的斗争，在这一天终于落下了帷幕。

朱元璋很满意，他发自内心地感谢胡惟庸。

胡惟庸一死，朱元璋借势废黜了在中国历史上存在了千百年的丞相制度。

自朱元璋之后，天下再无丞相。

参考文献

1.《明史·卷一百二十八》

2. 朱忠文 . 胡惟庸案与李善长死因新探 .《VIP》，2016.

空印案：无解

明太祖朱元璋在位时期，明朝的首都是在南京。

朝廷规定，大明十三省的布政司、州县衙门，每年年底都要向户部呈送钱粮税赋，就是本地这一年的劳动所得，得及时上缴朝廷。一般不缴纳现银，而是上缴粮食。地方衙门每到年底都需要委派官员把粮食大小车辆地运到南京去，最后归入南京户部的库房。

乍一看这规定没什么毛病，但是实际执行起来，却有诸多不便。

江浙沪等地还好一点，一来离南京近，二来就算是不近的，也可以走水路，唐时“千里江陵一日还”，南京水路何其发达，运粮食并不难。

江浙沪无所谓，可是云贵川很疲惫，没别的原因，路不好走，而且也太远了。

云贵、两广、晋陕、四川，这些地方的官员们去一趟南京，那简直要蜕层皮。古代的环境，还比较原生态，比较自然，一路上翻山越岭还不算，往往还可能会被豺狼猛虎袭击、被蟒蛇毒虫肆虐，这还算好的，更有那害人的匪盗，抢劫财物，杀人性命，别说是朝廷命官了，皇帝来了也得留下买路财。

可是朝廷的命令不能违背，路难走，那也得走。其实最要命的不是这段路，因为路是人走出来的，千辛万苦总能抵达，万里之途始于脚下，真正让这些地方官焦头烂额的，是伴随着运粮而产生的一系列制度。

每年年末，地方衙门不仅要把粮食运到南京户部，还要把记录这一批粮食的收支账册也交上去，账册上是多少粮食，那么就要运来多少粮食，户部核对之后分毫不差，才能入库。

这个规定看似合理，防止贪污嘛，万一有人从中克扣，那账册就是凭证。可是朝廷只想到了反腐，没想到这个制度实际执行起来是很困难的，云贵川地区离得如此遥远，路途上危险系数如此之大，粮食在运输的过程中不可避免地会出现损耗。比如，你运了一千石粮食到南京，路上走了四个月，那这四个月，谁能保证马车上的粮食一粒都不掉？掉了这一粒，还有下一粒，陆陆续续，掉来掉去，那就积少成多了。有猛兽袭击，队伍一乱套，马车一颠簸，粮食又掉出不少，碰上大雨天，道路泥泞难行，有那么一袋子半袋子的粮食发霉了，那就要丢掉。运气特别不好的，直接让盗贼偷走两袋子，也只能自认倒霉。

以上这些，完全属于不可控因素，和运输粮食的官员是否尽心尽力没有太大关系，他尽心也会有损耗，不尽心更加有损耗。因此，几乎所有的地方官年末来运粮的时候，到了南京户部衙门口，都会出现实缴粮食和账册记载数量不符的情况，当然也不会差得太多，大概几十斤到几百斤不等，可是哪怕只是少了一粒米，一旦实缴数和账本数不相符，户部便不会让粮食入库。

地方官说，大人呐，我们来一趟不容易，您看就几斤的亏空，您睁一只眼闭一只眼不就过去了吗？

户部的大人一摸胡子，点点头说，我理解，我理解，但是我只能是理解，咱们不能破坏原则。亏空了，那就是亏空了，账本上写的是一千石粮食，可现在只拉来了九百九十九石粮食，实缴和账本不相符啊，我实在是不能给你入库。因为我给你入库了，你是没事了，朝廷追查起来，被砍头的可就是我了。

户部给出的建议只有一条，那就是地方官员拉着这些粮食打道回府，重新装车，重新造册，争取路上不损耗就成了。

可是谁都知道，“没有损耗”是不可能的。

一旦他们按照户部的官员给出的建议去做，往往就会陷入一种死循环。这趟回去了，装车再来，路上还是会有损耗，到了南京，户部还是不接收，那就还得再回去，回去之后重新装车，重新造册，再来南京户部，路上还是会不可避免地有损耗，户部还是不接收，那还得再回去……

周而复始，没完没了。

有读者可能说，这其实很好解决，有很多的办法，比如，可以临时在京师买点粮食，把实缴的粮食给补足，不就得了吗？

这种方法行不通，不仅因为现买的新粮和运来的旧粮在成色上有明显区别，而且本地的百姓和商户未必有胆量卖给你。因为，朱元璋治下的大明，全国范围内都布满了锦衣卫来监视臣民的一举一动，地方上的监视强度可能还没那么高，南京是明朝首都，朱元璋时刻严防死守，锦衣卫星罗棋布。据说锦衣卫神通广大，你白天在家见了什么人，皇帝晚上就能知道，你晚上吃了几个菜，没等天亮呢，菜谱就送到宫里了。

年末的运粮工作是朝廷的重中之重，地方官进京必然早就受到了锦衣卫的严密监视。地方官若去买粮食，钱还没掏出来，枷板就套头上了。

这个办法不行，还有别的办法，那就是提前预备好损耗的粮食。

如果你要到南京户部入库一千石粮食，你知道会有损耗，那你提前多装点粮食不就行了吗？你装一千一百石的粮食，就算路上损耗几十石也无所谓，反正有提前多装的粮食来兜底，到了南京之后，实缴的粮食肯定多过一千石啊。

这个办法看似可行，可实际上也不太行。

因为，地方衙门收上来多少粮食，那就应该是多少粮食，你想要多装一百石，那么这一百石谁出？

粮食，它不会凭空变出来。

若找百姓买，有被锦衣卫发现的可能，从别的地方调，那就是拆了东墙补西墙，到时候往南京运的粮食是不缺，可是本地府库县衙的粮食就会少，上头追查下来，还是不好交代。

退一万步来说，地方上能直接或者间接负责运粮的衙门和官员很多，大家办事都讲究遵守流程，严丝合缝，你想多装粮食，不见得所有人都会同意。

这个办法还不行的话，那就只能祭出最后的杀招了。

什么杀招呢？这粮食动不了，可以动账本，把账本改一下不就行了吗？

出发前，车上装了一千石的粮食，造册的时候也写了是一千石，到了南京户部之后发现有损耗，只剩下九百石。那好办啊，把账本上的数量改成九百石不就行了吗？朝廷早就料到了官员会有这一招，账本上的字迹写什么就是什么，不能再行涂改，如有涂改痕迹，一律视为篡改，篡改账本是什么罪过那不用多说，反正肯定没有人能够承担得起。

各种办法都试过了，都不行，逼得这帮地方官们无奈之下，只好想了这么一个辙子。

地方官在出发前，先在账本上扣上官府的大印，然后在账本上留空，什么都不写，或者干脆多弄几个账本，全都扣上大印备用，到了南京户部之后，剩下多少粮食，就在账本上填写上粮食的数量，这么一来，实缴和账本上的数量就一致了。

其实还有个更好的办法，那就是随身携带大印。因为账本毕竟哪儿都有，能让账本生效的办法就是扣上大印，随身携带大印，到时候直接买账本不就得了吗？

这是个好办法，可是大印并不是稀松平常的东西，只会留在官府里，负责运粮的官员们一般没有资格携带，就算有资格携带，也不能带，因为不仅上缴粮食需要用印，一个地方衙门事无巨细，都需要官印。

再者说，大印十分贵重，路途之上情况复杂，意外事件不断，若把大印弄丢了，后果谁来承担呢？

因此，地方官们只好多多携带已经提前扣好大印的账本，称之为“空印”。

这个办法，其实不是明朝官员首创，元朝的时候在官员们当中就已经普遍使用了，明朝的法律中也没有明确禁止制作这种有印章的空白账本，所以这个办法一经使用，快速推广，全国上下的官员都在底下这么干，户部也方便，地方官也方便，可以说是皆大欢喜。

要说谁不欢喜，那就只有明太祖朱元璋一个人不欢喜，因为这事儿别人都知道，就他不知道。

可倒霉的是，突然有一天，这事儿被皇帝给知道了。

朱元璋知道这事儿之后，异常震怒，皇帝二话不说，把使用过空白账本的官员全都处死了。可以说，这是结结实实的血案大案。

那为什么这种提高了官员办事效率、增加行政效能的事情会让皇帝震怒，并且把参与其中的人都杀掉了呢？

朱元璋的理由是：这些加盖有官印的账本，一旦丢失或者流落到民间，被不法分子所利用，就有可能危害社会。

居心叵测之人拿到这种有官印的纸张，胡乱写点什么，跑到衙门去要钱，跑到兵备道去调兵，天下不就乱套了吗？

其实，这很不现实。

因为当时的账本已经不是一页一页地盖，而是骑缝章了，得到一页两页的账本根本没用，就算整本账本都丢失了，账本也只是账本，又不是圣旨，它唯一的作用就是产生一本虚假的钱粮账册，除此之外别无他用。

而且，动辄几千名朝廷大员只不过因为便宜行事，使用了空白账本就要被杀掉，这也不怎么合理。

《大明律》和《御制大诰》都没有明确禁止这种行为，皇帝也从来没有说过这么做不行，既然“法无禁止则可”，纵然朱元璋是皇帝，也不能毫无理由、毫无根据就杀人啊？

当时很多官员对皇帝借空白账本的事情屠戮涉案大臣很不满意，纷纷上疏，但其实他们不知道，空白账本这事儿是否合理，是否有法可依，对朱元璋来说并不重要，整件事最关键的一点是，皇帝在整起事件中完完全全地被蒙蔽了。

全天下都知道底下的官员在使用空白账本，甚至已经使用了好几年了，为什么独独我朱元璋不知道呢？

朱元璋认为，是大臣们联合起来欺骗了自己。

封建帝制时代，皇帝是敏感而多疑的，任何的风吹草动都会撩拨起帝王那高度紧张的神经。

被欺骗，就代表了皇帝不知情；不知情，就代表了皇帝对治下的官员不了解。

这个出身赤贫的草根皇帝唯恐数以万计的大明官员们贪污腐败，所以官员们对他任何的不经事先禀告而擅自执行的行为都是致命的。

古代反腐倡廉的帝王有很多，可整治力度之大，几乎无出朱元璋其右者。

明太祖朱元璋规定，明朝官员贪污白银六十两以上就要杀头；百姓们发现官员贪污腐败，可以直接把官员绑了送到南京来治罪，皇帝会亲自受理；对于那些贪腐的官员们，绝不能手软，要把他们扒皮抽筋，剥皮实草，然后摆放到衙门口以儆效尤。

朱元璋反贪反腐的措施之严格，手段之狠辣，刑罚之残酷，杀人之数量，实属几千年封建历史之罕见。

他害怕空白账册会引起官员们集体性的贪腐，会在自己看不到的角落里滋生迫害百姓的苗头……

是啊，也只有他朱元璋，才会对贪污腐败如此仇视，如此痛恨。

他出身贫苦，是孤儿，做过和尚，当过乞丐，他深切地知道民间百姓的疾苦，知道贪官污吏会对生民进行怎样的迫害，所以他对子民们有一种发自内心的怜悯和同情，而对于皇帝本人来说，过去的回忆也一直萦绕在他的心头。

任何对往事的追忆都会引起帝王痛苦的痉挛。

元朝至正四年（1344 年），黄河决堤，淮河泛滥。朱元璋一家居住的安徽凤阳孤庄村正是受灾最为严重的地区，他们的生活本来就十分拮据，朝廷的赋税又极为沉重，贪官污吏还不断地从他们的手中搜刮钱粮，田地更是颗粒无收，这个赤贫之家已然崩溃。

四月初六，朱元璋的父亲饿死。

四月初九，朱元璋的大哥饿死。

四月十二，朱元璋大哥的长子饿死。

四月二十二，朱元璋的母亲饿死。

是谁害的？是贪官污吏害的，是残暴黑暗的统治者害的。

小朱元璋要的并不多，他只是想要一个家，家里有父母双亲，有兄弟姐妹，哪怕他们食不果腹、衣不蔽体，哪怕他们在官僚阶级的眼里只不过是砧板上的鱼肉，哪怕他们在有钱人的眼中不过是挣扎求存的下等人，哪怕他的家冬天漏风、夏天漏雨……

可是就连这么小小的、卑微的愿望，也破灭了。

老父老母用血汗耕耘，滋养了一辈子的土地庄稼，死了之后没有他们下葬的地方，而那些贪官恶吏从来不劳动，却可以过上锦衣玉食的生活……

这个堪称历史上出身最低，人生经历最丰富，最为人津津乐道的朱元璋，他击败了狡猾如陈友谅那般的枭雄，他推翻了残暴不仁的前朝统治，他收复了燕云十六州，他建立了空前强大的明帝国，他书写了自己的传奇，却从来都没有从那个骨瘦如柴的父母被活活饿死的雷电交加的风雨之夜中，走出来。

有生之年，君王要杀尽天下贪官，哪怕，他的愤怒和恐慌，不过是一种幻觉。

参考文献

1.《明史·卷一百三十九　列传第二十七》

2. 牟复礼，崔瑞德，张书生 . 剑桥中国明代史：Jianqiao Zhongguo Mingdai Shi：中国社会科学出版社，1992.

蓝玉案：大明天字第 1 号案

洪武四年（1371 年），对后洪武时代涌现出来的年轻将领蓝玉来说，是极为重要的一年。

元末明初将星璀璨，光是一个徐达就能盖了半边天，剩下的常遇春、张定边、朱文正也都是军中骁将，各有功绩。相比之下，蓝玉在这群人中，只能算作是一个不起眼的小兵。

常言道“有志者事竟成”“是金子总能发光”，但这些口口相传的人生哲理，在蓝玉的身上却并不存在。

前辈们所缔造的军事神话太过璀璨，这使得蓝玉如果想要成为后起之秀，几乎没有其他的选择，他只能默默等待。

在大明开国之后的很长一段岁月里，蓝玉能做的，只能是跟在这些前辈身后混日子。

洪武四年（1371 年），明军出征四川，居功至伟的，是大将傅友德。

洪武五年（1372 年），明军远征北元，他隶属于徐达的队伍，只不过是个小小的先锋官。

洪武十一年（1378 年），西藩叛乱，蓝玉作为副将跟随沐英开拔云南。结果沐英在这一战中表现出众，直接在云南封了王，自此留守当地，成为封疆大吏。

事实证明，吃苦受累的都是自己，封王赏爵的都是别人。蓝玉很不服，但不服也没有办法。

作为一个年轻人，他有雄心、有壮志、有胆识、有魄力，但唯独缺少了一个成就功名所必须的条件，那就是资历。

只要当年和朱元璋一起打江山的老前辈们不死，他就永远没有出头之日。但好在，蓝玉虽然没有资历，却有一门上好的亲戚。

明王朝的开国武将，数量繁多，但真正能做到声望出众的，只有两位。一位是中山王徐达，另一位是开平王常遇春。

这两位对朱元璋自然是忠心不二，但在对储君的态度上，却有着极为微妙的不同。

徐达的长女徐氏，是太祖皇帝朱元璋四子朱棣的妻子，所以徐达在一定程度上，更希望燕王朱棣能获得储君的位置。而常遇春的女儿则是太子朱标的妻子，所以常家理所应当地支持太子，是太子党的不二拥护者。

巧的是，蓝玉又是常遇春妻子的弟弟，那么蓝玉即为太子妃和太子的舅父。作为太子的舅父，蓝玉在政治倾向上，自然也是极力拥戴太子的。

不过话说回来，其实朱标的太子之位一直坐得很稳，他压根不需要这些形形色色的政治势力来巩固自己的位置。

作为孝慈高皇后的儿子，皇家的嫡长子，太祖朱元璋对太子朱标似乎有一种与生俱来的偏爱。

作为大明王朝的开国皇帝，朱元璋的生育能力显然非常强大。在他七十一年的悠长人生中，一共生育了二十六个儿子，这些儿子正如龙有九子，各有不同。晋王朱棡忠武，秦王朱樉暴虐，蜀王朱椿勤勉，韩王朱松擅诗文，宁王朱权统军有术，燕王朱棣智谋过人……

相比之下，太子朱标除了是皇帝的嫡长子之外，似乎并没有什么可取之处。论打仗，他不行；论文化，他也不行；论智谋，他还是不行。所以不管怎么看，他都不是朱元璋唯一的选择，也不是朱元璋最好的选择。

在大臣们眼里，燕王朱棣文武全才，平素有韬略，一向胸怀大志，更和中山王徐达有姻缘之亲，无疑是储君的更好人选，但朱元璋对燕王及其他的儿子永远只有一个态度，那就是：

赶紧长大成人，然后到各地就藩，世世代代拱卫皇权，世世代代辅佐你们的大哥朱标。

在臣子们眼里，皇帝舐犊情深，在立储之事上对朱标过于偏爱，但其实十分正常。

从元至正十一年（1351 年），刘福通、韩山童起义，到洪武元年（1368 年），朱元璋定鼎中原，建立大明，将近二十年的时间里，到处是农民起义、群雄割据，百姓饱尝战乱之苦，流离失所，家破人亡者比比皆是。

现在，大明鼎立，百废待兴。

在乱世，天下需要“朱元璋式”的人物，杀伐果决，残忍无情。但现在四方已定，人们不再需要寡恩刻薄、冷酷威严的统治者，人们需要的是仁主，是懂得与民更始、施恩于天下的帝王。自小深受儒学文化熏陶，性格温谦恭让，体恤官僚和臣属的朱标，无疑是最好的选择。

太祖皇帝不是没有考虑过燕王朱棣，在朱元璋的眼里，朱棣聪明、勇敢、果决、有城府，简直和自己是一个模子里刻出来的。如果在战争年代，他相信朱棣一定是一个很好的王。但在此时此刻，他真的会胜过太子朱标吗？他真的能比朱标更能施恩于民吗？

朱元璋不确定，或者说，朱元璋不敢冒这个风险。

否定朱棣或许能规避一定的风险，但选择朱标，却为朱元璋带来了更大的风险。

这源于朱标过于仁慈，但没有势力。任何一个没有政治背景和军事基础的储君上位，都是十分危险的。所以明太祖朱元璋决定，要为太子朱标精挑细选出一位武将，为他的帝王之路，保驾护航。而这个被选中的人，正是蓝玉。

当然了，君恩浩荡，但隐藏不露，皇帝虽然选中了蓝玉，但蓝玉却从始至终，都毫不知情。蓝玉感觉不到皇帝在政治棋盘上对自己的栽培，但敏锐地察觉到自己的仕途越来越顺了。

洪武二十年（1387 年），一直在征北大军里混日子的蓝玉突然被封为征虏左副将军，成为讨伐北元部队中的二把手。

如此火箭式的升级，蓝玉不得不重视起来。

自己当过大头兵，做过军中炊事，连扛旗的小兵也干过，自己曾经无比羡慕那些可以统军打仗的将领，而如今自己也成为这些将领中的一员。他的心情十分激动，他认为，这既是上天垂怜自己，更是君王看到了自己多年来的勤恳表现，所以，这个封王拜相的机会，是自己争取来的。

马有千里之程，非骑不能自往。人有冲天之志，非运不能自通。

现在，蓝玉十年磨一剑，等来了自己的好运。

洪武二十年（1387年），蓝玉北上，大破北元军队，俘虏北元将领纳哈出。洪武二十一年（1388年），蓝玉在捕鱼儿海（今贝尔湖）大破元军，获人、畜六万。洪武二十三年（1390年），湖北府和贵州府相继反叛，蓝玉一一平定。

领兵南征，北上破元，平定西南，蓝玉不负朱元璋的期望，在短短几年时间里，缔造了属于自己的战场传奇，更成为明王朝最为如日中天的将领。蓝玉的成长，朱元璋一直都看在眼里，是他给了蓝玉超越前辈的机会，将蓝玉一步步地送上后洪武时代武将的神坛。

而朱元璋做这一切的目的非常简单，那就是朱元璋明白，蓝玉是太子朱标的舅父，是坚定不移的太子党，蓝玉的强大，就代表了太子的强大。蓝玉会成为朱标的左膀右臂，更会成为太子朱标未来登基的雄厚军事基础。有蓝玉这样的悍将保驾护航，朱元璋足可安心了。

所以就算已经走到人生顶点的蓝玉开始出现一些为人臣的瑕疵，朱元璋也是可以忍受的。

开平王常遇春、中山王徐达接连因为年迈和伤病去世，宋国公冯胜战功赫赫，但被朱元璋屡屡猜忌，此后不得重用。蓝玉环顾四周，自己居然成为明朝军事力量里的中坚人物。

在确信了自己的主导地位之后，蓝玉有点膨胀了。

他自恃功高，屡屡犯下不法之事，例如蓄养庄奴、广收义子、擅结党羽、抢占民田，被朝廷里的几位御史盘问，蓝玉竟勃然大怒，将御史用棍棒打散。

一次北征漠北返程，只因守关的将领开门时稍有怠慢，蓝玉暴怒，竟然纵容兵士毁坏城关，破门而入。他大破北元军队，却不优待俘虏，反而以帝王之师，在战场上败坏德行，奸淫了北元皇帝的妃子，以至于这位元妃羞愧自尽。

朱元璋念他有功，对这些罪行都进行了宽恕，不仅不罚，还封他为太子太傅，但蓝玉却十分不满，当众叫嚣道：

太傅算什么？难道我不能做太子太师吗？

朱元璋是什么人物，朱元璋又是什么样的君王呐。

他曾经亲自制定《大明律》和《御制大诰》，对明王朝的文武百官有过极其严苛的为官规定和约束，严苛到官员只要贪污白银六十两以上，就会被斩首示众。剥皮实草，缚官面圣，朱元璋在打击官员骄纵不法的问题上，是从来都不会心慈手软的。

别的不说，就是和朱元璋关系最为亲近的淮西功臣集团，因为这些开国功臣的小小瑕疵，被朱元璋抓住把柄，送上西天的，就不在少数。

但奇怪的是，眼睛里素来容不得沙子的朱元璋，却对蓝玉这个狂妄至极的武将容忍到了极点。

对朱元璋来说，这是没有办法的事儿。

蓝玉是他为太子朱标亲自培养的势力，他没有自断臂膀，自毁儿子前程的道理。更何况，如今蓝玉有罪于朝廷，他日太子登基，便可以此罪，施恩于蓝玉。如果一切顺利，自己龙驭上宾之后，太子朱标将会携手蓝玉，将明王朝的发展推上另一个高度，一个连自己都无法企及的高度。

但很可惜，历史没有如果，历史充满了意外。

洪武二十五年（1392 年），在没有任何预兆的情况下，太子朱标偶感风寒，几日病重，居然在仓促之间就薨逝了。

荏苒冬春谢，寒暑忽流易。之子归穷泉，重壤永幽隔。

对朱元璋来说，这实在如晴天霹雳一般。

朱元璋虽然是大明的开国皇帝，九五之尊，天子之体，但他不免有几分可怜。朱元璋早年丧父丧母，中年丧妻（马皇后），晚年丧子，回首这一生，他已经失去了太多的亲人。

身为帝王，面对这一连串的亲人崩逝，他十分伤感。作为一个从底层，从最为卑微的乞丐一步一步爬上来的统治者，朱元璋已经经历了太多。

帝王之心早已如磐石般坚硬，他明白悲伤和哭泣解决不了任何问题，但在史书

的记载中，我们还是可以看到，在妻子和儿子离去的那些日夜里，“夜帝恸哭，不能自已”。

在朱元璋为人君的时代里，他曾经好几次想要发起政治清洗，诛灭那些自己看不惯，抑或对皇权有威胁的人，多倚仗马皇后和太子朱标的劝谏，这才止住了他杀伐的脚步。

而如今，马皇后和朱标已然离世，这一柄寒冷彻骨的天子剑，再无剑鞘。

朱元璋从悲痛中走出来，很快做了一个十分重要的决定，那就是改立太子朱标的长子，皇长孙朱允炆为储君。

他绕开自己的儿子而选择长孙为帝的原因我们无从得知，也许是因为朱允炆继承了父亲仁爱宽厚的性格，被朱元璋倚重，也许是朱元璋的儿子们始终没能得到父亲的重视和信任，也许是朱元璋对朱标的死，一直意难平。

但无论如何，朱允炆成了新的继承人。

而这个决定，将会彻底改变两个人的命运，第一个人，是燕王朱棣，第二个人，是大将蓝玉。

靖难之役的故事同样精彩，但很可惜，本篇文章的主人公，是这个传奇的大明战神蓝玉。

此时的蓝玉，仍然沉浸在自己位极人臣的快乐状态中，他丝毫不知道，自己已然屠刀悬颈，马上就要引颈受戮了。

洪武二十六年（1393 年），早朝，南京皇宫的奉天殿。

朝阳沐浴大地，映照出皇宫中龙盘虎踞的气象，更使得这些恢宏气派的皇家建筑群肃穆无比。

奉天殿上，文武群臣各列两排。最高处，端坐着大明王朝的最高统治者——朱元璋。

阳光勾勒出这位传奇帝王有些疲惫的身形，此刻，他已经不再年轻了。

但帝王的眼神扫视过奉天殿的每一处角落，似乎能让这世间所有的藏污纳垢之辈，无处遁形。

这一天的早朝，只有一个人上了奏折，此人名叫蒋瓛。

蒋瓛，洪武年间出生，时任锦衣卫都指挥使。他在朝堂上单刀直入，控诉武将蓝玉谋反。

百官十分诧异，大臣们一脸惊骇，当事人蓝玉更是一脸不可置信的神情。

若蒋瓛控告蓝玉贪赃枉法、纵容行凶、侵占民田、强抢民女等事，也能查有实据，因为这些事儿蓝玉的确做过。但蒋瓛控告蓝玉谋反，这完全属于诬告。

蓝玉的神情很快变得胸有成竹的平静。在蓝玉看来，这朝堂上的小小变故，只不过是小锦衣卫蒋瓛无事生非罢了。即便有官员们拿着实证去弹劾自己的过失，也没有什么大不了的。自己把一生都奉献给了大明王朝，在漠北平定北元，甚至在一定程度上消除了北元的政治体系，去除了朱元璋的一块心病，如此功绩，皇帝一定会因功而宽宥自己。毕竟，朱元璋向来对自己多有袒护，又何况是这小小的锦衣卫子虚乌有般提出来的谋反呢？

蓝玉可以拍着胸脯保证，自己无非有些小奸小恶，他对朱元璋绝对忠诚，可以说是肝脑涂地，至于谋反，纯属污蔑。朱元璋兼听则明，一定能明辨是非曲直，还自己一个清白。

但蓝玉不知道的是，今时不同往日了。

锦衣卫蒋瓛的控告话音未落，奉天殿外立刻涌进几十个亲兵，不由分说地把蓝玉按在了地上，令他不能动弹。

朱元璋当场宣布，蓝玉谋反之罪确凿，革除一切功名，下狱处死。

朱元璋对蓝玉的处罚令蓝玉异常惊讶，他实在无法想象，自己居然会因为一个小小的锦衣卫的污蔑，就落得一个身败名裂、身首异处的下场。

事实上，在那一天早朝，皇帝不仅决定了蓝玉最终的命运，更是拔出萝卜带出泥，诛灭了一大批和蓝玉谋反有牵连的官员。细细算来，竟然有一万五千余人跟着蓝玉一起被朱元璋杀掉。而不出意外的是，这一万五千多人，基本上都是朱元璋曾经悉心栽培，打算留给太子朱标的政治班底。

事情发展到这一步，洪武年间最为震慑人心的“蓝玉案”的真相，终于浮出了水面。

太子朱标如果能成为皇帝，那么蓝玉将会成为后洪武时代屈指可数的功臣。因为朱标虽然仁慈，但却并不软弱，他有能力管理和牵制蓝玉这样的悍将，而经朱元璋悉心培养和调教的蓝玉，也必然会为明王朝做出更大的贡献。

可如今，太子朱标已经死了，新的领导人，是懵懂无知的皇长孙朱允炆。

年幼的朱允炆没有父亲的能力和手段，更没有御人有术的魄力，他能控制和管理像蓝玉这样手握军权、拥兵自重的大臣吗？自己故去之后，万一蓝玉起兵谋反，朱允炆能抵挡得了吗？自己这个稚嫩的小孙子，能料理好这些原本属于他父亲的班底吗？朱元璋没有这个信心。

所以，当年他呕心沥血为太子朱标建设的政治堡垒，到如今反而成了皇长孙朱允炆的政治囚笼，成了这位大明储君最大的威胁。

蓝玉啊蓝玉，你是冤枉的，朕打心眼儿里知道这一切。

非你不忠，非我不明，你的清白在奉天殿上，我们朱家千秋万代的江山，也在这奉天殿上。

为了新朝，为了新帝，蓝玉，你必须死！

蓝玉，这位可谓是有明以来最为权势滔天，后洪武时代能力最为出众的大明战神，就这样被送上了断头台。

当年在军营里做马夫，做炊事兵，做掌旗兵的艰难岁月；当年获得领军大权，在捕鱼儿海横刀立马，建功立业的传奇人生；当年功盖春秋，魁柄独持，为君王所倚重的巅峰时代……结束了，一切都结束了。

一路走来，蓝玉曾经看尽了世间百态，看遍了世间繁华；一路上，他见到过金戈铁马和花团锦簇，那一夜，他也曾梦见百万雄兵。

参考文献

1.《明史·卷一百三十二　列传第二十》

2.《逆臣录》

3.《明通鉴》

郭桓案：大明王朝如何走出腐败的泥沼

也许，冷酷无情的朱元璋从来没有从那个风雨之夜中走出来。

洪武十八年（1385年）夜，南京皇宫仍然难掩它的气派和辉煌。作为当时世界上最大的皇家宫殿建筑群之一，明清宫殿的范本，北京故宫的母本，南京皇宫的恢宏俨然是黑夜里的一抹亮色。

东有文华，红墙绿瓦；西有武英，雕梁画栋；左祖右社，龙盘虎踞，面朝后市，鼎盛春秋。

一弯新月划过精致的角楼，给高墙内披上了一层朦胧的纱。

时间已经很晚了，但这座宫殿的主人，明太祖朱元璋，却仍然没有休息。

通过现有的朱元璋画像，我们大概可以知道，朱元璋长得并不是很好看。皇帝虽然长得不太行，但兀自透露出一股威严而不可冒犯的神态。

而此刻的朱元璋怒目圆睁，厚厚的嘴唇轻微发抖，双手更是止不住地颤抖，已然是盛怒至极的表现。

桌子上，是锦衣卫北镇抚司呈送上来的一道奏疏，其中详细地汇报了一桩惊天要案。

户部侍郎郭桓贪污腐败，数额巨大，已经到了令人发指的地步。

看着一句句触目惊心的案情详述，朱元璋青筋毕露，目光如电如炬，已然要喷出火来了。

终于，这位大明帝王调整心情，深吸了一口气，合上奏疏，转而坐在椅子上，开始闭目养神。

很安静，整个南京皇宫都很安静，安静到朱元璋只能听到自己的呼吸声。

“溪云初起日沉阁，山雨欲来风满楼。”朱元璋知道，这是暴风雨来临之前，自己最后的平静了。

他闭上双眼，却没来由地想起小时候，自己经常做过的一个梦：梦里，满桌子的美味佳肴，琳琅满目，馒头、花卷、米饭，要多少有多少。

老实说，梦到的其实都是一些粗粮，但朱元璋也没见过什么别的好吃的，在他的心里，在他的梦里，这就算是上等美味了。

不过这么美好的梦，总会突然醒来。醒来之后，朱元璋就立刻回到了他那个冬凉夏暖，一贫如洗的家这一现实。

馒头？花卷？想太多了！有口草根树皮吃就不错了。

朱元璋当了皇帝之后，总算不缺馒头吃了，他大可以拿起刚出笼的馒头，想蘸白糖蘸白糖，想蘸红糖蘸红糖，但他还是经常会做梦。

在梦中，他反而会时不时地回到濠州（今安徽凤阳）钟离那个家徒四壁的屋子，接着映入眼帘的，就是他的父母、兄弟姐妹，被活活饿死的惨状。

在元朝末年，朝廷的官僚机构已经腐朽到了无法想象的地步。

他们贪腐成性，拼出吃奶的力气来压榨百姓，然而天公不作美，一波接一波的蝗灾、洪灾、旱灾、瘟疫更是把朱元璋一家逼上了绝路。

朱元璋清楚地记得，在那样的大灾大难之下，他的家人们很快撑不住了。

那是在并不遥远的元朝至正四年（1344 年），四月初六，父亲饿死；初九，大哥饿死；十二日，侄子饿死；二十二日，母亲饿死。

朱元璋的姐姐已经嫁人，三哥迫于生计，去做了上门女婿，事到如今，这个原本热闹的家庭只剩下朱元璋和他的二哥。

面对这样的惨剧，朱元璋手足无措，他只能用哭泣来表达自己的心情。

可眼泪向来不是万能的，眼泪通常是无能的。

哭泣的确可以发泄情绪，但眼泪哭完、哭干之后呢？怎么办？

直到这个时候，朱元璋才明白，哭泣是解决不了任何问题的。

于是，他擦干眼泪，拖着父母亲的尸身，找到了地主刘德。

父母是刘德的佃户，为刘德打了一辈子的工，没有功劳也有苦劳，所以朱元璋想要在刘德这里讨一块土地，用以安葬父母。

刘德呢，对朱元璋的孝心十分理解和佩服，然后干脆利落地拒绝了他的请求。

望着一望无际的田垄，朱元璋再一次流下了眼泪。他的确明白哭泣不能解决任何问题，可是他除了哭泣之外，也没有什么能做的了。

朱元璋实在不明白，这个世界的运行规律，为什么会是这样的？

自己的父母在土地上辛苦劳作了一辈子，居然会被活活饿死，居然会在死后连入土为安都做不到。

> 田主德不我顾，呼叱昂昂，既不与地，邻里惆怅……仰天茫茫。既非可倚，侣影相将。
>
> 突朝烟而急进，暮投古寺以趋跄。仰穹崖崔嵬而倚碧，听猿啼夜月而凄凉。
>
> 魂悠悠而觅父母无有，志落魄而泱佯。
>
> 西风鹤唳，俄淅沥以飞霜。身如蓬逐风而不止，心滚滚乎沸汤。（《御制皇陵碑》）

这是朱元璋后来能吃饱饭之后，对这段岁月的回忆。

亲人为什么一个个都离自己而去？父母为什么暴尸荒野？自己又为什么沦落到家破人亡的地步？他明白，除了天灾之外，最重要的原因，就是官僚阶级的贪污腐败。面对天灾，百姓们尚且可以忍受，因为天灾总会过去，但官僚们的贪欲，却是无穷无尽的。

洪武十三年（1380 年），为了废黜丞相制度，更为了消灭胡惟庸这个巨贪，数万人人头落地。洪武十五年（1382 年），地方官员钻了空白文书的空子，有陋规窝赃之嫌疑，挑动了朱元璋敏感而不安的神经，又是几万条人命被送上了西天。

为了反贪，朱元璋规定贪污白银六十两以上即遭斩首。为了反贪，朱元璋规定老百姓可以徒手把贪官绑了，送到南京城来治罪。为了反贪，朱元璋命人把贪官污吏的人皮做成稻草人，放在县衙门口。

为了反贪，朱元璋不停地杀人。但现在看来，收效甚微。

锦衣卫上报的案情，户部侍郎郭桓是主谋，此獠胆大包天，私吞粮饷，数额巨大，已有数年之久。

郭桓私吞粮食的方式十分简单，他联合全国各地的数十位布政使，直接篡改账册上的数字。比如，南直隶应缴纳粮食一万石，地方官员和郭桓沆瀣一气，将一改成十，反正就是竖着添一笔就得了，一成了十，那么官员收上来十万石粮食，给朝廷上缴一万石，剩下九万石，各级官员自然可以中饱私囊。

几年时间，通过这种简单到甚至不用脑子的贪污手段，官员们居然贪污下了两千四百多万石粮食。

在朱元璋看来，这样的贪污手段不仅简单，而且摆明了是在侮辱自己的智商。

户部侍郎，这是朝廷的正三品大员，而布政使司，总揽当地财政和民生，那可是百姓们的父母官呀！

可恶！可恶！实在可恶！既然如此，那就杀吧！

于是，郭桓死了，各地的布政使死了，跟案件有关的官员们也死了。

但奇怪的是，贪污并未因此终止。

上到朝廷大员、皇亲国戚在贪污，下到芝麻小官、寻常小吏也在贪污。他们疯狂搜刮民脂民膏，变着法地从老百姓的手里搂钱，而这样的行为，深深地刺激到了朱元璋。

在明朝的史料中，我们看到，朱元璋似乎每一天都在杀人，他对贪官毫不留情，毫不手软，甚至一度诛杀到了官位空缺，官员不够用的地步。

大臣们每天上朝之前，都会和家里人亲切地告别，甚至流下不舍的眼泪，因为他们永远不知道，在奉天殿上，在朱元璋的审视和刀剑之下，明天和意外，究竟哪一个会先来到。

朱元璋看着他们，似乎又陷入了深深的回忆之中。

元末的天灾之下，父母亲尚能过活，他的父亲朱五四是个老实巴交的农民，一辈子没干过什么坏事儿，每天辛勤地在土地上挥洒汗水，他的母亲陈二娘在家里操持生计，一众儿女都是由她拉扯大的。他家虽然贫穷，但一家人十分相爱。父亲偶尔会从地里给朱元璋抓一只蜻蜓回来，母亲则会尽最大的努力，去邻居家借米，去村子外讨饭，让朱元璋吃上一口热乎的饭。

诚然，他们要的并不多，他们只不过是想要活下去，哪怕是没有人样、毫无尊严地活下去。

但因为元末的黑暗统治，贪官污吏的迫害，这样一个只拥有卑微求生信念的家庭，破碎了。

这篇之前，已经写了胡惟庸案、空印案、蓝玉案，郭桓案是明初四大案的最后一篇。

写到最后一篇，尘埃已经落定，很多隐情和真相，都已经浮出水面。

而此时此刻，或许我们也大概能明白，朱元璋其实并非变态，也不是屠夫，在这些血案之下，不是一个手握屠刀的朱元璋，也不是一个冷酷无情的大明帝王，而是一个脆弱的、怆然的普通人家的苦孩子。

是的，朱元璋从来都没有从家中多人惨死的那个夜晚走出来。

父母亲骨瘦如柴，活生生饿死的一幕不断在这位大明帝王的脑海中浮现。

挥之不去，永难忘怀。

他杀过很多人，有无辜受戮的，有罪有应得的，但无论他杀多少人，制造多少起这样的惊天大案，也无法平息这位大明开国皇帝心中永远的痛。

魂悠悠而觅父母无有，志落魄而泱佯。

参考文献

1. 朱元璋.《大诰·郭桓造罪第四十八》

2.《明史·卷三十三》

3.《明史·刑法志二》

4.《明史·卷九十四》

梃击案：真相早已明了

万历四十三年（1615年）五月初四，黄昏。

日头西沉，最后一缕余晖尚未从紫禁城的身上褪去，远眺这一片宏伟的皇家建筑群，似乎被落日笼罩上了一层厚重的丝绸。

> 临漳水之长流兮，望园果之滋荣。
> 立双台于左右兮，有玉龙与金凤。

很多年过去了，很多东西都物是人非，但紫禁城却似乎从未更改过它的本色。

《明季北略》：初万历四十三年乙卯五月初四日，蓦有男子闯入东宫……

在紫禁城东华门，三座门迤北的慈庆宫，也就是今天的南三所，一个鬼鬼祟祟的男子手持木棍，三步并两步，推开宫门，十分轻松地进入了慈庆宫内。

此时的慈庆宫，是大明皇太子朱常洛的居所。太子住的地方，防范想必是相当森严的。但奇怪的是，今天的慈庆宫，宛若无人之地，安静得很。男人能听到自己的脚步声，能听到自己的心跳声，能听到参天古树的落叶掉落在地上的声音。

在狭长的甬道上，男人就这么走着。看得出来，他对慈庆宫十分熟悉，弯弯绕绕，一点也不迷糊，直奔太子朱常洛的居所。

眼见离太子的居所只有几步之遥，男人的目光开始变得越来越凶狠，越来越炙热，而就在他要推开房门奔入内廷时，几个路过的宫女和宦官却喝住了他。

“什么人！”

“干什么的！”

“还不赶紧给我住手！”

面对众人的呵斥，男人丝毫不惧，反而转身，抄起手中碗口粗细的木棍，发疯一般的向众人打去。

《明史》：蓟州男子张差持梃入慈庆宫，击伤守门内侍……

这帮宫女宦官，那都是骨瘦如柴、弱不禁风，哪儿经得起这么一顿打，纷纷作鸟兽散，但这一番打斗很快惊动了不远处正在巡逻的侍卫。

伴随着甲胄碰撞的声音，几名侍卫操刀持剑，赶奔过来，很快把男人按倒在地，令其不能动弹。

“神秘男子手持木棍击伤众人，原因竟是……”放到今天，这种标题一发出来，也是够唬人的。所以在古代，皇宫之中发生了这么一档子事儿，必然会引起相当程度的重视。

慈庆宫的乱局很快传到了万历皇帝朱翊钧的耳朵里，他对此事十分重视，立刻要求有关部门进行调查。

第一个负责本案的人，是御史刘廷元。御史，还是京官，那肯定不是等闲之辈。刘廷元大案要案也办过不少，可以说有着十分丰富的预审经验。但奇了怪了，面对眼前擅闯慈庆宫的男子，刘廷元除了审出这人叫张差，是蓟州井儿峪人之外，基本上一无所获。这倒不是因为刘廷元的手段不够硬，而是因为张差似乎有点精神错乱，除了交代自己的姓名地址之外，一直在颠三倒四地说胡话。

御史刘廷元疏言迹涉风魔。（《明季北略》）

按其迹，若涉疯魔，稽其貌，的是黠猾。(《先拔志始》)

刘廷元不灰心，又接着审了张差好几个小时，结果张差就是摇头晃脑，装傻充愣。最终，刘廷元一无所获，只好把张差移交到了刑部。

没有金刚钻，别揽瓷器活，所谓术业有专攻，审案这种事儿，还是刑部更专业。刑部负责提审张差的，是郎中胡士相。

刑部大牢阴森可怖，下了大狱，张差可就有点怕了，所以还没等胡士相提问，张差就开始主动交代。他告诉胡士相：我被邻居李自强和李万仓等人欺辱，他们欺负我老实本分，烧掉了我堆积在自家后院的柴草，我十分气愤，打算进京告状，找青天大老爷击鼓鸣冤。之后我辗转来到京城，稀里糊涂地进了皇宫，由于我不认得路，只好瞎转悠，转悠来转悠去，碰到两个男子，他们给我一根木棍，告诉我只要拿着木棍就能申冤，我也不知道怎么回事啊，我也很蒙啊。最后误打误撞就跑到慈庆宫里，误伤了很多宫女宦官，这才被捉住。

胡士相一听，恨不得立刻跳起来教训张差一顿。

胡扯！拿刑部当幼稚园呢？拿刑部官员当傻子糊弄呢？

闹了半天，张差擅闯皇宫，打伤众人，还意欲谋害太子的原因，是因为自家柴火垛烧了，申冤无门，误打误撞发生的意外事件。

胡士相气坏了，他认为自己碰上了一个十分难缠的人犯，但问题在于，不管接下来胡士相怎么审，张差来来回回就是这么一段故事，别的什么也不肯说了。审讯工作，至此陷入了僵局。

郎中胡士相原本是做文书工作的，在审案这块自然不那么专业。所以几天过后，刑部换掉胡士相，又另行安排了刑部提牢王之寀审讯张差。

一般情况下，对于这种装傻充愣，虽然十分配合，但满口谎话的人犯，想要从他们的嘴里撬出点东西来，那是十分困难的。

要软硬兼施，要语言诱导，要心理施压，反正整个过程很复杂，不历经一番波折，想要让张差就范，那是很难的。

在提审张差之前，王之寀基本上是全副武装了，能带的家伙基本上全都带上了。他本来以为要打一场苦仗硬仗才能有所收获，但让他没想到的是，张差这个人，实在有点搞笑。

因为王之寀在见到张差之后，并没有采取任何刑讯逼供的手段，只是说了一句话，张差就全都撂了，就范了。

正好赶上监牢放饭，王之寀提着饭菜，吓唬张差道：

> “实招，与饭吃；不招，饿死。”（《先拔志始》）

你要是老实交代，就有饭吃；如果不老实，不交代，那就把你饿死。

张差一听要把自己饿死，急了，啥也顾不上了，立刻就交代了。人是铁，饭是钢，一顿不吃，饿得慌。

大快朵颐之后，张差终于说了实话。他告诉王之寀，自己的确是叫张差，也的确是蓟州井儿峪人。只不过，他家的柴火垛没有被烧，他也不是过来申冤的。

一个月前，他在济州附近做小生意，赚了些钱，但很快赌输，正愁没钱回家，遇上一位老太监，老太监说帮他办件事儿，只要办成，不仅给钱，还能给三十亩地。

张差一听有这好事儿，立刻就答应了。

之后，老太监把张差带入京师，安排到一处宅子里住下，日日供酒肉吃喝。不久后，又把张差带入紫禁城，给了张差一根木棍，又指使张差到慈庆宫里见人便打，尤其是看到穿黄袍的，要是能乱棒打死，事成之后重重有赏。

张差话音刚落，王之寀头就大了。张差说得很多，但王之寀的注意力全都集中在了“穿黄袍”三个字上。紫禁城里能穿黄袍的，不是皇帝，就是太子。这老太监不就是在指使张差谋杀太子吗？这不是买凶杀人，是什么？

监牢里一方小小的窗户透过稀疏的阳光，照在了王之寀十分凝重的脸上。

他知道，自己现在经手的这一桩案件，已经不仅仅是一桩私闯宫闱案，而是变成了一桩谋害太子的惊天大案。

然而，当王之寀追问这个和张差接触的老太监是谁的时候，张差却不说了。

差一点，就差这么一点点。

刑部当然不肯放弃这个深挖案情的机会，他们立刻换下王之寀，换上了审讯手段更厉害的员外郎陆梦龙。相比之刘廷元的突击审讯，王之寀的威逼手段，陆梦龙很显然已经摸到了大明刑侦的终极形态，那就是利诱。面对“死猪不怕开水烫”，宁死也不交代真相的张差，陆梦龙没有严声呵斥，也没有拍桌子大呼小叫，更没有严刑逼供，面对张差，他只是十分温和地说了一句话：只要交代出老太监是谁，老太监给你一百两，我们给你一千两，老太监给你一千两，我们给你一万两。

因为陆梦龙知道，张差这种人，是没有原则的，而对付没有原则的人，就要比他更加没有原则。

我不跟你聊案件，我来跟你谈生意。如此利诱，张差果然心动了。他不仅交代了老太监的名字，出于对陆梦龙的感激，他还附送了另外一个之前没有交代过的老太监的名字，一曰庞保，二曰刘成。

听到两个太监的名字，所有在场刑部官员的脸色，可就都变了。他们纷纷倒吸冷气，因为他们意识到，事情再度升级，这已经不仅仅是谋杀太子的要案，而是一场事关大明江山社稷的储位之争。

庞保和刘成，他们不是普通的太监，他们是万历宠妃郑贵妃的亲信，整个紫禁城都知道，庞刘二人，是郑贵妃的心腹。现在，所有的线索，都指向了郑贵妃。

陆梦龙陡然想到，明王朝的宗法继承制度，是“有嫡立嫡，无嫡立庶”。也就是说，如果皇帝有嫡子，那么就立嫡子中最年长的为太子，如果皇帝没有嫡子，那么就立庶子中最年长的为太子。

万历没有嫡子，因此庶长子朱常洛才能成为太子。但关键在于，万历皇帝素来宠爱郑贵妃，也顺带着偏袒郑贵妃的儿子福王朱常洵。万历皇帝一直想要把朱常洵立为太子，但奈何朱常洵是庶六子，因而遭到朝臣们的反对，这才只好作罢。

宗法制度是万历和郑贵妃无法逾越的大山。如果郑贵妃还是一心想要废长立幼，把自己的儿子朱常洵推上储位，那么她唯一要做的，就是除掉朱常洛。只有除掉朱常洛，朱常洵才有机会。而现在，意欲谋杀太子的张差的幕后主使，居然还真就是郑贵妃的亲信。区区两个老宦官，他们和太子什么仇什么怨，他们有什么理由非要杀害太子？又或者说，以他们的魄力，他们敢做出这种悖逆不道的事情来吗？

刑部的调查有了结果，立刻在朝野间予以公布。

结果一经公布，立刻引发了朝野上下的轩然大波，无论百官还是百姓，都开始议论纷纷，并且逐渐把矛头指向了郑贵妃。

这还用想吗？这还用猜吗？郑贵妃指使手下的太监买通凶犯张差，想要利用张差除掉太子，从而拥立自己的儿子上位。其心何其狠辣，其心何其歹毒啊！为达目的不择手段，郑贵妃可真是心如蛇蝎啊！应当废黜她的贵妃之位，打入冷宫，永生禁足！

坊间议论纷纷，刑部的调查也基本上坐实了郑贵妃的罪名。退一步说，无论这事儿是不是郑贵妃干的，此刻，她都不可避免地陷入了慌乱之中。不过，郑贵妃毕竟在后宫混迹了这么多年，总还是有点手段的。

事发之后，她没有去刑部申冤，也没有散布谣言扰乱视听，而是直截了当地找万历皇帝开恩。

郑贵妃深知，大明朝是万历皇帝说了算，刑部再怎么审，别人再怎么说都没关系，只要万历皇帝站在自己这边，袒护自己，那自己就啥事儿也没有。

于是，郑贵妃披头散发、梨花带雨地跑到万历皇帝面前求情，表示自己是冤枉的，皇帝可一定要替自己做主啊。

以前，吹吹耳边风，撒撒娇，装装可怜，对皇帝来说，那是十分好使的，但今日却不同往日了。

面对郑贵妃的恳求，万历板起脸，只说了这么一句话：

> 外廷语不易解，若须自求太子。(《明史列传》)

皇帝表示，现在群情激愤，事情发酵得太严重了，我实在是不便替你说话，想要平息此次事件，你还是去找太子说情。

其实，事情发展到这一步，万历皇帝早就明白了这一切是怎么回事儿。世人都知道这事儿是郑贵妃干的，可问题是，郑贵妃是自己最宠爱的女人，自己真的要把郑贵妃交出去，把郑贵妃法办吗？扪心自问，朱翊钧做不到。不过，他虽然做不到从严法办郑贵妃，但同样也做不到站出来袒护郑贵妃。因为郑贵妃这件事儿的性质实在是太恶劣了。这不是后宫吃醋风波，也不是什么后妃争宠事件，而是谋杀太子的惊天大案。

刑部已经拿出了翔实的证据，如果真要上纲上线地追究，郑贵妃万死莫辞。这个节骨眼儿上，如果皇帝公然偏袒郑贵妃，替她说话，大臣们会怎么看待万历，百姓们会怎么议论万历？史官们到时候又会怎么记载万历？

他们大概率会认为万历是一个是非不分、罔顾事实、不尊国法、只顾私情的昏庸之主，后世的史官也会给万历记上一笔烂账，到时候因小失大，万历跳进护城河也洗不清了。

但话又说回来，皇帝和郑贵妃一日夫妻百日恩，百日恩情似海深。两人毕竟是有感情的，对于郑贵妃处于舆论旋涡，饱受非议的遭遇，万历也是十分不忍的，所以就算他再想明哲保身，还是要为郑贵妃指出一条明路：

所谓“解铃还须系铃人”，这事儿只要当事人朱常洛不追究了，那么别人就没什么好说的了。

没办法，郑贵妃来不及换装，只好再次披头散发、梨花带雨地跑到太子朱常洛的寝殿中，见了朱常洛，那是一把鼻涕一把泪，一边哭一边表示自己和此事无关，自己绝对是出水莲花，绝对清白。

看到郑贵妃的到来，朱常洛也很快明白了——那个素来不喜欢自己，不关心自己的父亲，这回同样也没打算替他申冤，为他讨回公道。父亲让郑贵妃过来，无非是希望自己松口，给他个面子，保下郑贵妃。

想到这些，朱常洛只能苦笑一声。他慢慢地扶起郑贵妃，又躬身施礼，缓缓说道：“我会让刑部尽快结案，只处置张差，不会牵连其他人。”

太子的意思也很明显了，黑锅全让张差背，至于别的什么所谓幕后黑手，其他线索，都不再追究了。

慈庆宫外落日熔金，烟波浩渺，一派波澜壮阔的景色，伴着郑贵妃淅淅沥沥的哭声，飘向远方。

事情，终于算是尘埃落定，步入尾声了。不久之后，张差被处死，案件告结。

这个家伙临死之前十分不忿，还留下了这么一句话：

> 同谋做事，事败，独推我死……（《先拔志始》）

这么多人合谋做下这起惊天大案，现在事情败露了，你们都选择明哲保身，独独把我推出来认罪受死……

其实，张差身上的这口锅，所有人都知道是黑锅，但所有人都心照不宣地选择了缄默。大臣没意见，太子没意见，万历皇帝也没意见，既然人家都没意见，那我们的意见，又算什么意见？

张差死后，万历皇帝为了保险起见，很快又把涉案的宦官庞保、刘成二人秘密处死，而直到这一步，所有和“梃击案”有关的犯罪嫌疑人，全都领了盒饭。

死无对证，这桩要案，彻底成了悬案。

当然，是一桩所有人都知道真相的悬案。

太和殿陷入昏暗，紫禁城重归平静，一轮明月洒下皎洁的月光，给这古老而庄严的皇家宫殿，洒下了独属于它的朦胧面纱。

参考文献

1.《先拔志始》

2.《明史・光宗本纪》

3.《明史・神宗本纪》

4.《明季北略・卷一》

朱常洛之死与红丸疑云

万历四十八年（1620 年）八月初一，明朝的倒数第三位皇帝明光宗朱常洛登基了。

皇帝登基，这在历朝历代都是大事儿，史官肯定会详细记录。我们通过史料的记载得知，朱常洛登基这天，面色红润有光泽，走路虎虎生威，仪态从容自若，可以说是满面春风。

朱常洛登基的时候还不到四十岁，而且从他登基大典当天的表现来看，他的身体素质是非常不错的。

在有关朱常洛登基之前的记载中，我们没有看到朱常洛患过什么急性疾病或者什么慢性病，诸多迹象表明，朱常洛当时是健康的。

可是让所有人意想不到的是，登基大典不过十天，也就是八月初十，朱常洛就病倒了。

而且，还不是头疼感冒这种小病，而是几乎到了卧床不起、水米不进的地步，俨然已经危及生命了。

一个好好的大活人，十天时间突然就病了，所谓事出反常必有妖，翻阅史料，其中最为显眼的记录是：万历的宠妃郑氏，借着祝贺新皇帝登基的由头，给朱常洛送去了八位美女。

这个线索，主要来自《国榷》和《罪惟录》。

《国榷》中说，郑氏给朱常洛送去美女八位，之后光宗的身体素质就开始下降。而《罪惟录》则说，郑氏给朱常洛送去了一些美女，具体多少不知道，但是自从送去之后，不到十天的时间，皇帝就生病了。

这真是奇怪了，郑氏的儿子是福王朱常洵，而朱常洵在万历时期曾长期是朱常洛的皇位竞争对手。

现在别人家的孩子朱常洛登基了，你的孩子朱常洵落选了，你嫉恨，敌视朱常洛还来不及呢，怎么会这么好心跑去给朱常洛送美女呢？

不管怎么看，都不由得让人联想到一句歇后语：黄鼠狼给鸡拜年——你是没安好心呐。

光宗朱常洛，万历打小就不喜欢他，对他很不好。堂堂帝国储君皇太子，竟然十三岁才出阁读书，而且也是三天打鱼两天晒网，动不动就因为各种原因辍读了。

在这种冷漠的父权和皇权凝视之下，朱常洛养成了孤僻的性格。他十分压抑，人生迷茫，紧张和惶恐始终伴随着他。那么登基之后，他很有可能通过酒色享乐的方式来放松自己，或者是以这种行为为过往生活做一种补偿。

这么看来，郑氏送的几位美女算是送到位了。

看似顺理成章，但是我们还要考虑到，就算朱常洛好色，十天时间，足以导致身体出现如此严重的异常吗？

事实上，从八月初一登基开始，朱常洛就一直没闲着。

老皇帝万历活着的时候，全国范围内征收矿税，可各地哪儿有那么多矿场让朝廷去收钱，所以无非是从百姓的身上搜刮民脂民膏。朱常洛上台之后，立刻全面叫停矿税，这个惠民政策颁布之后，朝野欢腾，不仅百官纷纷给皇帝点赞，百姓更是深感其恩德。

万历这个人穷奢极欲，虽然他不怎么上朝，不怎么工作，但是并不耽误他花钱。日常生活要花钱，修房子盖宫殿要花钱，给宠妃郑氏买胭脂水粉要花钱，总之花钱的地方多了去了。因此，万历经常超额开支，但皇帝是够花了，却短了不少朝廷军需的缺，更经常拖欠辽东军饷。朱常洛登基之后立刻打钱，往辽东派发了二百多万两银子。

万历不爱上朝，不处理政务，朝政工作经常会陷入瘫痪状态。有些时候三司里没有长官，六部里没有尚书侍郎，满京师里转悠，处处都有缺岗的现象。那时候若想要在朝廷里办点事儿，今年正月初一把你奏疏送上去，来年正月十五也未必能批下来。

朱常洛登基之后，立刻调整人事岗位，增补官员，并且还重用了一大批名臣，比如袁可立，就是在这一时期被提拔起来的。

从朱常洛八月初十生病之后，他基本上就没有能力理政了，所以以上这些事情都是没有生病的这十天内完成的。

这十天的工作强度这么高，朱常洛还有多余的精力来沉迷女色吗？

大概是没有的。

所以，朱常洛的患病不一定是因为被女色掏空了身体，也有可能是有其他原因。比如，郑氏派过去的美女蛰伏在了朱常洛身边，偷偷给皇帝下毒，这才导致朱常洛的健康状况急剧下降。因为当时皇帝的状态也比较符合中毒的情况。

当然，这只是一种猜测，但是无论如何，朱常洛病了。

既然皇帝病了，那么就治呗。

明朝的医疗技术，已经很发达了，永乐时期编成了《普济方》，这是现存的最大的一部医术方。十七世纪，明朝的种痘预防天花的技术已经十分完善，著名医学家李时珍的《本草纲目》就出自这一时期。

作为皇帝，朱常洛能享受到的医疗资源无疑是最完善、最顶尖的。太医院里的御医一抓一大把，皇帝就算病得重，也不一定治不好。

可让人奇怪的是，朱常洛似乎对御医并不信任，他从生病到驾崩，一共经历了两轮治疗，而在这两轮治疗中，几乎没有任何一名太医院御医介入。

御医刚开始给皇帝把过脉，意见是这“病来如山倒，病去如抽丝”，皇帝气虚体弱，营养还有点跟不上，所以得温润滋补，要慢慢治疗才行，但这个想法很快遭到朱常洛的拒绝。

在朱常洛看来，自己登基还不足半月，有很多事情要做，自己的新政更急于推行，他必须尽快调理好自己的身体，让自己回到正轨。朱常洛更认为，冥冥中，留给大明的时间并不多了。

所以，朱常洛转头就选择了相信御药房宦官崔文升的治疗方案。

此可谓，逢庙就烧香，病急乱投医。

崔文升是个宦官，他的确是管御药房的，但是药房工作人员和太医院御医还是有很大区别的。崔文升医术到底怎么样还有待商榷，关键是，这个崔文升在成为皇帝的内侍之前，上一份工作是在贵妃郑氏的宫里，他原本是郑氏的亲信。所以，很有可能就是在郑氏的授意之下，崔文升才莫名其妙地给皇帝开出了第一味药：大黄。

大黄，具有清热败火、凉血解毒的泻药。这朱常洛本来身子就虚，不给他用点人参鹿茸之类的补补身体也就算了，竟然还给他导泻，这不是开玩笑吗？

果然，服下了崔文升提供的通利药后，朱常洛一晚上肚子没消停过，三五分钟就得如厕一次，身体严重脱水，那是虚上加虚，虚得不能再虚了。

这个时候的朱常洛，身体情况已经非常危险了，可以说半只脚已经踏入鬼门关。如果此时御医介入，或许皇帝还有得救，但朱常洛是“不撞南墙不回头，不见棺材不落泪”，再次抗拒太医的治疗，转而又开始相信一个叫李可灼的大臣。

李可灼，时任鸿胪寺丞。

这个职务，主管朝廷礼仪，宫里办宴会，举行典礼，册封皇子、公主或者嫔妃等，都由李可灼来负责。

也就是说，李可灼在工作过程中，极有可能和万历九嫔之一的郑氏产生接触，因为万历最宠爱的就是郑氏，他封赏谁的次数也不会有封赏郑氏的次数多。

这么一接触，郑氏很有可能把李可灼发展成了自己的亲信。

于是，李可灼介入朱常洛的第二轮治疗，也有可能是郑氏授意的，因为李可灼给出的治疗方案比崔文升还要莫名其妙。

之前皇帝身体虚，崔文升不进补，反而给皇帝吃泻药，结果皇帝的身体越来越虚。那么，这个时候正确的治疗方案就应该是进补了，此时不补更待何时啊？可是需要注意的是，这个时候皇帝的身体太虚了，简直是一碰就碎，所以就算是要补，也不能猛补了，而应该是循序渐进地缓慢进补。而李可灼给皇帝服用的是什么呢？是两粒红丸。

李可灼吹嘘，他这两粒红色的丹药是早年自己游历名山大川时偶遇高人所赠，药效非常了得，没病的延年益寿，有病的起死回生。朱常洛深信不疑，先后服用两粒，没过多久就驾崩了。

皇帝的死因，其实显而易见，就是李可灼所进献的红丸，说白了就是一些民间方士炼制的丹药，成分一般就是丹红、朱砂等，总而言之，这种丹药重金属含量很多，药性猛烈，从某种角度看属于作用显著的进补之药，而且往往会有壮阳的功效。

朱常洛的身体都脆得像一张纸了，他当然顶不住这么猛烈的药效，暴毙薨逝也就在意料之中了。

朱常洛的死期，是九月初一的五更天。

天边还未完全破晓，微弱的晨光透过云层，隐约照亮宫殿的飞檐翘角，也朦胧地照着朱常洛惨白如纸、双眸深陷的脸庞。

皇帝的意识渐渐模糊，不知不觉间，已然停止了呼吸。

临死之前，他不会意识到自己有可能是被郑氏算计了。

朱常洛的身前，本来是一个明君气象，本来是一个力挽狂澜的格局，本来有大好的未来——江山如此，谁人能不留恋？

而朱常洛的身后，是一个分崩离析、剑拔弩张的利益集团，可帝国的未来，他无法知道，也不会再关心了。

国本之争的呕心沥血，梃击案的惊心动魄，母子分离的辛酸苦楚，十九年储君生涯的战战兢兢。

为了登上帝位，为了今天的一切，无数人付出了太多的努力。

多少恨，昨日梦魂中，还似旧时游上苑，车如流水马如龙。花月正春风。

大明之光，转瞬即逝。

参考资料

1.《国榷》

2.《罪惟录》

3. 南炳文 .《晚明史》

4.《明季北略·卷一》

5.《明史·卷第二百四十四》

6.《明史·卷第二百十八》

7.《红丸案与明末党争》,《民主与科学》2022 年第 1 期 45-50.

8.《争国本：君臣博弈的政治解读》,《阅江学刊》2012 年第 2 期 9-17.

移宫案：奇葩又冷门的晚明悬案

明末三大案中，一般我们比较熟知的是梃击案和红丸案。

梃击案是神秘男子差点袭击太子的事，红丸案是光宗朱常洛有病不找医生看，非要乱吃药的事。

唯有这个移宫案相对而言有些冷门，那么就来看看这桩尘封已久的悬案。

“移宫案”的主人公还是明光宗朱常洛。

光宗皇帝由于在位时间不足一个月，所以皇帝后宫里的妃嫔数量不多。

虽然人少，但朱常洛仍然有中意的红颜知己，这两位红粉，一位住在东宫，由于姓李，我们称她为“东李”；另外一位住在西宫，由于也姓李，我们称她为“西李”。

东李和西李严格意义上来讲并不能算是妃子，只不过是选侍。选侍是进了宫之后服侍过皇帝但还没来得及册封的女子。当然，没来得及册封，不是说这两位姑娘未获圣眷，而有可能是朱常洛真的有点来不及了。

老实说，朱常洛这个皇帝，当得实在是有点憋屈。

当年还是太子的时候，差点被歹人袭击，后来经调查，买凶害人的幕后黑手是万历皇帝的宠妃郑氏。证据确凿，结果万历跑出来打圆场，这事儿就不了了之。

当了皇帝之后，害了大病，上吐下泻，命悬一线之际，皇帝不找御医来看病，反而信了大臣的偏方，吃了两粒丹药，结果一命呜呼，魂归九天。后经调查，朱常洛的死和郑贵妃有千丝万缕的联系。

恨天，恨地，恨命运给自己的时间不够多，恨这江山万里，自己只能匆匆看这么最后一眼。

万历四十八年（1620年），明神宗朱翊钧和明光宗朱常洛接连去世，对明王朝来说，可以说是极为沉重的噩耗。

不过好在，明光宗就算再不靠谱，也不至于像明武宗朱厚照那样，临死连个太子也没留下，结果让嘉靖这家伙捡了便宜。

皇帝死得不太从容，但十分坦然。临走之前，给大明留下了小皇帝朱由校，也就是明熹宗。

朱由校的生母是王才人，虽然王才人为皇家诞育了子嗣，但却并不得宠。不仅不得宠，反而时常受到西李的欺辱。后宫里的欺辱，动辄可就要人性命。果然，才诞下朱由校，身子正虚的王才人没过多久就被西李给害死了。

王才人临死之前，抓着朱由校的手，说了这么一句话：

> 我与西李有仇，负恨难伸……（《明史》）

我和西宫李选侍有不共戴天之仇，只可恨这辈子无法一纾心中怨恨了。

王才人死了，朱由校没了母亲，然而不幸接踵而至。由于朱由校无人照料，西李抓住机会，承包了抚养朱由校的权利。这很好理解，封建帝制时代，母凭子贵，就算不是亲儿子，那以后也是能发挥作用的。朱由校是储君，是未来的大明天子，现在先把他给拿捏住，还愁以后没有好日子吗？接是接过来了，但是西李平时对朱由校的照料十分不上心，甚至十分差劲。

被害死生母的西李收养，朱由校的日子过得怎样，也就可想而知了。

朱由校后来回忆幼时和西李一起生活的岁月时，时常声泪俱下地说：

> 选侍侮慢凌虐，朕昼夜涕泣。（《明史》）

西李在我小的时候总是欺负我，我没办法，只能整夜默默哭泣。

面对害死母亲的仇人，朱由校无力反抗，作为一个小皇子，他此刻只能选择逆来顺受。

朱由校和西李的居所，是在紫禁城的乾清宫。

明光宗朱常洛驾崩之后，朱由校尚未登基的这个节骨眼儿上，西李可就有想法了。

听说朱常洛驾崩了，西李别的不干，第一件事儿就是把朱由校挟持在乾清宫里，不许他和人接触，更不许他被大臣们接走。

西李的想法很简单，你们想要让朱由校继位当皇帝，那就必须先让我当皇太后，要不然，我们娘俩死活也不出去。

兹事体大，西李此番筹谋，也算是一番惊天大事。她一个妇道人家，一个人是搞不定的，所以她很快找来一个太监帮助自己，这个太监的名字，叫李进忠。

值得一提的是，在不久之后，李进忠认为自己的这个名字不太好听，于是改名魏忠贤。

西李控制了朱由校之后，大臣们可就坐不住了。

想我大明江山，幅员辽阔，沃土千万里，政务繁杂，事项繁多，“国不可一日无君”啊！

西李现在挟持着太子，不让朱常洛登基，这算是怎么回事儿啊？

于是，大臣们在兵科给事中杨涟、庶吉士刘一燝的带领下，乌泱乌泱奔着乾清宫去了。

干吗去？要人！

不过，从西李手里要人，还真是一件很有难度的事儿。

于情，西李和朱由校是名义上的母子，西李完全可以说是因为思念儿子才不肯放出朱由校。人家要是这么说，你挑不出一点毛病来。

于理，西李是先皇的选侍，在中宫之中的身份那是很特殊的，外臣一般不入后宫，大臣们再怎么着急，也不能一帮男的跑到乾清宫里抢人吧？

说得好听是抢人，说得不好听，那不就是擅闯寡妇门吗？

所以，这趟去乾清宫要人，是个技术活，更是个艺术活。

杨涟和刘一燝为文臣之首，水平相当高，两人带领大臣火速包围了乾清宫之后（估计是怕西李带着朱由校跑了），不急不恼，更没有动用武力，而是双膝一软，纷纷跪了下来。

一帮大臣齐齐下跪，场景十分壮观。大臣们不仅下跪，还各有神态。有的大臣唉声叹气，有的大臣涕泪横流，有的大臣捶胸顿足，更有甚者，以头撞地，要不是有小太监拦着，眼见就要放弃自己宝贵的生命。

大臣们在乾清宫外哭得震天响，诉求只有一个，那就是要和皇太子朱由校见面。

是的，李选侍，你放心，我们不带走太子，也不整没用的，我们就见一见太子，看一看他现在是否安全，精神状态怎么样。

西李原本在屋里躲着，以为杨涟会强行抢人，没想到事情远没有自己想象的那么严重，闹了半天，阵仗搞这么大，不过是想要见见朱由校而已。

于是，西李戒心全无，为了安抚大臣，更为了止住这恼人的哭声，她很快把朱由校给领了出来。

西李刚把朱由校领出来，然后啪一下，杨涟一个箭步，一把就把朱由校给抢了过来。

大臣眼见杨涟得手，太子已经被朝臣拥住，立刻止住哭声，也不闹了，也不叫了，也不用头撞地了，大家纷纷起身，拍拍身上的尘土，然后都兴高采烈地簇拥着朱由校离去。

上一秒还熙熙攘攘，纷乱不堪的乾清宫，此刻已然一片死寂。西李蒙了，不是说就看一下朱由校吗？怎么还给我抢走了？

直到这时，西李才发现，自己上当了。

不过，即便是放跑了朱由校，但西李毕竟照顾了朱由校这么多年，她名义上仍然是皇帝的母亲，所以她认为，自己手里还是有筹码的。所以她立刻知会大臣，表示想要朱由校登基可以，但是以后大臣们送来的折子，必须由她先过目。大臣们当然不会同意，西李只得放低姿态，折子不看也就罢了，封我为皇太后总可以吧？结果大臣们还是不同意。大臣们不仅不同意，还十分不客气地表示，你不过是先皇的选侍，身份低微，是没有资格住在乾清宫里的，你应该到哕鸾宫去养老。面对这样的建议，西李不是没有头脑风暴过。

乾清宫是大殿，象征皇权和荣耀，而哕鸾宫只不过是一方小小的偏殿，自己若去了哕鸾宫，那可真就失去了所有。所以，西李是王八吃秤砣，死活赖在乾清宫不走了。

不过这一回，大臣们却没有之前那么客气了。他们很快派出了几个精明得力的小宦官，潜入乾清宫，把西李赶到了哕鸾宫。这个权欲熏心的女人不舍地望着乾清宫的金碧辉煌，万般无奈，只能选择了离开。

然而她不知道，厄运并未离她太远，她的“好”日子，还在后头。

西李一搬家，朱由校顺利登基，成为大明王朝的倒数第二位皇帝。

帝国虽然风雨飘摇，但毕竟迎来了新帝，也算万象更新。但在朱由校登基后不久，哕鸾宫的一场大火却把整起事件推上了高潮。

哕鸾宫的火，突然就着了，着得有点莫名其妙。熊熊烈火仿佛发疯一般四处乱窜，肆无忌惮地吞噬着一切，这实在是一幕极具象征意义的画面。曾经雍容华贵的寝宫，在燃烧的烈火中被一一扯碎，漫天的木炭和灰烬飞舞于天空之上，而那个灰头土脸、披头散发，已经被烧得半死的西李正踉跄着从宫门口逃窜……

当年朱由校的母亲王才人被西李折辱至死的画面在今夜的上空重现，大臣们说，这火八成是皇帝放的，目的是报西李弑母之仇。

朱由校没有承认，他什么也没有说。

一切宛如今日的沉默，沉默如同过去的别离。

参考文献

1.《明季北略·卷二》

2.《明史·卷一百一十四》

3.《明史·卷二百四十四》

4.《熹宗实录·卷五十七》

5. 杨祖宪 . 编印《杨涟年谱》

第七章

不为盛名所累的贤臣勇将，才是历史这棵大树上的枝叶

他曾千回百转，他也矢志不渝，他曾千辛万苦，他终千言万语，化为一声叹息。

王安石：一代改革者的孤独与坚持

王安石，字介甫，生于北宋真宗天禧五年（1021年）十一月十三日辰时，抚州临川县（江西抚州）人。抚州自古就有“襟领江湖，控带闽粤”之称。

王安石的父亲王益，是北宋朝廷的中下层官员，官儿不大，最高也就做到县令。但王益是个实打实的知识分子，通过他的言传身教，小王安石从小就酷爱学习，进而饱读诗书。

王益的工作调动十分频繁，经常辗转全国各地。由于王安石年幼，所以王益走哪儿都会带着他。

全国各地来回跑固然辛苦，但这种宦游各地的状态却为王安石带来了一般人少有的人生体验。

王安石得以在少年时代饱览名山大川，考察各地风土人情，更深深地体会到了百姓之疾苦。

有了生活体验，王安石开始进行文学创作，他的文章立意高深，旁征博引，一经发布，便得到了社会各界的广泛好评。同为唐宋八大家之一的曾巩看了后相当认可，非要和王安石结为八拜之交，北宋文学名流欧阳修更是一连数天对其作品大加赞赏。

曾巩和欧阳修成名已久，是文学圈的知名大咖，他们不会因私而说出一些违心的话，所以我们可以确信，王安石确有才华。

当然，在封建帝制时代，证明个人有才华的最好方式，就是参加科举考试。终唐一朝，开科取士两百六十八次，一共录取了七千四百四十八人。这是什么概念呢？平均下来，唐朝每年录取的进士，不到三十人。这样的录取率，想要通过科举考试入朝为官，可谓相当困难。

谓予不信，请看下文。

唐代诗人孟郊从十多岁就开始参加科举考试，一直考到四十六岁才考上，蹉跎半生，他仍然觉得“春风得意马蹄疾”，想要“一日看尽长安花”，就更别提“满城尽带黄金甲”的黄巢了。

到了宋朝，可以说是真正跨入了科举的繁荣期，北宋时期的文人地位之高，放眼整个中国历史鲜有可与之比拟的。

但科举繁荣，并不代表科举中第是小菜一碟，想要在众多考生中脱颖而出，还是要有真才实学。

那王安石有真才实学吗？答案是有，不仅有，而且相当有。

他参加科举考试的成绩，本来被考官列为第一名，也就是状元郎。这金榜题名，蟾宫折桂基本是板上钉钉的事情了，然而王安石不知出于什么原因，他在试卷上写了一句十分奇怪的话——“孺子其朋”。

这句话出自《尚书·周书·洛诰》:“孺子其朋，其往。”

这句话是什么意思呢？意思是王安石在文章里规劝皇帝要和北宋群臣处好关系。

当时的皇帝，是北宋仁宗赵祯，赵祯一看这四个字，当时火就上来了。

朕被包拯吐一脸唾沫星子都能一笑了之，你还劝我“孺子其朋”。难道当皇帝就要忍气吞声？

仁宗大怒，一把把王安石的状元帽子给撸掉了，降为第四名。王安石参加工作后也未得重用，而是被安排到了地方工作，授淮南节度判官。

王安石有才华、有能力，无论是在地方还是朝廷，都是政绩斐然，但王安石的性格执拗，他在淮南地区任满后，朝廷让他回京师深造，他二话不说就拒绝了，而是选择了到鄞县（今浙江宁波境内）做知县。

干了四年知县之后，王安石又到舒州（由安徽安庆代管）做了通判，相当于舒州二把手，什么都管，权力很大，责任也很大。

冥冥之中，王安石走上了父亲王益当年的老路，那就是四处奔走，到处做官。但他绝不是那种整天无所事事的官僚，而是一个勤政爱民的实干家，到哪儿都是两袖清风来，民众好评去。

王安石在各地为官期间，北宋的宰相是文彦博。

文彦博算是王安石的伯乐，他很快发现了王安石的非凡之才，于是他找到王安石，表示你“勤政爱民，治绩斐然”，又“恬淡名利，遵纪守道”，在地方不是屈才了吗？我举荐你到京城任职，平步青云指日可待啊！

由宰相举荐，提拔做京官，按理说无论是谁，都无法拒绝，但王安石还真不是一般人，他拒绝了。

并且，他拒绝文彦博的理由也很实在：我不过是个地方小官，你直接给我安排到一品、二品大员的位置上，这种火箭式提拔，不合情，不合理，也不符合流程。

王安石是真的无心高位吗？他不想在权力舞台的正中央实现自己的理想和抱负吗？

他想，他不仅想，他简直是白天想，黑夜想，睡觉的时候都在想。

一个少年雄才，满腹经纶，一等才干的人，说他没有理想和抱负，那是不现实的。

北宋偏安多年，皇帝自我感觉良好，认为自己治下是太平盛世，文官们日日悠闲，不干实事，将领们常年休假，打仗的时候极少，武备废弛。整个王朝看上去天下无事，实则却在以一种相当稳定的曲线滑落。

这样的大环境下，王安石进京为官，又有何用？所以，与其在京师过纸醉金迷的日子，浑浑噩噩的生活，反倒不如利用在各地为官的机会，下到基层去搞调研，掌握北宋王朝的第一手资料，深刻地挖掘社会各界所面临的问题。

于是，在经历了长期的一线工作之后，王安石向宋仁宗上了一封奏疏，在奏疏里提出了北宋朝廷现今所面临的各种问题，并且提出，想要摒除困局，必须改革变法。

这封奏疏叫《上仁宗皇帝言事书》，一万多字。文言文一万字，翻译成白话文，那就更多了。可以说，这是王安石前半生之调研总结，是一个深切热爱着北宋这个国家的臣子的肺腑之言。

然而，宋仁宗也就看了个开头，就随手把奏疏一扔，此事遂不了了之。

皇帝根本就不搭理王安石。你本将心照明月，可流水它无心恋落花啊。王安石在伤心难过之后，终于发现了一个残酷的事实：

做一个纯粹的知识分子，是没有办法改变这个世界的。

自己以前太过追求名节，追求自由自在的境界，追求保持自我，追求不入繁华之所在，不入政坛之核心，所以自己宁愿在地方上勤勤恳恳，也不愿意到朝廷去大放异彩。但现在他明白了，自己这个中下层官员的身份所发出的声音，还不如一只蚊子振动翅膀产生的效果大。

论才华，王安石在那个时代无懈可击，但论做官，他却丝毫不懂得变通之道。王安石曾经天真地以为，做官和做人是一样的，其实，做官和做人是完全不同的。

做人最主要的是守住底线，保持人格。而做官，要紧的却是报效朝廷。“路有冻死骨”，哪怕你整天窝在地方挖野菜吃，也不算是个好官。“野有饿殍卧”，哪怕你搞调研搞理论搞出花来了，也不算是个好官。但如果你身居高位，大权在握，只要民间的百姓能安居乐业，哪怕你顿顿吃香的喝辣的，你依然是个万民称颂的青天大老爷。

人若想要实现理想，就必须走到台前，必须成为话事人，必须争，必须夺，必须让所有人都安静地听你讲话。

仁宗死，英宗立；英宗死，神宗立。

曾经放弃或错过了无数次机会的王安石，终于等来了一个新的机会。这个机会，源于新上台的宋神宗赵顼，他简直是王安石的铁杆粉丝。

神宗上台之后，果断起用王安石，多次征召他回朝廷，后一路提拔。

熙宁二年（1069 年），王安石任参知政事。也就是从这个时候开始，那个在仁宗时代因为桀骜不驯而折戟沉沙，在英宗时代因心灰意冷而萌生退意的王安石，终于触底反弹，跻身帝国的执政行列。

在宋神宗的支持下，轰轰烈烈的王安石变法开始了。

王安石变法的诸多内容，无疑是好的。

比如，青苗法规定，如果老百姓收成不好，手里没钱，朝廷可以借钱给老百姓种地，这妥妥是惠农福利。然而，在具体执行中，贪官污吏们加高贷款的条件，增加借贷的流程，或者干脆借钱可以，但是还钱的时候，原本无伤大雅的利息变成了高利贷，本是惠农的政策，最后反倒成了坑害百姓的手段。

又比如，市易法原本是为了平衡物价，调节市场经济，遏制奸商投机取巧，由朝廷出钱购买农民辛苦耕种而产出的农作物。结果地方上的官员一看这事儿有利可图，便开始搞商品垄断，强买强卖，把农民手中的农作物抢购一空，低价收来高价卖，到最后损害的还是人民群众的利益。

免役法可以免除百姓们的劳役，但前提是百姓要上缴一定数量的金钱，没钱的百姓只能卖房卖地换钱上缴，来免除劳役，最终获利的不是百姓，富的是朝廷的国库。

保甲法强制乡间农民组成民兵队伍，看似增加了北宋的军事力量。但百姓们光是种地就非常辛苦，哪儿有精力大半夜不睡觉到村口维护治安？有些百姓为了躲避保甲法，甚至采用了自断手臂这种极端的手段。

凡此种种，都证明王安石的出发点和目标是好的，但问题是，并不是所有人都会无条件地服从王安石的意志，他不能完全控制这些具体来施行新法的官僚们，也不能在新法推行的流程中保证每一环都不出纰漏——如果新法是刚出炉的大白馒头，香味扑鼻，那么等到新法彻底执行下去之后，大白馒头早就变成了又臭又硬的黑煤球。

王安石的新法虽好，但他没有考虑到当时北宋的政治土壤是否适合新法。他也想不到，理论上的新法是一回事儿，实际上的新法，又是另外一回事儿了。

更何况，王安石变法等于是活生生地砸了保守派的饭碗。

朝廷放贷，那民间放贷的地主怎么办？朝廷收购物资，满天下的商人要怎么活？就更不用提王安石还在朝廷提倡减员，号召宋神宗把无用的官职废除，让混日子的官员下岗了。

断人财路，如杀人父母。

为了顶住巨大的压力，王安石甚至开始任用一些劣迹斑斑的奸佞之辈来推行新法，为了新法，他已经不顾一切了。

所以，从王安石变法的第一天开始，就不断有人反对他。

皇太后反对他，一大群官员反对他，昔日好友司马光反对他，曾经和自己同一战线的宋神宗开始质疑他，甚至就连他心心念念想要帮助的百姓们也开始对他进行声讨。

面对这一切，王安石只能是一声苦笑。他是孤独的，孤独且充满疑惑。他不知道，自己苦心孤诣搞出来的新法，为什么会变成这样？难道真的是自己错了吗？难道真的是自己的想法太过天真了吗？

其实，王安石大可不必这样想。

昔吴起变法，楚人响彻天下；昔申不害变法，六国无敢侵韩；昔商鞅变法，终于为之后的嬴政换来了“奋六世之余烈”的机会。而王安石，和他们一样，是一个忠诚、爱国，为了天下可以奋不顾身而肝脑涂地的人。

只不过，王安石太过超前，他的思想已经远远超出了那个时代。

宋人蔡絛在《铁围山丛谈》中嘲笑王安石是一个妖人，《宋史》更是把王安石以及变法派骨干列入了奸臣传，甚至把靖康之耻的黑锅都扣到了王安石的头上。

这场长达数十年的变法中，有无数的官僚倒台，有数不清的官僚上台，有无止境的争吵，也有浩渺如烟般的争斗。谁人一时得利，谁人又占上风，有人身败名裂，有人万劫不复，所谓君子小人，不过过眼云烟，他们都在时间的车轮下快速腐朽，而功败垂成的王安石，却终将光耀千年。

神宗死后哲宗立，昔日仇敌司马光拜相，在皇室支持下全面废除新法，王安石的变法终于“恰似一江春水向东流”，彻底破产。

王安石被削官贬职，黯然退场。

一年后，王安石病逝。

临死前，他硕果仅存的免役法也遭到废除，王安石老泪纵横，哀叹道：“连免役法也要废除吗？这可是我当年和先帝研究了两年才推行的，方方面面都很周到。”

没有人听到他的叹息，当年志得意满，挥斥方遒的大宋政治家王安石，就这么死去了。

是啊，王安石不是神，他只是一个人，所以他会死。

当你终于意识到他是一个普通人的时候，你才会发现，他有正常的欲望，有自己的小算盘，有过无数次的犹豫和彷徨，甚至有过贪婪和污点。

但只有你明白了这一切，你才会知道，当年那个顶住所有的压力，用生命的厚度来推行变法改革的王安石，是多么的伟大。

他曾千回百转，他也矢志不渝，他曾千辛万苦，他终千言万语，化为一声叹息。

参考文献

1.《续资治通鉴长编·卷二百九》

2.《上仁宗皇帝言事书》

3. 刘泽华 . 论王安石文士形象的自我书写和他者重构——以自寓植物诗及历代评价为中心 [J]. 东华理工大学学报（社会科学版），2021，40（5）：478-483.

扁鹊：医病易，医人心难

扁鹊，原名秦越人，渤海郡鄚县（今河北沧州任丘）人。

扁鹊年轻的时候，在一家客馆做主管。作为一名合格的主管，一定要具有敏锐的观察力，尤其是在迎来送往的过程中，对客人更要有细致入微的观察。

客馆里有位常客，叫长桑君。长桑君长相普通，衣着打扮一般，在人群中，泯然众人。

他很老，身形佝偻，脸上满是皱纹，岁月在他的脸上留下了宛如刀刻的痕迹。

长桑君是客馆的老客，已经陆陆续续在客馆住了将近十年。客馆里的人对长桑君都很熟悉了，但基本上对他都熟视无睹，只有扁鹊，认为长桑君是世外奇人，十数年来，每次见到长桑君，必然恭恭敬敬，而这样的行为，无疑让长桑君对扁鹊另眼相待。

长桑君最后一次来客馆入住的时候，是个下午。

那个下午，长桑君突然叫住了扁鹊，并且对扁鹊说了这么一段话：我是一个医者，有秘藏的医方，但现在我老了，医术却无人继承，我想把这一身本领都传给你。

扁鹊欣然接受，并开始跟着长桑君学习医术。

学医的过程十分漫长，而在这漫长的时间里，长桑君变得更加衰老了。

长桑君从来没有提起过他的身世。他真实的姓名是什么？祖籍何处？家又住在哪里？是否有家人？一生的经历又是怎样的？为什么不把如此高绝的医术传给血脉亲人或是至交好友，却选择了扁鹊呢？没有人知道，如果这些问题有答案，那么它们会在风中飘荡。

多年苦学，终成名医，扁鹊辞别了昏眊重膇、死之将至的长桑君，辞去了客馆的工作，上路出发了。

世界很大，总要出去转一转、看一看，更何况，长桑君曾经告诉过他，医者当悬壶济世、行迹天涯。

扁鹊的第一站，是赵国的邯郸。

古邯郸这个地方，从社会风气上来讲，有一大特色，那就是女性的地位很高，女性在日常生活中更能得到尊重。到了邯郸的扁鹊干脆入乡随俗，做了一名妇科医生，治好了一系列的疑难杂症，并且逐渐有了名气。

邯郸的冬季，总是格外寒冷，邯郸城的黑夜，也似乎特别漫长。在邯郸生活了一段时间后，扁鹊再次上路，来到了齐国的临淄。

临淄是齐国的都城，当时世界范围内的一线城市，当时临淄城的百姓有七万多户，工商业发达，社会娱乐生活也十分丰富。街道星罗棋布，庭院千家万户，有人吹奏击打，有人拨动乐器，有人斗鸡，有人赛狗，还有风雅之士，只爱焚香沐浴，然后下一局精妙的围棋。

人间烟火，此处最盛。而扁鹊到临淄城的时候，齐国的国君是田齐桓公田午。

这个时候的扁鹊，正如他的名字一样，已经声名鹊起。各国都知道江湖上有这么一位神医，都想请扁鹊给自己号号脉。

扁鹊到了齐国，田齐桓公接待了他，扁鹊望着田齐桓公的面容，说："君有疾在腠理，不治将深。"田齐桓公说："寡人无疾。"

"君有疾在腠理"的意思是疾病隐藏在肌肤之间。依据扁鹊的意思，此时应该进行医治，不然疾病会进一步加重。

田齐桓公很生气，他坚称自己没有病，扁鹊是一派胡言，之后就把扁鹊给撵走了。

田齐桓公固执己见，没把扁鹊的话放在心上。但扁鹊是医者父母心，没过几天又来拜见田齐桓公，规劝道：“君之病在肌肤，不治将益深。”

田齐桓公还是不信，认为扁鹊纯属想诓骗自己，然后好行医骗钱，于是又把扁鹊撵走了。

但扁鹊是个十分有韧性的人，不屈不挠，没过几天又跑去拜见田齐桓公，再度进行劝谏：“君之病在肠胃，不治将益深。”

可无论扁鹊怎么说，田齐桓公就是一句话：寡人无疾。

那田齐桓公真的坚信自己没病吗？那倒也不尽然。

作为齐国的国君，或许他已经意识到了身体的异常，但他始终无法面对自己病入膏肓的事实。在田齐桓公看来，只有普通人、平凡人才会生病，而王是神，王是神圣的，王怎么会生病?

然而，王不是神，王也是人。

田齐桓公和普通人一样吃五谷杂粮，田齐桓公也有喜怒哀乐，其实，王也是普通人，而且在某种程度上，他比普通人更普通。

当田齐桓公终于意识到自己的身体实在是挺不住了，赶紧请扁鹊来给自己医治的时候，扁鹊早已收拾行李，连夜逃走了。因为，彼时的扁鹊知道，田齐桓公的疾病已经“在骨髓，司命之所属，无奈何也”。

果不其然，扁鹊走后不久，田齐桓公病发，因病情过重，医治无效而死去。

历史教训，十分深刻，这个故事告诉我们：

有病千万别挺着，一定要及时看医生啊！

离开临淄，扁鹊四处游方，又辗转来到了秦国。

此时的扁鹊，已是名满天下的战国神医，影响力相当巨大。坊间传他做过心脏移植手术，更能起死回生，活死人肉白骨，扁鹊被传得神乎其神。

扁鹊到秦国的时候，正好赶上秦国的国君秦武王腰痛。武王腰疾，那不是一天两天的事情了，因为他是个古代运动员，平时最喜欢的事情，就是举鼎。举鼎，就是举重，难免会伤腰扭胯。所以，扭伤了腰部的秦武王伤痛难忍，躺在床上，相当难受。

李醯是秦国的太医，属于高级医官，专门负责给秦国王室看病。李太医的医术，很显然并不怎么样，因为他给秦武王治了将近一个月，秦武王的病情非但不见起色，反而还严重了。

秦武王听说扁鹊正在秦地行医，立即传令扁鹊入宫，给自己治疗腰疾。

扁鹊医术精湛，他自然不怕疑难杂症。到了王宫后，他先给秦武王把脉，之后推拿腰部，秦武王顿时觉得轻松不少，接着又给秦武王服了一剂汤药，其病状便完全消失了。

神医啊，真是神医啊！秦武王寻思，以后有这种神医为我看病，我一天举鼎十次八次，又有何妨？

扁鹊是手到病除，秦武王也很看重扁鹊的医术，于是极力邀请扁鹊留在宫中担任太医令一职，只要能留下，要求随便提。

老实说，对于这样一份工作，扁鹊不是没有动心过。自己这么多年在民间行医治病，救人无数，但一直过着风餐露宿的生活。谁不想在这风风雨雨的世界中稳定下来呢？谁不想有一份舒适体面的工作呢？

然而，面对秦武王的邀请，他还是犹豫了。

唐朝孙思邈曾经说："进则救世，退则救民，不能为良相，亦当为良医。"

扁鹊当然不认识孙思邈。但扁鹊的思想亦是如此，"行医救人，悬壶济世"是一个医者的使命。

宫廷太过寒冷，良相太过遥远，困在这秦王宫中，自己能治得了武王一人，却治不了天下百姓。所以，扁鹊推说有事儿，暂时离开了秦王宫。

扁鹊走了，但李醯却睡不着觉了。"木秀于林，风必摧之"，扁鹊在秦国大显身手，这让太医李醯可能地位不保。李醯"怒从心头起，恶向胆边生"，居然派出杀手，在半路上袭杀了扁鹊。

有人可能会说，如此医道圣手，遭此不测，实在是英年早逝。然而，如果我们仔细阅读历史的话，就会发现，扁鹊不是英年早逝，而是"终于"逝去了。

扁鹊出生于公元前407年，他给坚称"寡人无病"的田齐桓公看病的时候，田齐桓公已经命不久矣，田齐桓公逝于公元前357年，这时候他初出茅庐。而他最后一次出场，是给秦武王看病，浮生流水，万事蹉跎，扁鹊也老得不成样子了，绝妙的医术换来了誉满天下。他行走在天地间，治病救人的时间有将近五十年，他用半生的时间悬壶济世，也给我们留下了宝贵的遗产。扁鹊逝于公元前 310 年，终年九十七岁，这在古代来看，无疑是高寿。

骊山脚下，风景秀丽，被李醯算计杀害的扁鹊，就长眠于此。

《黄帝内经》有云："不治已病治未病，不治已乱治未乱。"

扁鹊治了一辈子的病，解决了各种疑难杂症，但他却没想到，这个世界上最难治的，不是身疾，而是人心。

参考文献

1.《大足石刻铭文录》

2.《汉书·艺文志》

3.《史记·扁鹊仓公列传》

夏原吉：一生辅政五朝，与朱棣君臣情深

永乐二十二年（1424年）七月十八日，榆木川（今内蒙古乌珠穆沁），明王朝的第三位皇帝明成祖朱棣正无限接近他生命的终点。

作为一名马上治国的皇帝，生于战火，死于征途，无疑是他最好的结局。

然而就是这样一位皇帝，在他临死之际，却没有留下什么豪言壮语，更无什么语重心长的嘱托，而只是在最后的关头，说了一句十分奇怪的话："夏元吉爱我。"

朱棣认为夏原吉是"爱"他的，但他不知道，夏原吉从来没有"爱"过他，因为夏原吉从始至终，"爱"的都是整个天下。

夏原吉，字维喆，出生于元末，当时民生疲敝，社会矛盾异常尖锐，天灾人祸不断，老百姓的日子过得举步维艰。当然，这个举步维艰的群体中，也包括夏原吉本人。

夏原吉的父亲很早就去世了，是母亲廖氏将他拉扯长大。他祖籍是江西德兴李宅中村人，后来夏家经过几次举家搬迁，最终定居在湖广长沙府湘阴县。

夏原吉打小就聪明，而且还十分刻苦，长大之后精通诗书，是十里八乡都闻名的文化人。据《湘阴县志》记载："群籍靡不通，尤精《诗》《春秋》。"

十六岁时，为了补贴家中生计，夏原吉选择到乡间私塾去做教谕，也就是教书先生。二十岁时，他考进县学，充当邑庠生。洪武二十三年（1390年），夏元吉因擅长《诗经》被乡里推荐参加礼部主持的会试，但未及第。

洪武二十四年（1391 年），夏元吉进入太学（国子监）继续深造。国子监，是中国古代的最高学府和教育机构，是专门为国家培养人才的地方。

"母弱出商贾，父强做侍郎。族望留原籍，家贫走他乡。"

离开了小小的湘阴县，夏原吉才知道，原来外面的世界是如此之大。大到让他迷茫，让他困惑，让他有些不知所措。这很正常，夏原吉不过是一个走出乡村、走出大山的年轻人，在辽阔的世界面前，他难免会感觉到自己的渺小。

然而，"凡心所向，素履以往，生如逆旅，一苇以航"，只要是你内心向往的地方，哪怕你只有一双草鞋，也要穿着它前往。因为，人的一生其实原本就是一场逆行，这世上哪儿有那么多一帆风顺的事儿呢？

常言道"苦难不值得歌颂"，但问题是，有些生命中出现的苦难，是无法避开的。所以，尽管如夏原吉一样向着目标出发吧！就算是只有一片芦苇叶，也可以扬帆起航。

诸生或喧笑，原吉危坐俨然。太祖诇而异之。（《明史·夏原吉传》）

国子监的日子，其实也很无聊。那些全国各地的青年才俊一朝被召集至此，本来心怀理想和抱负，然而在这里待的时间越长，他们越能发现大明政坛就如同深不可测、深不见底的湖水，想要游上岸，难度是很大的。

他们一开始努力工作，奋力表现，可无论他们搞出什么花儿来，上级官员却往往对他们视而不见。他们从少年到中年，中年到老年，荒废了年华，蹉跎了岁月，直到昏眊重膇的那一刻，他们才猛然发现，原来自己一直在原地踏步。

从国子监到奉天殿的距离并不如我们看上去的那样，几步就能抵达，为了能近身跪伏在大明天子的脚下，有些人往往要付出一生的代价。

长期郁郁不得志的国子监生们很快出现了消极不良的情绪，他们不再认真读书，不再辛勤工作，反而整天聚在一起插科打诨，放任自流。

而这一幕，早已经被时常来国子监暗暗探视的明太祖朱元璋尽收眼底。

然而，朱元璋虽然对大多数国子监生略感失望，但他每次来，却都能发现一个不受外界干扰，也从不自怨自艾，总是在攻读圣贤书的人。

这个人，正是夏原吉。

朱元璋如获至宝，因为在他看来，在糟糕的环境中还能保持自我的人，是难能可贵的。

当然，这句话与其说是在认可夏原吉，倒不如说是朱元璋在认可他自己。

朱元璋没有犹豫，立刻把夏原吉从国子监挑了出来，升任其为户部主事。

京师里高官如云，户部主事只能算是比较低级的办事官员，然而，这并不妨碍朱元璋对夏原吉的喜爱。

朝廷里有几个同僚和夏原吉素来不和，所以时常跑到朱元璋的面前去罗织罪名，告夏原吉的黑状。

朱元璋这个人，属于宁可错杀不会放过的类型，他本质上就非良善之辈，不然何以有洪武四大案呢？所以，面对这种准备充分的诬告，朱元璋就算是不相信，也难免会对夏原吉心生芥蒂，抓过来拷打一顿总是难免的。

据《明史·夏原吉传》记载："原吉能佐尚书理部事，汝欲陷之耶！"

但奇怪的是，朱元璋听完这些小报告，不仅积极为夏原吉辩护，表示对夏原吉工作的认可，还斥责臣下胡说八道，更是直接把这两位告黑状的大臣给处死了。

明太祖朱元璋对夏原吉十分喜爱，明惠帝朱允炆对夏原吉也十分看重。

朱允炆在位的时候，夏原吉得到了一个十分重要的工作：大明采访使。这个工作，相当于朝廷安排到地方出差的特派员，官阶不大，但权力极大，在地方掌握生杀予夺的大权，并且，在数以万计的朝廷官员中，能担任该职务的，只有二十四人。

这已经不是千军万马过独木桥了，这是百万之师走钢丝。

那么特派员夏原吉到地方的视察工作做得怎么样呢？

据《明史·夏原吉传》记载："所过郡邑，核吏治，咨民隐。人皆悦服……"

夏原吉每到一地，必然认真考察当地官员的工作，同时还会下到基层去体察民情，所以他的政绩是有口皆碑的。

靖难之役结束之后，朱允炆下落不明，明成祖朱棣成了大明的新主人。

作为太祖提拔的臣僚，惠帝重用的大臣，夏原吉的成分对朱棣的新朝来说，是很没有优势的。毕竟夏原吉是前朝骨干，建文旧臣，如何能放心用呢？

然而朱棣不愧是中国历史上最优秀的皇帝之一，他坚持疑人不用，用人不疑的方针，坚定不移地继续任用了夏原吉。并且，朱棣十分豪气，直接一步到位，给夏原吉安排了户部尚书的职务，主持治水和掌管财政。

从这一刻开始，夏原吉正式开始掌握起了朝廷的钱袋子。

只是因为偶然在人群中看了夏原吉一眼，皇帝从此后就再也没能忘掉他的容颜。

朱棣和夏原吉的君臣情谊，由此结下。

做经济工作，那日子应该是比较轻松的。然而，夏原吉却是一个闲不下来的人。浙西发大水，他被朱棣派去治水，夏原吉宵衣旰食，往往身穿布衣，在第一现场奔波，风来不加衣，雨至不打伞，随行的官员们认为夏原吉太过辛苦，不必对自己如此苛刻，夏原吉则说：“百姓日日生活在水深火热之中，我如何能贪图享乐？”

一言一行，足见夏原吉为国为民之心。

浙东闹饥荒，夏原吉又被委派下去赈灾，他尽职尽责，夙兴夜寐，把朝廷提供的米面粮油送到各家各户，百姓们欢声一片。

当年那个失去父亲，被母亲拉扯长大的苦孩子、穷孩子，如今正在以一种别致的方式，开始反哺这一片片养育过他的土地。

当然，夏原吉之所以是名臣，不仅仅是因为他对百姓好，还因为他的性格色彩中有着极强的悲天悯人之心。

帮助朱棣造反成功的黑衣宰相姚广孝曾经评价夏原吉“古之遗爱也”，意思是说他这个人很有春秋时期古人的仁爱之心。

谓予不信，请看下文。

朱棣迁都北平，紫禁城落成后没多久，太和殿、中和殿和保和殿就因为雷击起火，一夜之间烧了个精光。天降大火焚烧宫室，闹得人心惶惶，朱棣很快召开大会，要求大臣们讨论这场火是怎么回事儿。

朱棣开会，目的其实很简单，那就是希望大臣们可以多多安慰自己，说点吉祥话，这事儿就算是过去了。因为，敏感多疑的朱棣怕有些大臣们拿紫禁城失火说事儿，说是上天示警，而上天示警的原因不外乎一点，那就是朱棣这个皇帝做得不到位。至于朱棣这皇帝为什么做得不到位？那理由可就多了去了。诸如远征漠北耗费兵力、迁都北平耗费财力、下西洋耗费民力等，反正只要想指责朱棣，理由有的是。

朱棣想要听吉祥话，但大臣们却一点面子也不给朱棣，一帮大臣在会议上对朱棣展开猛烈的抨击，差点没把朱棣的鼻子给气歪了。

朱棣很生气，后果很严重。

数以百计的大臣被下了诏狱，听候发落，和此事本无关系的夏原吉却毅然决然地为这些臣僚们求情。要知道，这些被下狱的大臣中，有些是夏原吉的政敌，有些还给他使过绊子，但夏原吉却肯为了他们直言犯上，并且还真就三言两语把朱棣劝得心平气和，把大臣们给放了出来。

这样的事情，并不在少数。

山东地区曾经爆发过民变（唐赛儿起义），朝廷逮捕反贼三千，夏原吉认为这些人多是被胁迫从反，所以恳请朱棣从轻处罚。

朱棣的兄弟谷王朱穗反叛，朱棣牵连甚众，抓了不少无辜之人，夏原吉心里不忍，为了救下这些和自己素昧平生的人，竟然以全家百口性命作保。

这样的一个人，他的行为和举动，似乎已经超越了那个时代。

朱棣很器重夏原吉，在多年的工作中，朱棣和夏原吉建立起了十分复杂的感情。

于千万人中，朱棣看到了夏原吉身上独一无二的性格特点。

夏原吉真诚、善良、勇敢、仁爱，他不像是自己的臣下，反而更像是自己的朋友。

然而，就算是好朋友，也会有关系不愉快的时候。

夏原吉对朱棣的君王言行，一直没有什么可挑的，他唯一稍微有些不满的，就是朱棣总喜欢跑到漠北去打仗。头两次去还很有必要，因为王朝稳定的基础就是国防安全，你不把鞑靼、瓦剌、兀良哈打服了，北疆就一直不会安定。但朱棣北征，前前后后一共去了五次，后几次去的时候，就完全属于是别人跑，朱棣追着打了。

在夏原吉看来，这样的行为，很符合“穷兵黩武”四个字。

君不见汉武帝在军事战场上取得全盘胜利的同时，西汉的民生陷入了全盘的崩溃，君不见隋炀帝四处征战的结果是空前强大的隋朝成为黄粱一梦。

夏原吉很担心，而作为臣下，他认为有必要提醒朱棣不能总是这样，于是立刻上疏劝谏朱棣不能再往漠北跑了，得消停一段时间。

朱棣的内心，想来是很强大的。靖难之役的时候，为了蒙骗建文朝廷，他可以在街上装疯卖傻；登基称帝的时候，他可以笑着面对一群骂他是乱臣贼子的建文旧臣。因为，朱棣不在乎。

猛兽都是单独行动，只有牛羊才会结队。朱棣知道，自己做的事情，一般人理解不了，他也不指望别人理解。

还因为，朱棣有朋友，有理解他、关心他，可以走进他内心的朋友。

这个朋友，就是夏原吉。

可现在，就连夏原吉也站到了自己的对立面，朱棣实在很委屈。

朱棣坚硬骨骼下的柔软内心，被夏原吉割伤了。

朱棣很伤心，后果很严重。

他直接革去了夏原吉的所有功名，把他下了大狱，顺便还把他的家给抄了。抄家的锦衣卫没有抄到什么东西，这位从一品大员，主管财政的户部尚书，家无余财，只有几件破烂的衣裳和几个瓦罐。

永乐二十年（1422年），朱棣抄完夏原吉的家，气冲冲地又开始了新一轮的远征漠北。

也许老皇帝想要等从漠北回来之后再处理夏原吉，找他谈谈心，找他聊一聊，但朱棣没有想到，这将是他生命中最后一次征北——他死在了榆木川。

纵观朱棣一生，五征漠北，六下西洋，编《永乐大典》，铸就永乐盛世，他已经没有什么遗憾了。

如果非要说有遗憾，那么就是那个被他关在监牢里的夏原吉了。

老朋友啊老朋友，我们没有机会再见面了。直到这一刻，我才明白，你是一个正直的人，你说的也许是对的。

朱棣溘然长逝的消息传回紫禁城，夏原吉痛哭流涕，不知所言。

诚然，我们每一个人，都不可能不负伤而走出人生的竞技场，但这对君臣之间的羁绊，却永远停留在了那一刻。

成祖死仁宗立，夏原吉官复原职。仁宗死宣宗立，夏原吉又兢兢业业地工作了五年后，与世长辞。

从朱元璋到朱瞻基，夏原吉经历了五个朝代。

允你五朝自由身，了却人间凡尘事。

这漫长的一生，夏原吉做到了。

江苏省昆山市有一个千灯古镇，风景很好，这里是大儒顾炎武的故乡，也是昆曲的发源地。千灯古镇里有一条尚书浦，北到吴淞江，南连淀山湖，年轻时的夏原吉曾在这里治理水灾，且卓有成效，广受当地百姓的爱戴。尚书浦原本叫千灯浦，正是因为纪念夏原吉，才改了名字。

斯人已逝，夏原吉早已魂归天外，但尚书浦清风流水，却还仍然保持着百年前奔流不息的样子。

参考文献

1.《明史・夏原吉传》

2.《明史・夏瑄传》

3.《忠靖集・附录遗事》

4.《金泽小志・卷五》

5.《夏忠靖公传》

直臣李时勉：劝谏的正确打开方式

明成祖永乐十九年（1421年），京师紫禁城暴雨倾盆，雷电大作，电闪雷鸣之间，几道闪电击中了中和殿、太和殿及保和殿，刹那间燃起熊熊烈火，只一个晚上，三大殿就被烧成灰烬。

紫禁城大火，这真是一幕极具象征意义的画面，代表着大明江山永固的宏伟宫殿，在漫天火舌中被一一扯碎，成为一场美丽的幻梦。

要知道，此时的紫禁城，才启用不过三个月。

在今天看来，三殿失火的原因有很多，例如没有安放避雷针，抑或消防工作做得不太到位，甚至是建筑主体的阻燃性不好，都有可能酿成这种极为严重的火灾。

然而在古人看来，皇家宫殿失火并非偶然，而是上天示警。

那上天为什么会示警呢？直接矛头就指向了明成祖朱棣——肯定是皇帝的某些行为惹怒了苍天。

《左传》中又说："凡火，人火曰火，天火曰灾。"

如果这火是人为导致的，那么倒还算说得过去，但问题是，这火是天火，没有起因，着得莫名其妙，那这就是一场横灾。

大臣们心中的怨怼呼之欲出，他们原本都是南京地区的官僚和士大夫，土生土长，在应天府拥有深厚的背景和盘根错节的势力。而这个自全国性武装兵变夺权篡位的乱臣贼子朱棣，却非要打破他们长久居于江南温润之地的想法，非要把都城从南京迁到北平，实在是太不可理喻了。

大臣们觉得不可理喻，当然也并非全部出于个人利益的考量，在他们看来，为了修建新都，前后一百多万劳工付出了血汗甚至生命，为了完成这一次南北大迁徙，百姓们更是背上了沉重的赋税。

后来的若干件事情，更似乎证明了迁都北平是错误的。

有明以来，北平作为首都不过两百多年，明英宗狩于土木，明武宗困于阳和，景泰初困于京师，嘉靖二十八年蒙古大军兵临城下，四十三年又到城下，崇祯年间则岁岁戒严。

三殿失火之后，朱棣很快意识到舆论的发酵，于是他立即颁下旨意，要求大臣们广泛进言，谈一谈对此次火灾起因的看法。如果朱棣真想广开言路，大臣们又肯直言不讳的话，那么这个所谓的“谈看法”就会变成大臣们对朱棣的批评。

六朝古都，帝王之乡，南京城王气浓烈，而朱棣执意要迁都北平，搞得天怒人怨，引发天火，这是上天示警，作为皇帝应该好好反思一下。

这种话说出来，那是很爽的，但问题是往往只会爽一次，因为朱棣绝非如宋仁宗那种唾面自干的温柔型帝王，如果有人胆敢如此对他说话，可能会连累家族遭受严重的惩罚。

所以，尽管大臣们的心里憋着一肚子气，窝着一肚子火，也只能满脸赔笑地安慰皇帝，不过是烧了几间房子而已，无碍。

不过，唯唯诺诺毕竟不是人臣真本色。户部主事萧仪就毫不留情，直接在朝堂上公开批评朱棣。户部主事是六品官，没什么实权，也没有什么存在感，但就是这样一位小官，却有勇气直截了当地表明自己的态度，那就是：三殿着火乃上天预警，根本原因在于皇帝执意迁都。

六品小官的话如同尖刀一般直插朱棣的心脏，而萧仪犯上行为所透露出的信号是，一个普通官吏都已经到了这种地步，那么官员们大面积地对自己不满，大概早已经酿成。

这句话一说出来，可以说是把朱棣的最后一块遮羞布给扯了下来，朱棣当时可就坐不住了，勃然大怒，立刻把萧仪给下了诏狱。诏狱，并非普通监狱，可谓人间地狱。

群臣一看，这回皇帝是真怒了，于是更加谨言慎行，或者干脆三缄其口。朝臣们混迹官场多年，深知这个时候的朱棣正在气头上，谁敢去惹他，谁就得遭殃。

然而，官员中还真有不信邪的，非要去摸老虎的屁股。这位很有勇气的官员叫李时勉。

李时勉，名懋，以字行，号古廉，安福（今江西吉安）人，永乐二年（1404年）进士。参与编撰《明太祖实录》，并任翰林侍读。从他的工作经历来看，此人是一个十分纯粹的知识分子。

而在那个时代，越是纯粹的知识分子，就越正义直言。

萧仪刚被几个殿前侍卫拉下去，李时勉立刻从人群中走了出来，随即呈上一份提前写好的奏疏到朱棣的面前。

余怒未消的朱棣以为这是一封向他谄媚的奏疏，拿起来一看，脑袋又是嗡的一声响。

这一封奏疏，笔锋尖锐，思想激进，态度严峻，劈头盖脸地把朱棣给骂了一顿，说皇帝迁都违背民意，说皇帝北征是穷兵黩武，说皇帝修《永乐大典》没有实际意义，说紫禁城三大殿失火，皇帝更要负主要责任。

原文如下：

> 十九年，三殿灾，诏求直言。条上时务十五事。成祖决计都北京，时方招徕远人。而时勉言营建之非，及远国入贡人不宜使群居辇下。忤帝意。已，观其他说，多中时病，抵之地；复取视者再，卒多施行。寻被谗下狱。岁余得释，杨荣荐复职。(《明史·列传第五十一》)

一封奏疏看罢，朱棣的脸由红变白，再由白变黑，皇帝嘴唇微微张开，却说不出一句话来，双手握紧，但止不住地发抖。

可以理解，因为这封奏疏实在是太过刁钻了，他几乎把朱棣这大半生的成就都给否定了。

想来，朱棣当年在阅读这封奏疏时，其愤怒、难过、羞愧的心情，和后来被海瑞指着鼻子骂的嘉靖有得一拼了。

朱棣实在太气了，他不能理解，为什么这些向来温顺的文臣要这样和自己作对！迁都北平是自己一生的心血，他已经为此付出了太多太多，作为臣子却丝毫不能体会皇帝的用心，也不打算支持皇帝，难道还是忘不了当年那个被他亲手摧毁的建文朝廷吗？

这一刻，朱棣想杀了李时勉，然而他终究还是没有动手。

观其他说，多中时病，抵之地，复取视者再，卒多施行。

朱棣没有说话，他把奏疏重重地摔在地上，群臣见状，哗啦啦一片尽皆跪下。

然而，朱棣不愧是朱棣，中国历史上最优秀的帝王之一，他十分深刻地明白一个道理，在这个事件中，愤怒是没有任何意义的，如果愤怒有意义，那么他就无须和这些大臣们对峙，而是把他们杀掉就可以了。

一个萧仪不服，自己可以杀掉一个萧仪；一个李时勉不服，自己可以杀掉一个李时勉，可如果反对自己的人总是络绎不绝，总是后继有人呢？难道自己要把他们都杀光吗？而如果把反对自己的人杀光，那么自己还会是这天下的王吗？

所以，尽管愤怒、心酸、委屈、难过，朱棣还是把扔到地下的奏疏给捡了起来，从头到尾又看了一遍。

细细看下来，朱棣倏然发现，李时勉的这封奏疏，虽然言辞激烈，但的的确确不是故意拿来辱骂自己的。其中不仅有对自己的批评，还有很多对朝政的意见，以及具体的解决办法，可以说是有理有据，很有看点。

朱棣知道，这样的一封奏疏，不是正臣直臣，是写不出来的。

一个对帝王本身丝毫没有恶意，反而满怀忠贞的大臣会以这样一种方式和自己站到了对立面，只能说明一件事儿，要么是自己真的做错了，要么就是自己的所作所为，已经超越了当前这个时代。不被人理解，成了一种必然。

于是，拾起奏疏的朱棣不仅没有惩处李时勉，反而当场对他一顿表扬。

上朝前连后事都安排好了的李时勉也愣住了，他准备好的一堆教训朱棣的话到了嘴边，却也只能咽了下去。望着成祖朱棣的背影，李时勉也不禁好奇，这究竟是一位什么样的君主。

比李时勉勇敢的臣僚们大有人在，一个李时勉闭嘴了，千千万万个李时勉还会站出来继续谴责他。然而，在经历了刚才那些内心变化之后，朱棣已经不再困惑，也不再执着于这些事情了。

靖难之役，迁都北平，永乐大典，远征漠北，纵下西洋，桩桩件件，又何尝不受人非议？如果因为害怕非议就不去做事，那么他朱棣，就不是朱棣了。

只可惜，自己永远无法和这些臣僚们达到内心的一致，他们表面上对自己俯首称臣，实际上却大都貌合神离。

当然，从这一刻开始，朱棣发自内心地理解他们。他们是大明的臣子，是皇权的附庸，但他们从本质上来讲，只不过是正常人，是普通人。他们有自己的小算盘，就如同自己也往往会有挣扎和犹豫。

让他们去慢慢理解吧，十年，五十年，一百年，只要时间足够长，他们会明白，那个顶住了所有压力的自己，是多么的伟大。

朱棣从来无意追求伟大，因为，千回百转，此志不改，这一直是朱棣面对这个世界，最初的，也是唯一的信条。

参考文献

1.《明史·列传第五十一》

2.《古圣贤像传略》

明官戚贤：智破淫祀，雨润归安

戚贤，字秀夫，南直隶滁州（今安徽滁州）人。嘉靖五年（1526年）进士。

进士分为一甲进士、二甲进士、三甲进士。一甲有三位，第一名状元，第二名榜眼，第三名探花。

谁能在科举考试中考取一甲，那必是人中龙凤，翘楚之辈。

而二甲和三甲人数就多了，二甲大概一百人，三甲则在两百人左右。

进士，在古代可以说是功名的尽头，如果你没考上进士，可以一遍一遍地考，但是一旦考上了进士，那就不能再考了，多少名就是多少名，改不了了。

从隋炀帝大业元年开设进士科，用科举来选拔人才，到公元1905年科举制被废除，持续了一千三百多年的时间。

封建社会，正是靠那些经过正统儒学培养出来的数以万计的文人来管理远超他们数量的千千万万的百姓。

在这漫长的岁月里，进士一直都是封建王朝的主角。在没有进行科举之前，朝廷选拔官员的方式一般靠世袭和举荐。这种方式有较大的弊端，比如举荐是由地方上的官员随时随地在自己的辖区内发现那些有德行的人才，然后向朝廷举荐。那么地方上的官员凭什么举荐这个人呢？很简单，这个人家里有钱，出身较好，门荫强大，背景深厚，或者是朝里有人，这样就更好做官。普通人被举荐的可能性当然也有，但可能性却是微乎其微。

门阀士族们垄断了教育权，垄断了人事权，他们在自我和民众之间建立起了一堵墙，一堵普通人难以逾越的高墙。个人的命运，掌握在了少部分人的手里。

所以，这两种制度不太公平，往往会造成寒门无士子，贵族全世袭的状态。而科举可以在全国范围内通过考试的方式，给天下读书人平等竞争的机会，从这一点来说，科举的意义是重大的。当然，科举从来都不简单，不是随便谁都能考上的。满腹经纶，至白发仍然不中，皓首穷经，到老时仍名落孙山。不容易，实在是不容易。

而这个戚贤，在这个天朗气清的日子里，就考上了。

有关他的名字，史书上没有记载，但肯定不是一甲，因为考上进士之后，戚贤都没在朝廷里待几天，就被任命为归安知县，假使他名次靠前，应该不会只得个县令的职务，至少也会被安排到翰林院里深造几年。

但是换个角度想一想，李广射虎，到老无封；冯唐乘龙，一生不遇，有官做总比没官做要好，所以戚贤很快收拾行李就出发了。

归安县（今浙江湖州东部），历史悠久，战国四公子之一的春申君黄歇的封地就在这里，此处更是丝绸之府，水米之乡，坊间更有“苏湖熟，天下足”的称谓。

明时，湖州是府一级的建制，下辖乌程、归安、德清、武康四个县。而在这四个县里，归安县是发展最好的。所以，戚贤来的这个地方，是个繁华富庶之地，可比到岭南云贵做官要好多了。

戚贤到任的时候，正值夏季，原本江南水乡温润之地，应该是和风习习，细雨霏霏，但是偏偏最近几年，归安连年干旱，好几年一滴雨也没下过。

正值酷暑盛夏，戚贤带着几个衙役、书童刚刚走到归安地界，就被热得口干舌燥，通身大汗。

太阳散发出的剧烈光芒让人不能直视，好不容易吹来一阵风，也是热烘烘的。

几个衙役热得连连喘气，余下的书童、师爷、轿夫更是湿透了衣衫，就连平时一向正襟危坐的戚贤也不住地擦汗。这天儿啊，实在是太热了。

可巧，戚贤顶着如此炎热的天气刚到了县城里，就发现不少百姓正围拢在一座庙前，久久不肯散去。

此时，赤日炎炎，大地龟裂，归安县里的半数百姓们却如麻雀一般聚在一方小小的庙门前。

有事儿，肯定是有事儿。

这庙，已然是不知何年何月所建，但见庙宇巍峨，庄严古朴，檐角高高翘起，石阶层层叠叠，门楣上笔力遒劲、气韵生动地写着四个大字：萧总管庙。

只是不知，这萧总管又是何方神圣？

戚贤再看，这些百姓大都是素布麻衣，身形佝偻，因为长期营养不良而面露菜色，但他们此刻的神情却十分兴奋，个个手持香火，十分虔诚地跪在庙前，口中念念有词，更有不少百姓把自己随身携带的财物布施到功德箱中。

戚贤派人过去一打听，原来此间萧总管庙香火极旺，百姓们求才、求子、求功名都来此处，恰逢归安县连年无雨，百姓们便齐齐地过来求雨。

这不下雨，的确是大事儿，因为农作物生长需要雨水，降雨量直接关系到农业生产，关系到百姓的生计。

古人大抵终年生活在封建迷信中，人们相信天命，相信万物有灵，相信世间浑然一体。人们说，上天不语，但却会降下各种祥瑞或灾异来体现神灵的威严。人们做得好，枯木会逢春，荒井会涌泉；人们做得不好，就会出现洪水、地震等自然灾害。所以，萧总管庙就主张百姓捐钱、捐物，以此来积累善缘得求善果，这样就能感动上天，而上天有好生之德，必然会降下雨水。

对于这种行为，戚贤看在眼里，但颇不以为然。他认为，这纯粹是有人利用百姓的善心，从而骗取钱财。

但是，戚贤虽然打心眼里瞧不起这种行为，可他第二天一早，竟然也焚香祈祷，沐浴更衣，亲自跑到萧总管庙去求雨了。

这个行为，十分奇怪。

首先，戚贤没考上进士、没做官之前，他拜过一位很有名气的老师——王守仁。王守仁是通天彻地的大圣人，戚贤作为王守仁的徒弟，想必眼界也是极高的。他现在是朝廷命官，本来应该积极地捣毁淫祀，取缔这种荒诞行为，怎么反而还带头去求雨呢？

他这么一整，大事不妙，因为一开始还只有一半老百姓去求雨，现在大家一看县太爷都带头求雨了，便对求雨一事深信不疑。全县百姓蜂拥而至——在戚贤的带领下，一场盛况空前的求雨仪式开始了。

具体的仪式流程，这里就不赘述了，因为史书上记载得也没有那么细致。但是我们可以知道的是，戚贤一直坚持不懈，他每天早上七八点钟跑到萧总管庙去求雨，一直到晚上八九点才回家。这种状况，竟然持续了一个星期，可以说是相当虔诚。

但是，七天过去，太阳还是那么大，空气还是那么干，土地还是开裂，温度是越来越高了。

于是，第八天的时候，戚贤又跑到萧总管庙前，这回他不求雨了，而是当着全县百姓的面，对着庙门破口大骂：

我带领全县百姓诚心求你降雨，既花费时间又花费钱财，结果上天滴水未下，既是神灵，又受了百姓的供奉，就该降雨解救黎民百姓，现在你既不降雨，还大模大样地端坐庙堂，真是气煞人也！

戚贤这番话，说得义正词严，极富感染力，百姓纷纷义愤填膺，愤怒情绪在人群中迅速蔓延。戚贤趁热打铁，立刻招呼十来个衙役，不仅当场把萧总管庙给拆了，还把供奉的神像给推倒，丢到了河里。

从此以后，再也没有人去拜祭萧总管庙了，当然，想拜也没法了，因为都拆完了。

但是，这事儿还没完。

几天之后，戚贤乘船出行，正到河中，忽然听到一声水响，嗖的一声一个人形一般的东西从水中一跃而出，落到了船上。

船上的衙役师爷们定睛一看，不是别的，正是前两天被官府丢到水里的萧总管木像。

这，真是活见鬼了。

木像双手合十，脸上的表情浮现出一丝玩味，当真是说不出的诡异。

船上当时就炸开了锅，纷纷说这是萧总管显灵了，说官府不该拆除萧总管庙，这下神仙要降下责罚了。

大家都慌了，只有戚贤坐在船上，发出阵阵冷笑。

戚贤说，咱们就在这河上待着，一天也是待，两天也是待，只要有耐心，我保管让你们看一出好戏。

于是几个衙役便站在船头张望，余下几个师爷则在船尾观瞧，果然过了一会儿，从水里又浮上两个人。这两人因为长时间在水下憋气，脸已经涨成了猪肝色，实在是忍不了了，才浮上来换气，结果被戚贤逮了个正着。

戚贤把这两人押回官府审讯，两人交代，他们原是萧总管庙中的庙祝，戚贤未来归安县时，他们已经假借神灵之名诓骗了百姓不少钱财。如今戚贤刚来就把萧总管庙给拆了，他们实在气不过，于是就偷偷藏在水下，待戚贤的船只行驶过，他们就把萧总管的木像扔到船上，想要制造出神仙显灵的假象，结果，被戚贤给识破了。

一干人等得到相应的处罚，而这场久违的大雨，也终于如约而至。

江南烟雨，细雨霏霏，宛如轻纱拂面，婉约而柔美，雨势渐大，又如银河倾泻，水帘般垂落……

明官戚贤，雨润归安一事，记载于《明史》中的一个小小角落，因为戚贤这个人终明一朝并不显眼。他从归安知县做起，后来回朝廷做了谏官，因为性情刚正不阿得罪了当时的首辅夏言，被贬到山东做小官，戚贤干脆主动辞职，回乡之后等事，史书再无记载。

笔者唯独钟情于这样的小人物，遂将他这为官生涯中的一桩奇事写出来，唯愿消遣，抑或从中受益，笔者便满心欢喜，真要俯首再拜了。

参考文献

1.《明史·卷二百八十　列传第九十六》

陈庆之：这种战神，古代历史就这么一个

北魏王朝的胡太后是个狠人，之所以说她狠，是因为她毒死了自己的儿子，即北魏的第九位皇帝孝明帝元诩，然后拥立了三岁的元钊为帝。

孝明帝就这么不明不白地死了，朝廷乱了套，北魏肆州刺史尔朱荣反应极快，立刻打着替孝明帝复仇的旗号开始反攻北魏朝廷。尔朱荣的大军浩浩荡荡地冲进洛阳，对北魏都城开启了一场近乎无差别的屠杀，包括胡太后和元钊在内的两千多名皇亲国戚和大臣遭到杀害。

尔朱荣发动的这场屠杀，史称河阴之变，这是北魏崩溃的开端。

尔朱荣疯狂屠戮，北魏朝野可以说是人人自危。北魏身后是柔然，柔然和北魏仇更大，打了好几年了，那肯定是不能投奔，于是大家一股脑儿开始投奔南梁。

当时南梁的皇帝，是梁武帝萧衍。萧衍天性仁慈，对于北地之人持接纳的态度，就算投奔的人是流民，他也愿意接纳。因为流民就算什么都做不了，但他们也是潜在的劳动力和兵源。而且，萧衍开明豁达，通过后来他接纳侯景这事儿，就知道他这个人心地其实不错。

梁武帝越到暮年，他的内心就越是有种悲天悯人的情怀。尤其是在梁武帝晚年，南梁的发展越来越好，梁武帝所受到的称赞越来越多。在那样的年纪，他享受着一种权威，而这种权威的价值，大于一切年轻时的快感。

而投奔南梁的代表人物，就有北海王元颢。元颢身份贵重，他是北魏第六位皇

帝献文帝拓跋弘的孙子。

元颢投奔南梁，这对梁武帝来说是件大事儿，因为，元颢不是普通人，他是北魏的宗室，而且还是相当根正苗红的那种。萧衍非常希望可以利用元颢的投诚向北开拓土地，就算是再不济，也能通过扶持元颢在南梁和北魏之间建立一个缓冲地带，解决边防上的压力。所以，梁武帝干脆把元颢封为魏王，还安排南梁将领陈庆之率领七千士兵护送元颢北归洛阳继位。

这是什么意思？元颢已经归顺南梁，那么在政治上元颢就是梁武帝的傀儡，如果梁武帝可以把元颢扶持成为北魏的新帝，那么不就等于北魏也被梁武帝操控了吗？

这个想法，很大胆，但是很难实现。因为梁武帝太过小心谨慎，他没有给陈庆之太多兵力。这七千士兵护送元颢回洛阳等于是深入北地，谁看上去都知道这是羊入虎口，因此，梁武帝也不过是抱着试试看的心态。

但梁武帝萧衍不知道，他本来不抱任何希望的一次军事行动，后来的发展，却大大超出了他的意料。

在陈庆之的护送之下，元颢踏上了北返之路。但是，陈庆之却并不想就这么偷偷摸摸地把元颢给送过去，而是刚刚进入北方就攻打了北魏的军事重镇睢阳（今河南商丘）。

睢阳城的守将叫丘大千，他对陈庆之十分熟悉，因为他以前和陈庆之交过手，当年陈庆之带着两千兵马把丘大千几万人打得落花流水。所以虽然睢阳城里有守军七万，但丘大千仍然不敢轻敌，他严阵以待，连夜在睢阳城外修建了九道堡垒，企图抵挡陈庆之的进攻。

陈庆之只有七千人，而且还属于远征军，没有后援支持，这时攻打驻军七万的睢阳城，根本就是以卵击石。

但是神奇的是，陈庆之就是带着这区区七千士兵，从早上七点发起进攻，下午四点就攻破了九座堡垒中的其中三座，如此迅猛的攻势令丘大千惶恐不安，后来丘大千直接就投降了。

拿下睢阳之后，陈庆之继续北进，北魏将领元晖业听说陈庆之来了，临时调来两万精兵驻守考城（今河南民权），企图阻挡陈庆之的步伐。考城地势非常特殊，环城四面都有河流，易守难攻，元晖业倚仗着环城河流的优势，认为陈庆之一时半会儿肯定打不进来，于是放松了警惕。

谁承想，陈庆之连夜在水面之上筑起营寨，仅用几天时间就把考城给拿了下来，还把元晖业给活捉了。

这一仗打完之后，陈庆之可算是彻底威名远扬了，北魏将士都听说南梁来了个狠人，带着七千士兵横冲直撞，攻城略地，指哪儿打哪儿，一听到陈庆之的军队到了，他们连对阵的勇气都没有，纷纷望风而逃。

拿下考城之后，陈庆之将要面对的是荥阳的七万驻军。荥阳的守将是北魏的左仆射杨昱。如果只是杨昱的七万士兵还不足为惧，因为拥兵七万的丘大千同样被陈庆之打败了。但问题是，除了杨昱的七万士兵，北魏朝廷又从四面八方调集精兵强将围攻陈庆之，这些兵力加起来足有数十万之众。

可以说，北魏这回是下了狠心，几乎集结了朝廷最为精锐的力量来围剿陈庆之，誓要把陈庆之消灭于荥阳城下。

但是，陈庆之的行动实在是太快了，他在北魏援军抵达荥阳之前就拿下了荥阳城，还活捉了杨昱，又在北魏援军来到之后把援军击败于荥阳城下。

这一场场近乎奇迹般的战斗，可以说是把北魏方面给吓破了胆，他们不能理解陈庆之的七千士兵为何如此强悍，走到哪里打到哪里。他们认为这已经不是人力所能及，而是有上天帮助，所以北魏皇帝孝庄帝元子攸直接放弃洛阳，逃往河内（今河南沁阳）。

有逃走的，那就有没逃走的，留在洛阳的大臣当然也很识趣，陈庆之前脚把元颢护送到洛阳，后脚他们就拥戴元颢称帝了。

堂堂北魏王朝之京师洛阳，竟然被一个南梁将领给占领了，投诚南梁的元颢还堂而皇之地成了北魏的新帝。这让北魏人的心里相当难受，最难受的，当属当年兵变之后得权的尔朱荣。

于是，尔朱荣立刻重新集结了三十万大军，挥师洛阳，想要和陈庆之碰一碰。

尔朱荣，也是北魏战争史上响当当的军事奇才。现在，这个不可一世的尔朱荣

要和后起之秀陈庆之展开最后的决战。

以前是七万士兵开战，现在是三十万士兵对阵，陈庆之会不会战败，会不会胆怯？

事实证明，历史站在了陈庆之这边。

尔朱荣的三十万大军猛攻陈庆之，但陈庆之拒守半个月之久，搞得尔朱荣是筋疲力尽。尔朱荣连黄河都没渡过去，更别提攻下洛阳城了。后来，尔朱荣甚至失去了和陈庆之正面作战的勇气，只能搞偷袭，最终凭借兵力优势才把洛阳给攻下来。

洛阳城破之时，元颢出逃，后死于途中。陈庆之也算是基本完成了梁武帝交给他的使命，不仅成功帮助元颢做了两个多月的皇帝，还打了不少胜仗，把北方搞得一团糟。

洛阳失陷，陈庆之任务完成，于是大军回师，打算返回南梁。

陈庆之孤军深入北朝腹地，北魏的将领他活捉的活捉，杀掉的杀掉，尔朱荣为了拿下洛阳更是在陈庆之这边吃了不少苦头，别人就不说了，尔朱荣能放过他吗？

尔朱荣当然不想让陈庆之就这么走了，但问题是，尔朱荣太过忌惮于陈庆之的战斗力。他想拦截陈庆之，又不敢和陈庆之正面对抗，所以北魏军队只敢尾随在陈庆之的军队后边，并保持着一定的距离。

知道的这是北魏派人追击陈庆之，不知道的还以为北魏专门派出了一支护卫队保护陈庆之回家呢。

最后，陈庆之就这么大摇大摆地返回了南梁。

陈庆之的部队，统一穿银甲白袍，所以被称为白袍军，这一支白袍军从进入北魏开始就如入无人之境，视数十万北魏军如无物。陈庆之以少胜多，屡战屡胜，更是创造了南北朝时期无人可比拟的傲人战绩。

这仅仅是因为陈庆之运气好吗？当然不是，我们可以发现，陈庆之指挥每一场战役时，他不是那个躲在后面喊“兄弟们快上啊”的角色，而是冲在最前边喊“兄弟们跟我上”的角色。

七千人，就足够支撑起陈庆之勇敢无畏的决心。

这是什么，这是和士卒们同生共死，共同进退，这不是战争的技术，这是战争的艺术。

“名师大将莫自牢，千军万马避白袍。”但是却很少有人知道，陈庆之本人，其实和我们想象中的那种骁勇善战的名将有很大的出入。陈庆之其实是个文人，自幼多病，身体瘦弱，别说骑马和实战了，就连普通的弓箭，陈庆之都拉不开。

我们可以想象一下，当年南朝宋武帝刘裕北伐，气吞万里如虎，打的是后秦、南燕这种角色，刘裕如此神人，也不可能用七千人取得那样的成就，但陈庆之只凭借这七千人，基本上把北魏给横扫了。

甚至，就连当初派他出去的梁武帝都没有赋予陈庆之这样的使命，梁武帝把陈庆之派出去，说白了就是让他到北魏去捣乱。可陈庆之一个瘦弱的文人，却在那样的艰难环境中，实现了自己“心向往之，一往无前”的理想。

当年七千兵力，连下北魏三十二城，白马白袍，那是少年人最骄傲的模样。

战神有很多，但绕不过南北朝这个鲜衣怒马的陈郎。

参考文献

1.《梁书・卷第三十二　列传第二十六》
2.《资治通鉴・卷一百五十一》
3.《魏书・卷第五十八　列传第四十六》
4.（清）顾炎武撰；黄坤校点 . 天下郡国利病书 2. 上海 . 上海古籍出版社 . 2012.07. 第 849 页 .

凌汉翀：从知县到御史的坎坷路

万历皇帝不喜欢上朝，这是整个大明都知道的事儿。

皇帝不仅平时不上朝，甚至连一些重要的节日和场合，他也拒绝出席。

公元 1616 年正月初一，这是新年里的第一天，按照以往的礼制，朝廷会在这一天举办一场盛况空前的典礼，京城里有头有脸的大员都要参加，很多外国的使臣也会在这一天入朝进贡，再加上锦衣卫、御前侍卫、大汉将军及宫女宦官等，三五千人总是有的。

三五千人，这在当时就属于是大型集会了。

当然，这场典礼的主人公应该是万历皇帝，他本应该穿着隆重的华服，祭祀祖先，祷告上天，为天下臣民祈求来年风调雨顺，国泰民安。

可万历皇帝对这种事儿根本不感兴趣，对他来说，这种冗长繁杂而又浪费时间精力的活动，还不如在深宫内苑里陪郑贵妃。

所以，往常应该在紫禁城核心位置举办的庆典，因为缺少了主角而减少了很多流程，最后只能简单地在午门外办一下。

说是简单办一下，但如果亲临其中，想来也应该是盛况空前。

晨曦微露，天边泛起淡淡的金红，巍峨壮丽的古老宫殿沐浴在阳光之中，兀自散发出一种威严和肃穆的神态。

鼓声响起，文武百官们身着朝服，手持笏板，行三跪九叩的大礼。他们的动作整齐划一，甚至连表情都是同样的庄重肃穆，然后是烟花礼炮齐放，人群高贺皇帝万岁，大明江山永固。

整个仪式很复杂，就算没有皇帝的参与，也足足到中午才结束，礼成之后，大臣们收拾仪容，又一个个按部就班地从既定的通道离去。而在这些陆续离去的官员里，有一个叫凌汉翀的人，很值得一提。

凌汉翀，字峻卿，江苏长州人，进士出身，当时是都察院的一名御史。

御史是朝廷里的监察官员，负责纠察百官，考核官员的行迹。虽然说御史基本上都是六七品，官阶不高，但是他们的权力很大，无论是封疆大吏还是内阁首辅，只要看你不对付，一封奏疏送到皇帝面前，直接就把你给弹劾了。

凌汉翀为了准备参加庆典，半夜三点多钟就起来了，而且连饭也没顾上吃，到了午门外是又跪又拜又喊口号，折腾到中午早已经两腿打转，昏昏沉沉。此时他正从紫禁城的端门外走出来，本想要赶紧回家吃口饭，谁承想，意外发生了。

端门，在午门和承天门之间，凌汉翀平时上朝下朝都走这个门。

这条路，凌汉翀没走一千遍也有五百遍了，所以他轻车熟路。然而他前脚刚踏出大门口，后脚从端门的四面八方就冲出好几个人来，这些人肌肉结实，膀大腰圆，脚步迅捷又目露狠色。他们手持棍棒，把凌汉翀团团围住，噼里啪啦地就将其打了一顿。

这人呐，是很脆弱的，也不禁打，这伙搞突然袭击的人都是练家子，下手极重，一群人围殴凌汉翀，三五分钟就能把他给打死。

不过这里毕竟是紫禁城，是天子所在，护卫森严。几个巡逻的侍卫一看门口有人斗殴，立刻抽出佩刀，护住凌汉翀，还就地将这几个施暴的人给拿下了。

凌汉翀已经被殴打得不省人事，命悬一线，立刻被拉去救治，而这些参与殴打的凶徒也无意反抗，纷纷放下武器束手就擒。

深宫大内，天子脚下，堂堂朝廷命官，竟然平白无故地被人给打了一顿——这实在是有点让人匪夷所思。

事出反常必有妖，这一切，还要从凌汉翀考中进士的那一年，开始说起。

万历年间，凌汉翀是“春风得意马蹄疾，一日看遍长安花”。他成功地考取了进士功名，很快获得朝廷的任职，委派他到福州府的福清县去做知县。知县虽小，但毕竟有官做，而且凌汉翀比较务实，很能干，人也聪明。在福清县任期不过两年，便再次得到了朝廷青睐，把他调回京师做御史。

这种工作调动，官阶上的变化似乎不大，但对凌汉翀来说，却等同于升职。

因为，做知县很容易被埋没，到京师做官可就不一样了，虽说只是一个小小的御史，但也有可能一夜之间飞黄腾达。

当然了，凡事有利有弊。凌汉翀到京师做御史，自然是舞台变大了，机会也变多了。可是大明朝廷官员的升迁是严格的，凌汉翀不是名门之后，一无名气，二无人脉，三无背景，想要以御史职位为跳板再往上走一走，那是很难的。

要升官，那就必须有门路，一来二去，凌汉翀在京师认识了一个能在事业上对他有帮助的人——一品武官凌应登，位高权重，在朝廷里属于有头有脸的人物。

按说，凌汉翀区区御史，和一品大员是不可能攀上关系的。但巧的是，凌应登也是江苏长州人，而且两人都姓凌，一查族谱还是同宗，虽然不是近亲，但毕竟沾亲带故，所以两人的走动很快就频繁了起来。

凌汉翀缺的就是人脉资源，因为他一个小小的御史，去结交拜访朝廷大员，人家都不愿意见他。但是有了凌应登给他做背书，帮他引荐之后，他就能认识不少官场上的朋友。

凌应登虽然是朝廷大员，但凌汉翀这个小御史所拥有的权力却正是他所看中的。因为，凌汉翀可以监察百官，能直接和皇帝对话，那么凌应登就可以把凌汉翀当枪使，想要弹劾谁，他可以直接指使凌汉翀去做。而且，御史既然能和皇帝说上话，那么凌汉翀在皇帝面前偶尔替凌应登美言两句，那对凌应登的仕途也是多有裨益的。

两人想得都挺好，可实际一接触下来，凌汉翀却发现凌应登这个人，实在是太不靠谱了。

首先，凌应登虽是一品武职，位高权重，但他在官场里混得不怎么样。因为凌应登一来能力不够，二来品性不好，工作干得不怎么样不说，平时还经常欺男霸女，违法乱纪，名声非常差，朝中同僚大多都不愿意和他结交，唯恐避之不及。

凌汉翀搭上了凌应登，本以为自己遇到了贵人，可以通过凌应登结识朝里的权贵，可谁曾想权贵没结交到，自己反而因为和凌应登这种人品低劣的人交往过甚而惹得一身臊。同僚们都认为他识人不明，竟然和凌应登这种人称兄道弟，慢慢地凌汉翀也被朝臣疏远排斥了。

凌汉翀越想越气，越想越难受，他待在家里生闷气，思来想去，竟然想到了一个破局的好办法。

凌汉翀是御史，御史想要往上升，想要做出业绩，那么就需要不断地弹劾举报那些贪污腐败、违纪违法的官员，这才能体现出他的工作水平和业务能力。平时这种官员不好找，或许是人家隐藏得好，但现在自己和凌应登结交，凌应登私下干的那些诸如欺压百姓、徇私贪墨的事他都一清二楚。

于是，凌汉翀二话不说，利用自己和凌应登的亲密关系，大肆搜集凌应登的犯罪证据，直接把凌应登给弹劾举报了。

凌汉翀把凌应登给背刺了，可凌应登也不是吃素的，他一看凌汉翀把自己给出卖了，于是也写下一封奏疏，上报皇帝。他在奏疏中说皇帝啊，您不能听凌汉翀一派胡言，这打铁还需自身硬，凌汉翀举报我贪赃枉法，我还要举报凌汉翀在福建福清做知县的时候鱼肉百姓，大敛横财呢。凌应登甚至说，凌汉翀能得到御史的这个职务，都是花钱买来的。

凌应登的举报是真是假，有待商榷，但是他这么一泼脏水，混淆视听，凌汉翀所举报的事情的真实性，在皇帝看来也就变得可疑了。

凌汉翀的奏疏送上去之后，皇帝没有回复，凌应登的奏疏送上去之后，皇帝也没有批示，两封奏疏就好像石沉大海一般，彻底失去了消息。

人最怕内耗，本来什么事儿都没有，结果自己非要胡思乱想，就容易引发更大的变故。

凌汉翀的奏疏得不到回复，他不太着急，因为他胸有成竹，很有底气，他知道自己列举凌应登的这些罪证都是真实无误的，皇帝这么长时间还没批示的原因可能是朝廷也需要一定的时间来核实真伪。只要朝廷核实完了，给凌应登定罪了，那自己就是大功一件。

反观凌应登见自己的奏疏得不到回复，那是相当着急上火，因为他做贼心虚。他知道凌汉翀弹劾他的内容都是确有其事，他怕皇帝看完之后大发雷霆，直接把自己查办了。

要死，就死个痛快，可偏偏一天两天没结果，两月三月也没结果。在凌应登看来，这不是没事儿了，而是朝廷已经把这事儿给重视了起来，皇帝和内阁的大臣们肯定没日没夜地在研究如何给自己定罪，怎样把自己给弄死呢。

处在这种暴风雨之前的平静之中，凌应登就宛如有一柄达摩克利斯之剑高悬头顶——死并不难受，在惶恐之中等死的滋味才难受。

在这种情绪下，凌应登的心理慢慢地就崩溃了，他认定自己是必死之人了，情绪便逐渐失控，开始有了报复的心理。

报复谁呢？他所报复的对象只有一个，那就是凌汉翀。

这凌汉翀跟自己是亲戚，自己有心提携他才跟他结交，谁知道凌汉翀不仅不懂得知恩图报，反而为了自己的功名和仕途背刺自己一刀，要把自己当作牺牲品。自己落到今天这个地步，完全是凌汉翀导致的。

有了这个想法之后，凌应登立刻制定计划，那就是在正月初一的大典过后，自己亲自带人在端门伏击凌汉翀，争取把凌汉翀给打死。

凌应登这是豁出去了。

可是，凌应登千算万算没想到，自己亲自下场，带了十来号人在凌汉翀的回家之路上偷袭凌汉翀，一群人打了十来分钟，凌汉翀浑身是伤，肋骨也断了，头也破了，倒在地上一动不动，最后愣是让御医给救回来了。

大内禁地，官员互殴，还是武官打御史，还差点把御史给打死。这事儿很快被汇报到内阁，且上达天听，万历皇帝也知道了。

大约三天之后，朝廷给出了最终的处理意见：

凌应登在端门殴打御史，行为恶劣，简直是无法无天，无父无君。凌应登本该处以死罪，但好在凌汉翀被救了回来，那就免除凌应登的死罪。可死罪能免，活罪难逃，最终决定把凌应登一撸到底，从一品大员削职为民，流放三千里。

流放三千里，说白了和死了也差不多了，因为很少有人能坚持走完这三千里路，大部分都死在路上了。

而那个被狠狠揍了一顿的凌汉翀，也受到了朝廷的严厉惩处。理由是：凌汉翀和凌应登是同族同僚，私交甚好，凌汉翀因贪图名利而背刺凌应登，两人关系僵化，以致相互弹劾，最终演变成了这起暴力伤人案件，事情是由凌汉翀引起的，应当惩处。

所以，凌汉翀也被削去官职，贬为平民，好在不用流放，还能安度余生。

按理说，这么判，实在是不应该。

如果凌汉翀对凌应登的弹劾是真实的，凌应登多年来贪赃枉法，做官做到把自己名声都混臭了的地步，再加上这次在宫里犯下这种严重的暴力事件，为何最终能免死呢？

答案呼之欲出，因为万历皇帝根本没有兴趣去看凌汉翀送来的奏疏，皇帝根本不了解实际情况。

而凌应登如果对凌汉翀的举报是可信的、真实的，那么凌汉翀做官也有问题，受到处罚也是理所当然。可如果凌应登对凌汉翀的控告是不实的，那么凌汉翀虽然有投机取巧、钻营官位之嫌，但说白了他属于是受害者，怎么会被削官贬职，受到如此严厉的惩处呢？

答案也呼之欲出，因为万历皇帝同样对凌应登对凌汉翀的控告不感兴趣，凌应登的奏疏，也早就在内阁留中，积上了一层厚厚的尘土。

凌汉翀和凌应登都以为，自己的奏疏送到御案之上，万历皇帝必然重视，就算不重视，皇帝也一定会看。但是他们想不到，大明的天子对外部世界的变化已经不感兴趣到了这种地步。无论是有人伤天害理、欺天虐民，还是有人贪赃枉法、贪污腐败，甚至就算是凌应登把凌汉翀打死在了端门外，本质上，都已经不能让万历皇帝，有一丝一毫的动容。

在了解到凌汉翀和凌应登的案子后，皇帝竟然把案件的性质定性为了相互争斗。这当然引起很多官员的反对，重审的呼声甚高，但万历充耳不闻，不允许任何人再有非议。

皇帝可以不上朝，但皇帝不能不要权力。

张居正死后，万历本以为没有人能够再左右自己的生活，而在万历最疼爱的儿子朱常洵登上储位的计划被大臣们破坏掉之后，万历忽然发现，一个张居正死掉了，可朝廷里千千万万个张居正站了起来。

于是，魁柄独持的万历终于放弃了，他只想活在自己的精神世界之中，至于是非对错和帝国命运，那算什么？

在万历看来，精神世界的寂寞和空虚，无法改变，正如他背负的帝王命运，也没有回旋的余地。

参考文献

1.《明实录神宗实录 · 明神宗显皇帝实录卷之五百四十一》

2.《明史 · 卷二百四十二　列传第一百三十》

刘琨：从闻鸡起舞到末路英雄

桓温，字元子，东晋权臣，曾数次北伐，名动天下。

桓温的长相十分出众，娶了晋明帝司马绍的嫡长女安康公主为妻。因为长相出众，又抱得美人归，所以桓温自视甚高，一直认为自己是英姿勃发、世间罕见的美男子。

他自己这么认为，但时人却常常把他和王敦相比。

王敦，字处仲，东晋前期的权臣，刚愎不仁、目中无君，在某种意义上属于逆臣乱臣，老百姓把桓温和王敦相比，桓温心里相当不乐意。

有一次桓温北伐归来，途中遇到一个老妇人，这个老妇人年轻的时候在宫里做婢女，见到桓温之后不禁惊呼，说桓大司马你可了不得啊，你的长相和刘琨很相似啊。

刘琨是东晋历史上著名的美男子，而且是外形、气质、品格兼而有之的那种。

桓温听了非常开心，连忙追问，说老人家你详细说一说，我到底哪一点儿像刘琨呢？

老妇嘿嘿一乐，说了这么一句话：脸庞很像，但是刘琨的脸庞比你消瘦；眼睛很像，但你的眼睛小了点；胡须很像，但可惜你的胡须发红；身形很像，不过你就是矮了点；声音很像，只可惜你说话不够雄浑。

桓温本以为老妇人是要夸他，结果却被妇人损了一顿，他非常不开心，一连郁闷了好几天。

桓温已经是东晋后期盛名无两的显赫人物，然而就是他这种级别的人，也对能

成为像刘琨那样的人而心向往之。

那么问题来了？刘琨是谁？他又有着怎样的故事呢？

刘琨，字越石，西晋权臣、军事将领、政治家、文学家，同时还是中山靖王刘胜的后代。对，就是刘备说的那个中山靖王刘胜。这么一看，刘琨还是皇族之后。当然，和刘备一样，刘琨最初也是一个没落的皇族。

刘琨所处的魏晋时代，是历史上有名的乱世。

这乱世之中人人自危，魏晋名士们在这种艰难的生存条件下，更是开辟出了一种独属于自己的生存哲学。

首先，他们喜欢研读老庄，日常弄玄，或者说他们喜欢形而上学，因为这可以让他们构建精神世界的堡垒。在这种幻想的世界之中，他们可以逃避现实世界的苦难，从而寻求精神上的慰藉和解脱，其中最典型的代表就是竹林七贤。

如阮籍爱饮酒，嵇康多狂放，而且他们骨子里有一种似乎与生俱来的骄傲。阮籍在重臣司马昭的面前一点面子也不给他，而权贵钟会拜访嵇康的时候，嵇康更是看不起他。那时候名士们的生存状态，其实很值得细细品味。

但是，自晋武帝建立西晋，天下一统开始，逐渐安定富足的社会环境，也潜移默化地影响到名士们。他们喜好清谈、附庸风雅，恃才傲物般的炫耀才华，但本质上，他们的精神世界是空虚的。

刘琨，就出生于这样的时代。刘琨长相帅气，性格直爽，从小在十里八乡就很有名气。年轻时候，他曾经留恋过红尘，是个浪子，也属于名士之流。作为一个个性鲜明、素有才名的美男子，在西晋他算是独树一帜般的存在。

但是，刘琨绝不是一个享乐之辈，他不甘心于用清谈岁月来草草度过自己的一生，他很有志向，甚至可以说是胸怀大志。二十六岁，刘琨步入仕途，他还结识了一个十分要好的朋友——祖逖。

刘琨和祖逖是同僚，两人一起同吃同住同睡，感情相当深厚。

这两个年轻人，都志存高远，每天想的都是建立功业，成为国家栋梁之材，因此，彼此之间时常相互勉励。

有一天半夜，刘琨和祖逖在屋里睡觉，突然听到屋外有公鸡打鸣。祖逖在听到鸡鸣之后立刻把刘琨叫醒，对刘琨说，这夜半鸡叫是上天在提醒我们要抓紧时间，懂得把握机遇，咱们得努力起来啊。于是，祖逖和刘琨都穿起衣服，一人拿起一把长剑，开始到院子里练习剑法，以此来磨砺自己。

然而，皎洁夜空之下，两个年轻人从此走向了截然不同的人生道路。

晋武帝司马炎是西晋的开国之君，然而作为开国皇帝，他的表现很难说是尽善尽美。羊车望幸、传位于智力低下的惠帝司马衷，更引出了之后的八王之乱。后来因八王之乱而导致五胡乱华，西晋基本上算是走到了尽头。

而就在这个王朝倾覆的紧要关头，刘琨被朝廷派往并州做刺史。

并州是古代九州之一，包括今天的内蒙古河套，山西太原、大同以及河北保定的一部分，是一片很大的区域。

当时的并州，可以说是如孤岛一般，因为并州处于西晋的边防前线，这个地方是少数民族聚集区，什么匈奴人、羌人、羯人、鲜卑人，他们要入侵中原，都要途经并州。

可以说，无论是谁到这个地方做刺史，都是九死一生，而刘琨却欣然接受了朝廷的任命，而且，他这一趟去并州上任，只带了一千人。

他从西晋都城洛阳走到并州的晋阳（今山西晋阳），就花去了一年的时间。然而经过千辛万苦到晋阳之后，刘琨却发现，因多年的战乱，晋阳已经几乎沦为了一座空城。

刘琨就是在这样艰难的生存条件下，尽力安抚流民的同时发展生产，甚至还有力地加强了晋阳的防御。所以又过了一年时间，原本几乎是座空城的晋阳，竟然再次恢复了往昔的生机。

这不仅仅是一座城池的希望重现，更代表了刘琨治下的晋阳成为晋朝在中原几乎唯一的防御势力。

当然，乱世中的岁月也并非一帆风顺，刘琨时常陷入艰难的境地。

有一次，刘琨被数万匈奴兵团团围住，他一无强兵抵御，二无后援支持，就这么硬生生地强撑了七天之后，眼见城破人亡，刘琨蓦然想起当年楚汉争霸时四面楚歌的故事，于是，他亲自登上城头，吹起了胡笳。胡笳，是一种边棱气鸣乐器，民间又叫冒顿潮尔，这是北方胡人最为擅长的东西。

年轻时的刘琨，曾经和西晋的名士们来往，结交了不少好朋友，更因此学会了精妙的吹奏胡笳的技艺。所以，城头上的刘琨吹起了一曲《胡笳五弄》，曲声悠扬婉转，其中却暗含雄浑之意，细听更有数不尽的哀伤气息。这悲伤的音乐从城头传来，传到匈奴军队的营中，匈奴将士们听到，黯然长叹，不禁一个个都生起了思乡之情。他们沉醉于音乐之中，涕泪横流，更加思念自己草原上的故乡，因此军心大动，不一会儿数万匈奴大军竟然就这么退去了。

城外匈奴人的战马嘶鸣之声渐渐远去，而城头上一曲罢了的刘琨，早已泪流满面。

是啊，匈奴人还可以回到自己的家乡，可自己什么时候才能游子归故乡呢？

然而，尽管有着“一曲胡笳退万敌”的千古佳话，刘琨最终还是被强大的敌人所击败。晋阳失陷，并州失控，就连刘琨的父母都死于战乱之中，但刘琨没有放弃。星夜微光，他孤身一人，投奔了时任幽州刺史的鲜卑首领段匹磾。

刘琨的人生跌入低谷之际，西晋王朝的命运也走上了终结。

洛阳被攻破，西晋末代皇帝晋愍帝司马邺被匈奴人俘虏，这个十八岁的小皇帝成了匈奴人的奴仆，他做过匈奴人开路的小兵，在宴会上做过斟茶倒酒的仆从，屈辱的生活让西晋的老臣们悲痛不已，放声大哭，皇帝本人最终更是被折磨致死。

眼泪，是这个世界上最廉价、最无用的东西。

所以，刘琨背负的不仅仅是父母身死的仇恨，更是国破家亡的巨仇，因此他联手段匹磾，想要东山再起，再兴晋师以匡济天下。然而，乱世难为，刘琨愿意相信段匹磾，谁又能相信他刘琨呢？之后，因奸人挑拨，段匹磾对刘琨暗生嫌隙，心存怀疑，最终将刘琨下狱处死了。

在暗无天日的监狱中，刘琨给自己另外一位要好的朋友卢谌写下了自己最后的绝命诗《重赠卢谌》，摘录如下：

朱实陨劲风，繁英落素秋。
狭路倾华盖，骇驷摧双辀。
何意百炼刚，化为绕指柔。

这不仅仅是一首慷慨陈词的诗文，也不是生命终结前对亲友故人的交代，这是刘琨内心最真实、最直白、最惨烈的写照。

当年，他曾和祖逖闻鸡起舞，怀揣着报效朝廷的远大理想；当年，他曾让曙光初现，让生机映照在并州大地上；当年，他在国家危亡之际挺身而出，成为那个时代的中流砥柱。

然而，现在的他，成为末路英雄，只剩下满腔的无奈和血泪，和让人不忍直视的心酸。

国家失去了大半的土地，中原四海满是敌人，刘琨就那么日复一日、年复一年地和敌人周旋作战，直到死去。

刘琨不知道，就在自己死后，他的至交好友祖逖取得了东晋北伐的巨大成功。

然而，祖逖最后也被排挤打压，郁郁而终，命运同样凄迷。

功业未及建，夕阳忽西流。
时哉不我与，去乎若云浮。

是啊，这悠悠三国耗尽无数英雄气，这沉浮两晋空负多少赤诚心。

残阳如血，北风似刀，远方传来阵阵胡笳管乐，风中莫名苦咸，那是悔恨的味道。

参考文献

1.《晋书·卷六十二　列传第三十二·刘琨》
2.《朱子语类·卷第一百三十五》
3.《艺苑卮言·卷三》
4.《世说新语笺疏：赏誉第八下》
5.《尧山堂外纪·卷十一·六朝》

李悝：变法先行者的传奇与宿命

李悝的《法经》，不仅仅是一本书，也不仅仅是一场变法思想的大纲。

——题记

李悝，魏国都城安邑（今山西夏县）人，战国时期魏国法学家。

史书上关于李悝这个名字，有很多种不同的记载，比如“里克”“李兑”“季充”，五花八门。

名字，只是一个代号，并不能代表什么，就如同一个人也许能拥有很多名字，但往往只能拥有一种人生。

李悝的人生，还要从他的青年时代开始说起。

李悝是十里八乡的俊后生，所以他入仕很早，年纪轻轻就先后担任了中山相和上地守这两个官职。中山和上地，是地名，相是一种地方上的高级文职，而守则是地方上的最高军职。文的、武的都干过，李悝也勉强算是文武双全。

年轻的时候多一些经历，对个人来说，是大有裨益的。

李悝做中山相的时候，刚刚步入仕途，那时候他豪情壮志，想着自己一定能干一番大事业。

这可以理解，很多年轻人会无端地把这个世界想象成是一条恶龙，而总希望自己可以做那个屠龙的勇士。

然而，当李悝满腔热血地赴任中山相时，他才发现，世界不是一条恶龙，世界是一潭死水。

无聊的工作，一成不变的日子，一眼望到头的一辈子。

如果李悝愿意，他可以在中山城当一辈子悠闲品茗的文相，但是很显然，他不愿意。所以，他辞掉了中山相的工作，选择投笔从戎，成为上地守。

中山和上地，都是魏国的边境城市，毗邻秦国的西北边境，所以成为上地守的李悝，时常要和秦人作战。在战场上，他对这个世界的看法自然而然地会发生改变，这个时候，世界在他的面前不再是一潭死水，而是一锅沸汤。

寒光凛冽的铠甲，呼啸而过的箭矢，喷涌而出的鲜血，以及负伤将死的哀号……

在战场上，人命不再是人命，而是变成了数字。

李悝指挥过很多场战役，两军士兵交战，无论哪一方胜利，失败的那一方，或是几百条、几万条人命，如割草一般就没了。

焦灼的战局和无穷无尽的杀戮之下，李悝看不到自己的出路。顺带着，他也为国家的未来而感到忧虑。

就这么打来打去，能有什么出息？搞不好哪天自己也会命丧疆场，又有什么意义？

诚然，李悝不是大老粗，他具有很高的文化水平，所以在生活的同时，他也在不断反思过去。

以前教李悝学问的人，是一个叫曾申的名士。而曾申的老师，是孔子门下最出众的十位弟子之一——子夏。

子夏，又叫卜商，后世尊称为卜子。子夏当时是魏国的重臣，而此时的魏国国君，是魏文侯。魏文侯倚重子夏，顺带着对子夏的徒弟很有好感。魏文侯赏识李悝在边地尽心尽力，于是一纸诏书，把李悝调回朝廷。

回到魏都，李悝看待这个世界的视角，又发生了截然不同的变化。

广阔的天地在他的面前展现，魏国的风貌在他面前一览无余，但李悝却隐隐有些忧虑。魏国、韩国、赵国这三个国家，是瓜分晋国而来的，它们是战国时期的新兴国家，根基很浅。

魏国的疆域，在当时是这样的：西临秦国，东到淮水和颍水，与宋国和齐国为邻，西南和韩国以一种犬牙交错的方式相接，南面则有楚国，北面则有赵国。

无论怎么看，魏国都处于中原的腹地，属于四战之地，腹背受敌，所以在地理位置上并不怎么讨好。

地理位置不好也就算了，国情发展也很有问题。

在李悝的时代里，礼崩乐坏，生产关系发生了巨大变化，而社会的剧烈变化，必然引起上层建筑的变化。

如韩、赵、魏三国，本质上，它们其实已经具有封建政权的雏形，而唯一能阻挡这些政权彻底封建化的，就是奴隶主贵族势力。

诸国之间交战日烈，魏国的发展又一直不是很好，论有钱，比不过韩国；论军事，又比不上赵国。一想到这些窘境，李悝就相当愤懑。于是，李悝主动找到了魏文侯，希望君王支持自己变法，为魏国带来一场翻天覆地的改革。

史书上对魏文侯的评价，可以说是清一水的好评。

作为历史研究者，作为后人，我们自然知道魏文侯是魏国百年霸业的开创者，古今史学家笔下的贤君，然而彼时只靠着一腔孤勇，冒冒失失地跑到魏文侯面前，推荐自己变法项目的李悝心怀忐忑，他不知道，他面对的君王，会不会给他这个机会。

我等了很多年，就是在等一个机会，我不是要证明我比别人强，只是想把失去的东西拿回来。那么李悝失去的是什么呢？也许，是那匆匆疾驰而过的青春。

最终，魏文侯给了李悝这个机会，由此，中国历史上的第一次变法开始了。如果对历史感兴趣，最熟悉的变法，应该是商鞅变法。然而，李悝变法要比商鞅变法早了四十多年。

“李悝变法”的内容，冗长繁杂，但大致看来，可以分为四大项。

第一项，收拾老牌贵族。

第二项，整改土地资源。

第三项，依法治国。

第四项，建立军事制度。

首先，我们来说第一项，收拾老牌贵族。

奴隶制时代的贵族，比如魏国的贵族，都是世袭的。贵族有爵位，而通常一个爵位，是有相应薪俸的。贵族的日子过得相当优渥，但基本上是不劳而获，他们就算其人平庸，毫无才能也可以承袭父职，凭借一代代的继承祖上的余晖生活。

魏国朝堂上的士大夫们不以为意，因为士大夫的利益和贵族们的利益没有冲突，贵族靠祖上庇佑而享福，士族的俸禄待遇也不低，但对从边地归来的李悝来说，这是不能容忍的。

多少魏国的将士，连续几年都拿不到粮饷，饿着肚子上战场更是常有的事儿，他们埋骨他乡，为国捐躯，却连一份微薄的抚恤也拿不到……

看着魏国贵族们整天浑浑噩噩，过着骄奢淫逸的生活，李悝怒了。在魏文侯的支持下，他大手一挥，取消了贵族世袭制度。以后贵族家的子嗣不仅继承不了爵位，朝廷也不会再发放薪俸。

想要做官封爵？那就凭实力争取军功！

取缔贵族，不仅仅是李悝对这些奴隶制度下贵族主的愤恨，更为重要的是，他要打通国家发展的一个重要环节——人才输送。

因为门第出身，有多少高才被拒之门外，有多少大贤只能绕道而行？

大量混日子的贵族被踢出了朝堂，工作岗位出现空缺，就业机会变多，魏国以一种包容公正的姿态，开始呼唤战国人才的到来。之后如商鞅、吴起、孟子、孙膑、公孙衍、张仪、范雎、尉缭子能够来到魏国求仕，便是李悝变法带来的红利。

只是李悝没有想到，自己费劲把这些人才吸引到魏国来，后来的魏国君王却不礼遇贤才勇将，令这些人才又纷纷出走。

其次，我们来说第二项，整改土地资源。

西周时期的土地制度是井田制。西周时期，道路和渠道纵横交错，把土地分隔成方块，形状像“井”字，因此称作“井田”。井田归周朝的天子所有，天子会把土地分封给诸侯，诸侯再分给卿大夫，卿大夫再往下分，一直分到最低的奴隶主阶层的手上。

这些获得分封的奴隶主，对土地有使用权，但是没有买卖权和转让权。这看起来问题不大，但真正要命的是，奴隶主只要接收了周天子分封的土地，无论他本人耕种与否，都需要向朝廷定时缴纳赋税。奴隶主当然不会自己耕种，所以他们只好强迫自己治下的奴隶来替他们耕种。

土地是分封给奴隶主的，但奴隶主不种地，靠压迫奴隶也能收获。而土地不是奴隶的，奴隶却要在土地上耕种终年劳作，还是无偿的劳作，一无所获。

《说苑》中说："农事害则饥之本也，女工伤则寒之原也。"

在这样的土地制度下，无论是耕种土地的人，还是土地的使用者，或者是拥有者，都缺乏劳动的积极性。没有积极性，效率就会变低；效率变低，产量就会下降；产量下降，粮仓就会没有储备；粮仓没有储备，国库就会空虚。国库都空虚了，国家又如何能强大得起来？

于是，李悝大刀阔斧地对原有土地制度进行改革。他不仅鼓励老百姓自行垦荒，开发土地资源，更大力支持土地的流通和买卖。李悝甚至还对魏国境内的所有土地进行了测量，大致估算了魏国的土地产量。

那么为什么要研究土地产量呢？因为李悝要把土地均分给百姓，还要根据土地产量，制定合理的赋税。

《汉书》中说："农伤则国贫。"

而李悝在改革土地制度上极大地保护了农民阶级和普通百姓的利益，确立了土地私有制度和个体小农经济，使得魏国的农业发展进入了一个全新的时代。

然后，我们来说第三项，依法治国。

国无法不立，没有规矩，那是成不了方圆的。

为了让魏国成为一个彻底制度化的王朝，李悝颁布了《法经》。这是中国历史上第一部比较系统的成文法典，对魏国的法律、朝廷各部门的职能、官员的赏罚、军功的奖励等，都做出了十分详细的规定。

在当时，《法经》看似不过一捆笨重的竹简，但它所承载的意义，是超越那个时代的。

法家讲究什么？讲究"不别亲疏，不殊贵贱，一断于法"。

在魏国，我们不讲人情，不看背景，不管身份，所有人在法律的面前，是平等的。也许，这样的平等在那个政治核心仍然是维护君主统治的战国时代中并未彻底实现过，但这无疑是古代社会萌发的最接近于现代法治的思想和观念。

最后，我们来说第四项，建立军事制度。

李悝毕竟有过从戎的经历，所以他的变法，就必然会有涉及军事方面的内容。

在李悝看来，自己当年在边地和秦人交战，其实是一种周而复始的循环。

因为，无论是魏人还是秦人，都有着相同的特点，那就是兵源参差不齐，战术混乱不堪。这样的战争，比拼的不是力量，而是谁更幸运。

想要在战场上取得优势，就必须建立起一支正规化的新军。

然而，李悝毕竟还是文治多于武功，他并不是那种军事方面的高级人才，所以这件事儿，他还要拜托在他刚开始变法时，来到魏国求仕的吴起。而在吴起的训练之下，“魏武卒”应运而生。魏武卒中的士兵，能力和水平远远优于普通士卒。他们穿着三套铠甲，能拉开十二石的弩，背上能负五十支弩箭，手上还能提戈作战，腰上还要悬挂利剑。这样的装备配备，无疑是重兵部队，然而魏武卒行军速度奇快无比，半天时间就能走一百里路。放眼整个战国时代，这样的军队，有且仅有这一支。所以说，由李悝策划，吴起打造出的魏武卒，是战国时期的最强步兵。

那么，魏武卒的出现，对魏国来说意味着什么呢？意味着魏国在战国初期军事战场上的绝对优势。

吴起曾带兵五万，打得秦国军队大败而归，魏军在河西战场上打得秦人一蹶不振，将秦国压制在洛水以西更是长达八十年。

四项变法的内容说完，但李悝变法的意义，却并不限于魏国一地。

从李悝变法开始，战国时期在历史舞台上的面貌发生了翻天覆地的变化，中华文明也因此进入了更为广阔和深刻的阶段。变法之前，战国是混乱而无序的，而变法之后，战国有了秩序，有了条文，有了框架，有了具体的形状。并且，李悝在无形之中，默默地影响到了很多人。吴起受他的影响，后来出走楚国，在楚国掀起了变法运动。韩非吸纳李悝的经验，成为法家学说的集大成者。就连那个黯然离开魏国投奔秦国的商鞅，在流浪的路上，怀里还揣着一册李悝的《法经》，就更不用说后来那个帮助秦始皇嬴政规划统一蓝图，打造大秦帝国的李斯了。

史书上没有记载李悝的结局，但后世有一些史料显示，李悝是自尽而亡。原因是，变法成功后的李悝蓦然回首往事，发现自己曾经的一些作为居然和自己制定颁布的《法经》相悖，为了不落人口实，更为了维护变法的公平和公正，李悝最终选择了自尽而死，以身正法。

作为变法先行者的李悝没有想到，自己的命运，不是意外，也不是个例。吴起被射杀于楚悼王的葬礼之上，商鞅被车裂于秦王宫，韩非子在狱中被害，李斯则被秦二世送上了刑场。

这些法家名士的凄惨结局，印证了他们的宿命：

被君王所倚重，就要全心全意为君王着想，身死族灭也在所不惜，这是战国以来法家之士的传统和命运。

参考文献

1.《汉书·食货志》

2.《晋书·刑法志》

3. 桓谭 .《新论》

4. 杨宽 .《战国史料编年辑证》

第八章 千秋岁月如流水，万古江山似旧颜

只可惜，凤冠虽美，但她却终其一生，都没有佩戴过。

成为宫女，已经是普通人的极限

公元 1621 年，明朝的倒数第二位皇帝朱由校登基了。

朱由校登基的时候，只有十六岁，非常年轻。

他当皇帝的时间也不是很长，干了七年就驾崩了。

朱由校很爱玩，爱玩算是他的一个特质，所以史料中有关他在后宫中休闲娱乐活动的记载比较多。这种记载，一般以《宫词》的形式来记录，而纵观大明王朝十六位皇帝，天启一朝的明宫词数量也是历任皇帝中最多的。

而这些记载，可以很好地体现出明朝宫女的生活状态。因为天启皇帝在后宫里玩乐，宫女们就会以玩伴的形式来陪伴皇帝。

在封建帝制时代，宫规森严，宫女的数量是有规定的，宫女的着装也是有标准的，但是这种情况并不绝对，宫女的生活状态，会随着皇帝的喜好而有所改变。

所以，如果我们要研究宫女们的日常生活，探究明朝的宫女在宫里都玩什么，就要先对具体的皇帝进行具体的分析。

有明一朝的史料，几乎很少有记载天启皇帝好女色的，因为众所周知，这位皇帝生平最大的爱好是木工活。

我们对木匠有一个误解，认为古代的木匠都是下里巴人，木匠活是粗鄙简单的手艺。但其实不然，朱由校并没有整天把自己关在屋子里锯木头，锯完这一块锯下一块，他做的不是这种简单的体力活，他做的是进行精密的创造设计。

小到机关宝匣，微缩宫殿，大到木床木椅，亭台楼阁，朱由校可以说是手到擒来。而且他的制作工艺在当时属于一流，他是高级木匠。所以，工程师朱由校至少要掌握一定的数学、物理学、工程力学、建筑构造学等复杂学科的知识，才能制作出那样美轮美奂、巧夺天工的工艺品。

这也从侧面说明，朱由校绝非文盲，而是高级知识分子，绝非坊间谣传的大字不识一个。

相较于宫女，朱由校似乎对宦官更有好感。如朱由校宠信宦官魏忠贤之流，在后宫中对男性玩伴更感兴趣。

从这个角度来说，宫女们既非皇帝的性伴侣，更不会成为皇帝的精神寄托，对皇帝来说，并不算特别庞大的宫女群体，只不过是森森宫闱里的廉价劳动力。

皇帝虽然不好女色，不会整天流连于后宫，但是为绵延子嗣计，选拔宫女却是必不可少的，而且这个流程十分复杂，异常残酷，落选率更是高得惊人。

最开始的选拔，我们称为海选，从全国各地的官僚阶级家庭中选出五千人送到京师，在宫门口由宫内的宦官进行筛选。

这五千人，都是家世清白，即使出身不显贵，基本素质也要比普通人高出不少。但是宦官有他们的筛选方式，太高的不要，太矮的不要，太胖的不要，太瘦的也不要，只留下身材匀称的入宫，这么一轮筛下来，基本上就筛掉了一千人。

剩下四千人，又有内侍宦官来挑选，这次的选拔条件更为严苛，也更加细致，耳朵不好看的，眼睛没有神采的，鼻子长得不美观的，头发干枯分叉的，皮肤不白皙红润的，腰背不挺直的，脖子太短的，但凡有一项不符合要求，都会被拒之门外，这就又筛下一千人。

之后，宦官会对剩下的三千人再次进行一轮考核，让秀女们自我介绍，详谈其家世背景，自小经历。同时让她们左右踱步，四处走动，观察她们的仪容仪表和行事风格，通过她们声音的表现和言行举止来决定她们的去留。

声音宛如黄鹂悦耳动听的留用，而声音沙哑浑浊、不甚中听的则遭到清退；举止端庄，小家如碧玉、大家如闺秀者留用，行事蠢笨、举止毛躁者则列为不及格。

这样两轮筛选，就又刷下去两千人。

剩下这一千人，才有资格成为正式宫女，当然，这一千人她们在宫中也不过是普通宫女，是身份最低的那种。

如果宫女们想要在身份等级上有所提升，那就需要再进行一轮筛选。

她们会被宫中的教习姑姑们单独带入隐秘的房间之中，教习姑姑就是宫里的老宫女，她们会十分细致地给每一位秀女检查身体，有关具体检查的记载：“探其乳，嗅其腋，扪其肌理，察其贞洁”。

在这种高度私密的身体检查之下，能通过的宫女不过三百人。

但是只要通过，基本上就是高级宫女了，有的手底下能管三五人，有的则被安排到更为轻松的工作岗位。

这三百人里，还会另有严格的审核，挑出五十位，以做皇帝妃嫔的备选。

一些后宫题材的电视剧，为了体现出女主角的聪明和美丽，往往会在女主角的身边配上几个长相一般，能力一般，智商更加一般的宫女丫鬟作为对比，让人觉得古代宫廷的宫女质量很差，纯属打杂的工具人，谁上谁都行。

其实，这是不对的。

古代宫女的质量不仅出奇的好，而且都是经过上述严格的筛选之后才能留下来，她们某种程度上代表了儒家对女性的最高标准，所以宫女这份差事还真不是谁都能干得了的。

成为宫女之后，生活待遇将会发生翻天覆地的变化，宦官们也许会挨饿，但是无论是什么级别的宫女，她们的饮食起居都能得到保障，在不同的时节里，她们可以吃到不同的东西。

春天吃点心，夏天食银苗，秋天捉螃蟹，冬天也可以吃到在温室大棚里种植的蔬菜。

除了一部分混得非常不好的宫女要承担相当繁重的体力活之外，其实有不少宫女，她们所承担的责任，就是陪伴皇帝玩乐，所以她们对自身的要求也很高。

一年四季，她们有替换的着装，春夏穿纱，秋冬为袄，宫女们不仅衣着端庄，更会保养秀发和脸部。

后宫中的女子，尤为注意头发的保养。头发或许能代表某一种男女之性，因为佛教总是要求信徒剃去头发以示斩断尘缘而四大皆空。又或者说，爱美是女人的天性，宫女虽是专制制度的产物，但她们同样拥有追求美丽的权利。

皇帝是天下的主人，是紫禁城的主宰，天启皇帝虽然放权于魏忠贤，但从本质上来说，他仍然是权力的根源。所以，宫女们入宫，无论是亭台洒扫还是陪王伴驾，都是直接或者间接地为了皇帝而存在。

平时，宫女们和皇帝最为普遍的一种消遣方式是捉迷藏，通常是一群宫女们嬉笑着躲藏起来，而皇帝则在脸上蒙住布条，寻声辨位而四处寻找。

这种娱乐方式多见于那些风流成性的帝王，而这类帝王又大多昏庸，正符合朱由校一贯的人设。

朱由校爱傀儡戏，或者通俗一点说他对戏剧有着非同一般的热情，所以他也会指挥宫女扮演成戏剧剧本中的不同人物。

扮演人物的主次和重要性与宫女们的身份地位有着明显的关系，那些更加受宠的人可以扮演剧本中的主角，而寂寂无闻的宫女，只好扮演路人甲和杂兵了。

宫女的娱乐活动，还和节气的变化有着密切的关系。

比如，立春是二十四节气中的头一个，它代表着春天来临，代表着过去一年的不顺利已经成为往事，说明皇帝可以重振心情，休养生息，与民更始。

所以无论是皇帝、臣公，还是百姓，对立春的来临总是有着莫名的情愫。

明朝皇室会举办盛大的祭祀典礼活动，祈告上天来保佑疆土内风调雨顺，而宫女们则要为这种典礼进行饮食、花卉、服装上的准备。当然这种准备是集体参与，会很快完成，而在完成后，她们难得清闲，会趁空观摩这场活动。

如清明节，宫中会举行扫墓、踏青、秋千等活动来和节日相呼应，但朱由校的张皇后素来喜静，一贯持重礼佛。张皇后最大的爱好是使用丝织品来绣出一幅一幅精美的佛像，结果上行下效，宫女们为了消磨时光，也开始在私底下大行针织，广绣神佛画像。

夏至来临时，宫女多晚睡，当然有些宫女要承担值班的工作，也没有办法太早休息，所以她们会遥望星空，把观测天文星象当成一种娱乐活动。余下如七夕、冬至、新年等，在不同的节日里，宫女们可以吃到不同的东西，穿不一样的服装，戴各不相同的饰品，玩一些很无聊但打发时光却极为有效的游戏。甚至有些宫女还会在宫中玩一种叫“走马”的纸牌，运气好的话，以此为赌注，几局下来就可赢得一个月的俸禄。

这种走马游戏在天启年间的宫廷中极为流行，不过如今已经失传了。

清朝时，每年都会进行秀女的选拔工作，已经在宫中服役的宫女，只要年满二十五岁，就有很大概率会放还民间自由生活。明时则无此成例，多数宫女十二三岁进宫，即代表了她们非死不得出的结局。

一小部分宫女因为运气等诸多原因，或许可以获得为帝王侍寝的机会，进而达到身份上的转变。而大多数宫女，则只能如上所述，百无聊赖地消磨着自己的生命，直到死去。

为帝王者，在他们仍旧活着的时候，就不惜花费巨量财富，征召大量的民工百姓流血流汗，为他们修建堪称壮观繁华的陵寝。而等到他们晏驾之时，又会有无数的奇珍异宝，甚至是嫔妃宫女为之陪葬。

落叶归根，入土为安，这是一个中国人生命中最后的请求，也是最难以拒绝的请求，就算是再贫穷的人，也希望有几块棺材板。但明时深宫中的宫女和宦官们，如老死于宫中，大都施行火葬。那些没有亲属的宫女们，将会在西直门外的安乐堂中被焚化，然后将骨灰撒入一方枯井之中。

史书上不会记载她们的名字，她们曾经真实地存在过，但她们好像又从来没有来到过这个世界上。

参考文献

1.《啸亭杂录·内务府定制》

2.《汉书·贡禹传》

3.《明史·本纪第九》

4.《明史·卷一》

5. 姜公韬 .《中国通史·明清史·第五章　明清之际》

改写历史之人，100 年出一个

公元 1661 年，清朝定都北京之后的第一位皇帝——顺治皇帝爱新觉罗·福临，驾崩了。

顺治死的时候，只有二十四岁。

对于顺治的母亲孝庄，也就是博尔济吉特·布木布泰来说，这无疑是一个晴天霹雳。

孝庄此时当然谈不上白发人，可她毕竟不到三十岁就死了老公（皇太极），这个儿子原本是她唯一的指望。尽管，他们母子之间相处得并不融洽，甚至从某种程度上来说势同水火，但毕竟人活着总是比什么都强。

可是现在，儿子一朝驾崩，天人永隔，什么情仇爱恨都突然中止，烟消云散了。

有可靠史料证明，顺治死于天花疾病。

从关外来的女真人虽然体格强壮，但对中原地区的流行病却普遍缺乏免疫力。古代没有抗生素，一旦感染天花病毒，治疗手段相当有限。

对于儿子的死，孝庄不仅悲伤，而且仇恨，当然她仇恨的是命运对她的捉弄。

当年她和姐姐博尔济吉特·海兰珠一同嫁给皇太极的时候，丈夫皇太极就独对海兰珠钟情，自己从来就没有得到过丈夫真正的爱，海兰珠死后，皇太极肝胆欲裂，悲痛不已，没过多久也去世了。

如今自己的儿子，做皇帝的时候最喜欢董鄂妃，可孝庄偏偏不喜欢她。孝庄虽不喜欢，可架不住儿子喜欢。董鄂妃薨逝之后，顺治茶不思饭不想，整天是失魂落魄，浑浑噩噩，甚至几度扬言要出家为僧。如果不是孝庄拦着，顺治帝早落发为僧了。

对于六岁就登临帝位的顺治，孝庄可以说是操碎了心。从冲龄即位，到鼎立燕京；从刀劈御座，到倾心僧禅；从红颜逝去，再到一病不起。她这个做母亲的心里该是何滋味？

这一年，孝庄还不老，她只有四十七岁。

国丧如期举行，寒冬凛冽，孝庄一身黑衣，衣袂在风中微微飘动，脸色苍白而憔悴，双手轻轻扶在紫禁城的石柱之上，指尖传来冰冷的触感。

她就那么一动不动地站着，亲眼看着宦官宫女们一件一件地把儿子生前使用过的物品投入火堆之中。

数年来她和儿子在政治上的纠缠，就如同眼前的烟尘一样，缓缓散尽。

熊熊烈火烤干了孝庄脸上的眼泪，没有人敢于直视她，更没有人看到她脸上那复杂的表情。

儿子死了，可日子还要接着往下过，顺治的儿子爱新觉罗・玄烨成了新帝，也就是康熙皇帝。玄烨八岁登基，三年之后，他的母亲也逝去了。这么一个童蒙未开的少年，孝庄作为祖母，又怎能不担负起培养孙子的重任呢？

诚然，对于其孙玄烨，孝庄倾注了无数的心血。她手把手地教育康熙，教他读书识字，劝他如何做人，怎样从国情着手理政，这些都是有史料记载的。孝庄对于康熙的教育是高强度、高频次的，康熙后来更是回忆说：朕有记忆，大概是从会走路能说话时开始的，从那时起，朕就日日受到圣母皇太后的教诲。

在祖孙长期共同生活的时间中，孝庄对康熙影响最深的，就是让康熙养成了读书的习惯。小皇帝爱书如命，嗜读成性，早上爬起来就看书，上完朝后看书，中午吃完饭后看书，晚上睡觉前还在看。有时候看得痴迷，晚上直接就不睡觉了，干脆读个通宵。

看着孙子康熙如此勤学上进，孝庄既欣慰又心疼，因而劝阻康熙说：“看你读书的劲头，哪里还像个天子，倒像是要进京赶考的读书人。”

严厉中伴随着慈爱，康熙就这么一天天长大了。

孩子长大了，总有叛逆期，可是康熙对祖母的情感却越发深厚。翻阅清朝皇帝的《起居注》可以看到，康熙几乎每天都会抽时间去向祖母请安问好，有时候是上朝之前去，有时候是散朝之后去，忙的时候一天去一趟，不忙的时候一天能去三四趟。

是啊，这个曾经跟着丈夫席卷辽东的女性，在丈夫的身上学到了不少做人和处事的智慧，这些智慧让她受用无穷。而如今时光流转，她又把自己学到的东西全都教给了年轻的皇帝，这些东西事无巨细，大到国家治理，小到个人修养，祖孙之间亦师亦友，情谊非凡。如今能看到的康熙本人发出的奏折中，有很大一部分内容是康熙向祖母请安的折子。

康熙每每外出巡视或者带兵打仗，每到一地，一定先给祖母写信，描述当地风土人情，汇报自己的所见所闻，还会贴心地把当地的一些特色美食快马加鞭地送回宫中，让祖母品尝。

一点一点地看着康熙长大成人，看着他从一个少不更事的小皇帝变成一个乾纲独断的大清帝王，孝庄真是感慨万千。

从皇帝的执政中，孝庄已经隐约看到了盛世的前奏，皇帝拿下过权臣鳌拜，治理过贵族圈地，疏浚过黄河，平定过三藩，还收复了自古就是中国领土的台湾……

丈夫皇太极已经故去四十余年，倘若他泉下有知，会为自己对康熙的教育感到骄傲吗？

是啊，上天没有赐给她一个深情的丈夫，也没有给她一个称心的儿子，可是上天很公平，补偿了一个让她满意的孙子。

当年皇太极随海兰珠故去的时候，孝庄的心就已经死了，而当正值壮年的儿子猝然崩逝的时候，孝庄更是已经变成了一具行尸走肉，虽然她并不衰老，但是她的生命早已枯萎。

对于这样一个身负王朝命运的女人来说，丈夫和儿子的先后离去，总是会从她身上带走不少的精气神，从而使她更加萎靡。

幸好还有孙子康熙，尽管已经是隔代之亲，但康熙成了孝庄生命的延续。

从关外到关内，从皇太极到康熙，孝庄已经不知道经历了多少个岁月，而现在，她的生命也走到了尽头。

公元1688年，孝庄病逝，享年七十五岁。

祖母的死，对康熙皇帝来说无疑是沉重的打击。那时康熙皇帝已经三十四岁，早已不是那个少不更事的孩子，在这个世界上和自己血缘关系最为亲近的人都离开了自己，他简直无法接受这个事实。

早在孝庄患病弥留之际，一向性格稳重的康熙难以自持，他向上天祈求，愿意以自己折寿的方式来换取祖母的身体健康，可任谁都知道，这一切无济于事，孝庄还是薨了。

面对祖母已经渐渐冰冷的尸体，皇帝匍匐坛下，涕泗交颐，不能自已。

往事一幕幕浮上心头，晴朗的早晨，阳光透过窗棂洒落在祖母那慈祥的脸上，祖母手上拿着一本古籍，正在耐心地为自己讲解；午后，祖母带着自己在御花园中散步，那里的花儿竞相开放，蝴蝶翩翩起舞；晚上，祖母会坐在床边，为自己讲述她年轻时的故事，话语中充满了对往事的怀念和对未来的期许。

孝庄病逝的半年时间里，康熙在乾清门外临时搭了个简陋的帐篷，他席地而坐，就那么一天一天地坐着，一边坐着一边流泪。

孝庄的死对康熙皇帝的刺激太大了，甚至一度影响到了皇帝的身体健康。他十分痛苦地和大臣们说，朕现在的身体情况和精神状态都不如从前了，自从太皇太后仙逝之后，朕深感心乱神迷，困惑不清，忧虑和劳累已经到了极点。你们平时对朕说过的话，给出的建议，朕当时听得真真的，可之后很快就会忘记。

在未来的漫长人生中，康熙只要提到祖母，一定会潸然泪下。康熙晚上做梦，会时常梦到祖母，醒来时总是哭湿了枕头，《大清圣祖仁皇帝实录》中更有这样的记载：

> 皇上前日与廷臣言及，辄涕下如雨，哀不自胜。

就是说，皇帝有天上朝的时候和大臣们提到太皇太后，直接涕泪横流，哀伤不能自已。

校对一下这一条记载的发生时间，那一年的康熙已经步入花甲之年，而距离孝庄逝世，也已经过了三十年整。

回到这位大清太后生命终点的时刻，我们不禁感叹，六十多年的风风雨雨，把当年天真烂漫的少女变成了老辣强硬的政治家。

在辽东，在关外，到中原，再到紫禁城，清王朝走向巅峰盛世的前奏中，她频繁地出现，到处都有她的身影。

统两朝之养孝，极三世之尊亲，这位传奇女性在弥留恍惚之间，仿佛看到了一望无际的草原，看到了天空中飞过的鸿雁，看到了丰茂的水草和成群的牛羊。

“合抱之木，生于毫末”“积水成渊，蛟龙生焉”，那时她还年轻，投入丈夫的怀抱时，她是否想过，会有这样传奇的一生呢？

而她的灵魂，又是否会穿越千百里的土地，回到科尔沁的故乡？

年轻的蒙古姑娘在篝火旁翩翩起舞，不知命运为何物，而如今，她已经成为命运的一部分。

参考文献

1.《清史稿·卷二百一十四·后妃传一》

2.《圣祖仁皇帝圣训·卷一》

3.《世祖章皇帝实录卷之五十三》

乌拉那拉阿巴亥：努尔哈赤的遗落之心

万历年间的辽东，女真人分为三大部：一是建州女真；二是海西女真；三是东海女真。

叱咤明末的努尔哈赤就是从建州女真部落里走出来的，而且后来在努尔哈赤的发展过程中，他还逐步征服了海西女真和东海女真。战争爆发的同时，一个叫阿巴亥的姑娘走入了努尔哈赤的视野。

女真分为三部，即建州、海西、东海，而其中的海西又分为四部，也就是乌拉、哈达、辉发、叶赫。

阿巴亥，是海西乌拉部的族人，她的父亲满泰在兵变中被杀害，而他的叔父布占泰则出于政治联姻的目的，将阿巴亥嫁给了努尔哈赤。当时努尔哈赤已经开始逐步统一女真三部，海西乌拉部也难免受到努尔哈赤的压力。与其把除建州女真之外的部族全都清除掉，不如将他们降服，化为自己的力量，所以努尔哈赤也没想着把乌拉部赶尽杀绝，反而先后把自己的两个侄女嫁给了布占泰。

努尔哈赤往布占泰这边送人，布占泰也不能含糊啊，也得示好于努尔哈赤，于是布占泰把自己的侄女阿巴亥嫁给了努尔哈赤。

阿巴亥七岁时失去了父母，十二岁时，在叔父布占泰的策划下，她嫁给了比自己大三十一岁的努尔哈赤。而努尔哈赤当时妻妾成群，光是妃嫔就有七位之多。

如此悬殊的年龄差距，我们很难说阿巴亥和努尔哈赤之间有什么真实情感，但是根据一些史料的记载，说十多岁的阿巴亥天资貌美，体态丰腴，长相出众，比一般的孩子要成熟得多，所以对努尔哈赤来说，这样一个女子总归还是惹人怜爱的。

而对阿巴亥来说，政治婚姻的目的往往就代表着牺牲，叔父布占泰把自己嫁给努尔哈赤，只是为了拉近他和努尔哈赤的关系，从来不会考虑自己是否幸福快乐。其实只要阿巴亥从乌拉部踏上建州的土地，她的生存或者死亡就已经没有人再关心了。

这个幼小的、稚嫩的少女的命运，要完全依靠她自己，对阿巴亥而言，她则要把命运全都寄托在丈夫的身上。

从位份来看，嫁给努尔哈赤的阿巴亥远谈不上尊贵，此时努尔哈赤的大福晋，也就是正妻富察氏仍然健在，那么阿巴亥在家庭环境中就只是一个身份低贱的妾室。

叔父布占泰所带领的海西乌拉部情况又十分复杂，因为在政治中，没有永远的敌人，也不会有永远的朋友，大家会随着个人利益的变化而对对方的态度产生变化。布占泰时而和努尔哈赤交好，时而又背叛努尔哈赤，这种情况对于阿巴亥来说是非常尴尬的，因为努尔哈赤随时有可能因为布占泰的反叛而迁怒自己，甚至将自己杀掉。

努尔哈赤是那个时代的枭雄人物，他的谋略和见识，他的胆量和智慧都是其他女真部族的首领所望尘莫及的。

在统一整个女真的过程中，努尔哈赤在战场上的表现堪称天神下凡。这个没有读过一天书，没上过一天军校的中年人使用合兵作战、分化拉拢等方式很快统一了整个女真部，当然也包括布占泰的海西乌拉部。

阿巴亥悬着的心终于放了下来，她没有为自己原生部族的消亡而感到悲伤，因为乌拉部也从来没有在乎过她，如果乌拉部的族人在乎她，又怎么会把她拱手送给努尔哈赤呢？

在这期间，阿巴亥为努尔哈赤生育了三个儿子，即十二子阿济格、十四子多尔衮，以及十五子多铎。母以子贵，阿巴亥终于不再是孤立无援的了，以后毕竟可以指望她的这三个儿子。阿巴亥的地位逐渐稳固，对努尔哈赤的大福晋富察氏来说却并不是什么好消息。

当年富察氏嫁给努尔哈赤时，也是明眸皓齿，美丽动人。从努尔哈赤依靠十三副遗甲起兵到建立后金，富察氏就管理家中大小事务，从家庭收支到军需后勤几乎都出自富察氏之手。可如今三十多个年头过去，她早已年老色衰，容颜不再，丈夫还会爱她吗？

于是，富察氏就在这样的惶恐和不安中走到了生命的尽头，据一部分史料记载，她因为害怕被丈夫抛弃，所以在宫里私藏金银，甚至偷偷把钱财转移到宫外，目的就是假使有一天努尔哈赤将她遗弃，她可以有条退路，努尔哈赤知道后震怒，便与她疏远。另有一些史料的记载则认为，富察氏是被自己的儿子莽古尔泰杀害的，原因是莽古尔泰敏锐地察觉出了父亲对母亲的厌恶。

无论富察氏究竟死因如何，她的死为阿巴亥铺就了更上一层的道路，她正式成为努尔哈赤的大福晋，成为后金声名显赫的女人。

随着一向能干而聪慧的阿巴亥成为大福晋，后金政坛上的女性活动也逐渐频繁起来。

大汗的女人们不再深居宫中，而是开始有条不紊地参与各种活动，有些妃嫔出席过女真人盛大的祭祀典礼，有些嫔妃跟随将士们开垦荒地边田，甚至有些胆子大的，自请皇命，到辽东去慰问前线的将士们。这一切当然和后宫主位阿巴亥的教导息息相关，因为努尔哈赤同样不会允许自己身边地位最高的女性成为摆设，她应该在各种场合和环境下都是一个贤内助。

多年相处，虽然年龄差距过大，但此时的阿巴亥也难免对努尔哈赤产生情感，是这个男人打乱了自己的命运轮盘，使她开始了这颠沛流离的一生，自己的祸福荣辱都和他息息相关，而随着年岁渐增，阿巴亥更为努尔哈赤的人格魅力所深深折服。

努尔哈赤对阿巴亥同样情深义重，在他所有的儿子中，努尔哈赤最喜欢的就是阿济格、多尔衮和多铎。甚至人们猜测，努尔哈赤临死前无人知晓的遗言，就是要把汗位留给多尔衮。

已经六十八岁的努尔哈赤丝毫没有意识到自己已经不再年轻，一连串的胜利让他的自信心始终保持在一个高涨的状态。征战这么多年，努尔哈赤几乎从来没有失败过，当年的萨尔浒之战就是他战争生涯的最好诠释。当他亲自率领大军想要拔除明朝在辽东地区的重镇宁远时，他也不会意识到，初出茅庐的明军将领袁崇焕将会带给他最为致命的打击。

袁崇焕在这一战中拿出了明朝仿制欧洲的红夷大炮，在后金士兵普遍配备马刀的情况下，火炮爆发出了难以想象的威力。尽管数万后金军人如蚂蚁一般密密麻麻地爬满了城墙，可在火炮爆炸的巨大能量之下，他们死伤惨重，就连努尔哈赤本人都在交战中身受重伤，最终只好撤军。

此战过后，一向骄傲的努尔哈赤在几个昼夜之间就快速衰老，病情更是进一步恶化。临死前，努尔哈赤在清河的一处温泉中疗养，当他感觉大限将至时，立刻招来大福晋阿巴亥，在对阿巴亥说出了临终遗言后，撒手归天。

四十年戎马生涯，醉心于疆场的努尔哈赤没有来得及好好看这个世界一眼，便溘然而逝。

努尔哈赤的死，对阿巴亥来说是痛苦的，已和他相持相伴这么多年，为他诞育子嗣，为他料理国事，阿巴亥怎能不因丈夫的离去而伤心？尽管，这个丈夫并不能算尽职尽责，当阿巴亥被流言蜚语缠身时，丈夫对她更是多有冷落和训斥。但在此时此刻，阿巴亥已经把自己的命运和后金王朝的未来交织到了一起，她顾不得悲痛伤心，脸上的泪水尚未抹去，就扶着丈夫的棺材急行四十里，连夜返回了沈阳。可阿巴亥想不到，在她返回沈阳之后，等待着她的却是更大的厄运。

努尔哈赤生前最为器重阿巴亥的三个儿子，任谁都知道努尔哈赤临死前召见阿巴亥无非是要让阿巴亥在三个儿子中选贤而立，择优而佐，这对努尔哈赤余下的儿子们来说当然是不可接受的。

这时，努尔哈赤的第九个儿子皇太极抓住机会，带领着几个贝勒亲逼中宫，拿出了他们事先草拟好的所谓努尔哈赤的遗诏，而遗诏的内容无非一条，那就是逼迫大妃阿巴亥殉葬。

这是赤裸裸的宫廷政变，为了谋求皇位，皇太极自然可以无所不用其极。当年为了取悦父汗，莽古尔泰可以杀掉自己的亲生母亲，如今为了争夺帝位，杀掉一个没有血缘关系的嫡母又有什么关系呢?

母亲受难，儿子们自然要出来保护母亲，可那时最年长的阿济格才不过二十一岁，势单力孤，根本就无从抗衡。

从十二岁孤身嫁给努尔哈赤开始，无论多么艰难的境地，阿巴亥都挺了过来，她曾经想过各种各样的死法，死于战争，死于疾病，死于丈夫之手，死于其他后妃的陷害，但却从来没有想过这样一种结局。

阿巴亥最终还是接受了令她殉葬的要求，她换上了盛大的礼服，带上丈夫生前赐予她的首饰，一步一步走向了死亡。而那一年，她不过才三十七岁。

生命结束之时，她从大妃、大福晋做回了孩子的母亲。因为在死前，她曾经逼着皇太极等人立下誓言，一定要善待自己的儿子。

皇太极践行了自己的承诺，在成为后金的第二任大汗之后并没有对阿巴亥的三个儿子大开杀戒，反而是给予重用。十年之后，皇太极由汗称帝，在女真人的太庙里，皇太极把自己生母的牌位供奉了起来，至于阿巴亥，虽然她是努尔哈赤正式的大妃，皇太极却并未为其设置牌位，甚至都没有被追谥为皇后。

皇太极也好，还是女真皇室也好，他们都有意无意地回避着这段历史，关于阿巴亥的过去，就这样被隐藏了起来。

又过了十四年，当时清军已经入关，定鼎于中原。皇太极的儿子福临，也就是顺治皇帝羸弱，权力一度被重臣多尔衮所架空。

形势和当年天翻地覆，多尔衮每每想起当年自己的母亲被诸位皇族活生生逼死的画面，就气不打一处来。为了补偿母亲，他直接把阿巴亥追封为皇后，并将其牌位郑重地放到了父亲努尔哈赤牌位的旁边。

大清太庙里风起风止，云卷云舒，牌位上镌刻着乌拉那拉阿巴亥的名字，似乎这样人们就能永远铭记她。

又过四个月，多尔衮骑马摔落在地，在古北口外暴毙而逝。失去儿子的庇佑之后，阿巴亥的名号再次被顺治废除，牌位也被销毁，甚至从这一天开始，有清一代的史料中都不会再记录有关阿巴亥的任何内容。

清太祖爱新觉罗努尔哈赤的牌位旁，只有香灰和尘土流转，而他生命中最重要的女人阿巴亥，好像刚刚离开，又好像从未来过这个世界一样。

参考文献

1.《清史稿·卷二百一十四　列传一》

2.《星源吉庆》见于《满文老档》

王恭妃：凤冠难掩一生哀愁

1958 年 7 月，考古学家对定陵开始了最后阶段的发掘工作。

定陵，明十三陵之一，是明神宗朱翊钧的陵寝。定陵的总体布局，呈前方后圆之形，铺地墙基，滑泽如新，无处不体现着陵墓主人的尊贵身份。作为明朝历史上在位时间最长的皇帝，明神宗的陵寝出土了不少的文物——金银玉器，珠宝衮服，古玩文物，黄衣霞帔……

而其中，有一件文物，引起了人们的注意。

这是一件凤冠，名为“三龙二凤冠”，髹漆细竹丝，翠鸟羽点墨，口衔珠宝流苏。九十五块宝石累累垂垂，三千四百二十六颗珍珠交相辉映。可谓珍贵无比、巧夺天工！

这件凤冠的主人，是明孝靖皇后王氏。然而让人难以置信的是，如此雍容华贵，堪为神品的凤冠，它的主人却从来都没有佩戴过。

这一切，还要从万历九年（1581 年）那个沉闷的夏夜开始说起。

这一年，万历十九岁，他已经做了九年的皇帝，但他仍然长期处于失权的状态。没别的原因，只是因为内阁首辅张居正管得太宽，明王朝方方面面的事宜都被他给包办了。

在张居正轰轰烈烈且大张旗鼓地改革的大环境下，大明王朝似乎在朝着一个欣欣向荣的方向发展。

谁也不知道，这已经是帝国最后的余晖，暮日的耀光。

张居正的当权，就代表了万历皇帝的失权。当然，万历也不必着急，因为这位宵衣旰食的大明首辅，还有一年，就会把自己活活累死。

不过在此之前，万历皇帝的生活还是比较苦闷的。紫禁城固然宏伟，但在皇帝看来是十分单调的。仆从和下人们当然听话，但在皇帝看来无聊。一成不变的生活，波澜不惊的岁月，没有任何惊喜和意外，万历皇帝就在这种氛围中被极大的精神寂寞所折磨。

当然，皇帝偶尔也会给自己找点乐子。

万历九年的某一天夏夜，紫禁城蝉鸣鸟叫，闷热无比，刚刚拜见完母亲慈圣皇太后李氏的万历在母亲的寝殿中偶遇了宫女王氏。万历只不过是在人群中匆匆看了王氏一眼，便一发不可收拾，当场就把宫女王氏给临幸了。

> 年长矣，帝过慈宁，私幸之，有身。（《明史·卷一百一十四·列传第二·孝靖王太后传》）

对万历来说，临幸个宫女没什么大不了的，但对被临幸的宫女王氏来说，却是十分痛苦的。因为被充入掖庭做宫女，尽管身体不自由，但精神自由是没有人能妨碍的。有些宫女可能巴不得爬上皇帝的龙床，而有些宫女，也许只想清清静静地在宫里度过余生。

后人读史，不知当时之残酷。紫禁城的阶梯之长，深宫里的氛围之冰冷，宫里的人要如何挨过每一个漫漫长夜。

宫女王氏被临幸了，按理说万历应该给人家个名分。然而十九岁的万历皇帝毕竟还是太过年轻，和母亲宫中的宫女春风一度之后，他很快感到了恐慌。这种事儿，毕竟不光彩，尤其又是发生在李太后的寝宫里。母亲会不会认为自己对她不恭敬，臣僚们会不会因此给他扣上一个轻浮孟浪的帽子，首辅张居正又会不会因此而小题大做，训斥自己一顿？万历慌了神，他穿上裤子拍拍屁股，二话不说就走了。

皇帝想要当作什么事情都没发生过，然而在明王朝那个随时随地都会有人给皇帝写起居注的时代里，这事儿是很难这么敷衍过去的。

> 宫中承宠，必有赏赉，文书房内侍记年月及所赐以为验。时帝讳之，故左右无言者。(《明史·卷一百一十四·列传第二·孝靖王太后传》)

明朝的规定是，皇帝如果在宫里私幸了女子，应当赏赐或者留件信物，然而万历生怕这事儿被别人知道，所以什么也没给，直接就走了。万历一走，宫女王氏也害怕啊，因而这事儿她也没敢和别人说。

可天下事明镜高悬，“若要人不知，除非己莫为”。

几个月之后，王氏的肚子就大了起来。她怀孕了，怀上了万历的龙种。宫女王氏是李太后的贴身宫女，李太后一看，这黄花大姑娘怎么会有了身孕呢？立刻责问王氏，让她给个说法。

宫女王氏不敢隐瞒，只好一五一十地道出实情，说肚子里怀的是龙种。李太后听完，转怒为喜，顿时笑逐颜开，喜上眉梢。她立刻叫来儿子万历对峙，没想到万历说什么都不承认有这回事，愣是把责任推得一干二净。

万历耍赖，李太后却早有准备，李太后命人取来起居注，再摆到万历的面前。万历拿起来一看，起居注里记载了皇帝临幸宫女王氏的事情，且事无巨细，描写清楚，不能作伪。

铁证如山，万历这回老实了。谎言被戳破，万历扑通一声跪了下来，一句话也说不出来了。万历以为李太后肯定要臭骂他一顿，教育他做皇帝应该检点，然而他怀着忐忑的心情左等右等，最终却等来了这么一句话：

> 吾老矣，犹未有孙。果男者宗社福也。(《明史·卷一百一十四·列传第二·孝靖王太后传》)

我已经老了，还没有孙子。如今王氏有孕，如果是个儿子，那就是祖宗社稷的福分啊。

万历听完一撇嘴，表示王氏只不过是个宫女，身份卑微，怎么配做我的女人，又怎么配给皇家诞育子嗣呢？皇帝毕竟还是年轻，这句话刚说出来，他就觉得有点不太对劲。他猛然发现，自己已经落到了李太后提前设好的套里。他这句话刚说完，来不及补充和解释，李太后立刻斩钉截铁地说：

> “母以子为贵，宁分差等耶。”（《明史·卷一百一十四·列传第二·孝靖王太后传》）

宫中素来母以子贵，孩子出生如果是男孩，那么他就是庶出的长子，你嫌弃王氏地位太低，那很简单，封她做妃子，把她的身份地位抬上去不就行了吗？

就这样，在万历皇帝极不情愿的情况下，宫女王氏一跃成为皇帝的女人，成为大明恭妃，她的人生也由此发生了改变。

当然，这一场并不协调的婚姻，也成了恭妃悲惨命运的开始。

熟悉历史的朋友们应该知道，万历皇帝一生中最宠爱的女人，是九嫔之一的郑贵妃。郑贵妃是万历皇帝一生所爱，万历爱她爱到了骨子里，郑贵妃要星星，万历就绝不会给月亮，郑贵妃要万历上九天揽月，万历必然不敢下五洋捉鳖。所以就算是王恭妃后来给万历诞下皇子，万历依然对王恭妃很不待见。

王恭妃生的这个儿子，叫朱常洛。

万历有皇后，但皇后没有儿子，皇后没有儿子，就代表皇帝没有嫡子，皇帝没有嫡子，那么朱常洛作为庶长子就等同于实际意义上的嫡长子，是最有资格继承帝位的人选。

然而，万历对王氏母子并不上心，也没有把大明江山留给朱常洛的意思，反而在郑贵妃的怂恿之下，一直想要把郑贵妃的儿子朱常洵立为储君。

明王朝的宗法继承制度遵循八个大字——“有嫡立嫡，无嫡立长”。

无论是要立嫡子还是立庶子为储君，都要严格遵守一个原则，那就是立年长者。

朱常洵虽受皇帝待见，为皇帝所喜爱，但他是庶出第三子，而朱常洛虽不得皇帝宠幸，但他却是庶长子，是最为合情合理且合法的继承人。

这么一弄，矛盾就来了。

万历皇帝想要立朱常洵为储君，但满朝文武则坚决反对，认为皇帝应该遵守祖制，立庶长子朱常洛为储君。

这场君与臣之间的争论旷日持久，各执一词，两方居然僵持了整整十五年。

为了把庶三子推上皇位，万历可以说是把吃奶的劲儿使了出来。他亲自逼退首辅四人，开除正部级官员数十人，处罚了朝廷和地方要员三百余人，凡是跟皇帝唱反调的，要么罢官，要么贬职，实在不行就先收监再廷杖，最后再流放三千里。可一批一批的官员处理下去，朝廷里仍然是反对声不断，拥立朱常洛为储君的官员们更是成倍增长。但即便如此，万历还是不愿意妥协，最后还是皇帝的母亲李太后出马，才将这事儿给摆平了。

> 外廷诸臣多说该早定长哥，如何打发他？（《先拨志始》）

李太后就问了，朱常洛是庶长子，明明白白的帝国继承人，你怎么老是拖着不立呢？

> 道他是都人的儿子。（《先拨志始》）

万历当然也委屈啊，他表示不是我不立朱常洛，而是因为朱常洛的母亲王恭妃是宫女出身，身份太低，我实在是觉得丢人。

万历话说完，李太后勃然大怒，立刻斥责道：

> “你也是都人的儿子！”（《先拨志始》）

你万历也是宫女生的！

原来，李太后当年也并非名门之后，而是宫里泥瓦匠人的女儿，严格意义上来讲是宫里的闲杂，连宫女都算不上，论出身比王恭妃还要低。你瞧不起王恭妃，那是不是就更瞧不起我李太后?

此言一出，万历皇帝哑口无言，只好硬着头皮把朱常洛立为了太子。

子为储君，按理说王恭妃的日子应该好过很多，因为随着朱常洛地位的提高，王恭妃也再次升级成了皇贵妃。

然而，王恭妃的地位越来越高，她的生活却越来越糟糕。

按理说，万历可以不爱，但也不应该伤害。可万历不仅毫不关爱王恭妃，甚至将王恭妃软禁在景阳宫中，不允许朱常洛和母亲见面。

万历这一生一事无成，前十年生活在张居正的恐惧之下，后十年一个张居正死了，但千千万万个张居正却站了起来。管他这个，管他那个，连自己要把江山社稷留给谁也要管。所以无疑，万历对明王朝的官僚们是愤恨的，对明王朝的官场生态是失望的，对母亲李太后对他一次次的逼迫也是反感的。这样的负面情绪万历皇帝无从消化，所以他干脆乱发脾气，把自己的阴暗情绪发泄到了这对可怜的母子身上。

朱常洛贵为储君，万历却从来不给他安排教授文化的老师，给他的一应吃穿用度也是最少的。面对庶六子朱常洵，万历慈眉善目，是一个慈祥的父亲；而面对朱常洛，万历只有训斥和指责。可以说，朱常洛从来没有从这位大明天子的身上得到过父爱，就如同她的母亲王恭妃也从来没有从明神宗朱翊钧的身上，体会过半点丈夫的温情。

她是你的女人，为你诞育了子女；她是大明的恭妃，她谦虚谨慎；她质朴纯真，尽到了为人妻子应该尽的所有责任。

万历啊万历，你何至于要这样对她呢？你为什么要将她如犯人一样囚禁呢？

始建于永乐十八年（1420 年）的景阳宫，是内廷东六宫之一，也是东西六宫中条件最差、最冷清的院落。万历没有为王恭妃配置仆从和下人，堂堂大明皇妃，她栖身于景阳宫中时，陪伴她的，只有一床破旧的被褥。

紫禁城墙秋风瑟瑟，白玉阶上严霜闪闪，王恭妃就这样和外界失去了所有的联系。她吃不上一口热乎的饭，喝不上一口干净的水，不仅如此，还时常会被由郑贵妃唆使的宫女太监们冷嘲热讽，各种欺辱。

定陵开挖的时候，人们在这位王恭妃的棺椁内发现过一柄银壶，制式古朴，造型简单，并不是什么贵重的器物。银壶上标注了它诞生的时间，是大明万历壬午年制。万历壬午年，那一年宫女王氏刚刚被册封为恭妃。

这说明什么，这说明从那一年到王恭妃去世，她一直在使用这件器具。这么多年来，除了封妃之外，她竟然没有得到过半点赏赐。而面对这一切，王恭妃只能默默忍受。

她知道这一切很不公平，但是即便不公平，又能怎么样呢？

也许王恭妃也曾经感到愤慨，可愤慨改变不了她和儿子朱常洛的命运，哭泣和悲伤也无法让生活变好。

据《酌中志》记载：

万历二十九年春，光庙移居慈庆宫，从此母子睽隔不相见，惟监拥护保卫之功为多……

十多年来，朱常洛没有机会见到自己的母亲，也不被允许到景阳宫里去探望。万历三十九年（1611 年），景阳宫传出消息，王恭妃身体欠佳，已经处于弥留之际。恭妃濒死之际，万历仍不允许朱常洛前去看望。太子朱常洛没有办法，只能跑到父亲万历的面前不停地叩头，声泪俱下，这才换来了一次探望的机会，或者说是送别母亲的机会。

他踉跄着身子跑到景阳宫中，却发现宫门反锁，根本打不开。没有办法，朱常洛只能央求景阳宫外的宦官们帮他破门而入。走入深宫，朱常洛终于见到了母亲。

王恭妃老了，脸上满是皱纹，身上更是长了不少的褥疮。因为思念儿子，长期流泪，王恭妃已经哭瞎了双眼。她穿着一身破旧的、打满补丁的衣服，几番摸索，抚摸着朱常洛的脸庞，终于确定了这是自己的儿子。母子二人抱头痛哭，弥留之际的王恭妃对着朱常洛说出了她生命中的最后一句话：

儿长大如此，我死何恨！（《明史·卷一百一十四·列传第二·孝靖王太后传》）

我的儿子已经长大成人，我可以安心死去，没有遗憾了。话罢，王恭妃气绝身亡。

三十年前，在深宫中和万历皇帝的一场邂逅，改变了这个普通宫女的命运，而如今景阳宫里最后的诀别，定格了这位大明恭妃传奇的一生。

生前如此凄惨，死后万历对王恭妃的丧事更是丝毫不放在心上，下葬时不过放了一些银制器物，连一块金锭都没舍得放进去。甚至，万历皇帝都不愿意派人去看守王恭妃的陵寝。这个可怜的女人，就连死后都没有得到过丈夫的尊重。

万历驾崩之后，明光宗朱常洛即位，称泰昌皇帝。朱常洛满打满算干了一个月也驾崩了，皇位又落到了朱常洛的儿子明熹宗朱由校的头上。

朱由校，是王恭妃的孙子。这位少年天子登基伊始，感慨父亲和祖母的遭遇，特地专门制作了精美的陪葬品放到了王恭妃的陵寝之中，以弥补当年恭妃在世时的凄苦遭遇。而这些陪葬品中，就有我们刚才提到的“三龙二凤冠”。王恭妃被朱由校追封为“孝靖温懿敬让贞慈参天胤圣皇后”，这凤冠自然符合她的身份。

现如今，这件凤冠安安静静地陈列在故宫博物院中，葳蕤摇飏，熠熠生辉，罗纱髹漆，默默诉说着往事。

只可惜，凤冠虽美，但她却终其一生，都没有佩戴过。

参考文献

1.《酌中志》

2.《明史·卷一百一十四　列传第二·孝靖王太后传》

3.《明史纪事本末卷六十七》

4.《先拨志始》

5.《万历野获编·卷三　宫闱　恭妃进封》

6.《春明梦余录》

孝穆纪皇后：活着遭罪，死了封神

万历二年（1574 年），明朝大臣于慎行发现了一件了不得的事情。

于慎行，字可远，山东东阿（今平阴）人，进士出身。万历二年（1574 年），他正在翰林院里做编修，主要的工作是修撰上一位皇帝明穆宗朱载坖的实录。修史除了要参考前人留下的书面材料之外，还需要在宫里宫外走访过去那些亲历者，只有这样，编修才能写出更加鲜活、生动及具有较高真实性的历史。

因为工作原因，于慎行在宫里结识了一个老宦官。

这个老宦官对穆宗时代的事情所知不多，他给于慎行讲了一个成化时期的宫廷秘闻。

老宦官说，明宪宗成化皇帝朱见深曾临幸宫女纪氏，之后纪氏便有了身孕，经种种周折才生下了朱祐樘。

我们知道，朱见深算是痴情帝王，在后宫里专宠万贵妃。万贵妃飞扬跋扈，当然不能允许宫里的其他女子为皇帝诞育子嗣。因为万氏没孩子，别的嫔妃也好，宫女也好，若是跟皇帝亲近，怀了龙种，且生下龙子，那么便可以母以子贵，到时候万氏的日子就不好过了。

万贵妃危机意识很强，知道了这个消息之后，就千方百计地给纪氏堕胎。万贵妃先派出无名氏宫女一枚，又派出了一个叫张敏的宦官，然而不知道是宫女太监良心发现还是纪氏太有人格魅力，被万贵妃派出去堕胎的人反而纷纷反水，倒过来开始帮助纪氏。

宫女们自发加入养育朱祐樘的大军之中，而太监张敏则对万贵妃谎称孩子已经被杀掉，实则是把孩子安全转移到了深宫中的一处隐秘之地继续抚养。

后来朱祐樘越长越大，藏是藏不住了，再说也不可能藏一辈子，恰好这个时候张敏也从万贵妃的内侍岗调走，转到了皇帝朱见深的身边。张敏当机立断，把纪氏怀上龙种、诞下皇子，并且已经被宫人抚养长大的事情悉数告诉了皇帝。

朱见深对新得了个儿子颇为震惊，他已经不记得自己临幸过宫女纪氏这回事儿了。

老宦官说纪氏是被临时指派伺候皇帝的，但是《明史》中的记载则更为具体：

> 成化中征蛮，俘入掖庭，授女史，警敏通文字，命守内藏……帝偶行内藏，应对称旨，悦，幸之，遂有身。

纪氏并非以选秀的身份入宫的宫女，而是战俘家属，属于战乱之中被充入掖庭的，身份比较悲惨。但是纪氏人聪慧，很能干，所以她在宫里干了一段时间的苦力之后就被调到内库去做了女史。内库，相当于朱见深的私人仓库，而女史，相当于是私人仓库的管理员。也正因为如此，大概是朱见深到仓库里存取东西的时候，偶然发现了纪氏，皇帝一看这模样不错，人也有气质，所以临时起意就把纪氏给临幸了。

"普天之下莫非王土，率土之滨莫非王臣"，别说紫禁城里的一人一物、一草一木本质上都属于皇帝的私产，就是这莫大天下的一切，朱见深也是要什么就有什么。所以，对纪氏来说，这种突如其来的临幸她无从拒绝，更不能反抗，她只能默默承受。

对于纪氏来说，她的命运齿轮在这一刻开始转动，她的人生轨迹从这一刻也开始改变，但对皇帝来说，这事儿简直如家常便饭一样稀松平常，约等于什么也没发生。

朱见深不会记得纪氏是谁，也不会记住这件事，所以当张敏把这种事儿捅出来之后，朱见深异常震惊。后来皇帝一验证，朱祐樘果然是自己的孩子，他高兴坏了，立刻把朱祐樘从深宫里接了出来，封为储君，顺手也把纪氏封了妃子。

事情到这里基本上算是圆满了，但是总归有一个人是不满意的，这个人就是万贵妃。仔细想一想，万贵妃也挺惨的，被一个宫女欺骗了不要紧，被一个太监欺骗了也不要紧，可是蓦然回首，万贵妃发现，整个紫禁城上到嫔妃贵人，下到宫女宦官，大家竟然合起伙欺瞒自己。

因为，在长达五六年的养育朱祐樘的过程中，几乎有成百上千的宫女宦官参与其中，他们有钱的出钱，有力的出力，抚养朱祐樘的同时，还要严防死守这个秘密，到后来甚至连朱见深的第一任皇后吴氏都参与抚养朱祐樘。

吴氏为什么被称作第一任皇后呢？因为吴氏当时是废后，已经没了位份。她被废黜皇后位份的原因也非常离奇，那就是吴氏做皇后的时候，实在是气不过朱见深专宠万氏，于是就在宫里把万氏给打了一顿，结果朱见深勃然大怒，直接废黜了吴氏的皇后之位。

如果说吴废后养育朱祐樘的原因是和万贵妃有仇的话，那么这些前赴后继的宫女宦官们帮助纪氏和朱祐樘这娘俩的动机，可就实在是让人难以捉摸了。

纪氏虽然被皇帝临幸过，但皇帝转头就把这事儿给忘记了，所以纪氏虽然生下了皇子，但她当时只是个普通宫女，帮助她能得到什么？当然是什么也得不到。

襁褓之中的朱祐樘就更不用说了，生下来就是黑户，一辈子躲躲藏藏，能不能长大，能不能成年还得两说，养育这么一个孩子，又能得到什么？答案是同样的，什么也得不到。

并且，这些人不仅什么都得不到，反而还会因此承担巨大的风险，因为他们一起欺瞒万贵妃，一旦事发，他们肯定是没有好果子吃的。

所以，这些宫女宦官们的动机，长久以来一直让人百思不得其解，人们好奇他们为什么费力不讨好，为什么不趋吉避害反而要铤而走险，为什么不从眼前的利益出发，要做出这种毫无回报的举动？

其实，这个答案很简单，那就是他们虽然是奴婢，是下人，是历史河流中微不足道的小角色，是王朝治乱兴衰过程中的一粒粒尘土，但他们的身上，却存在着人性中最为耀眼的光辉——善良。

孔子曰“成仁”，孟子曰“取义”。

处在人类社会的环境中，面对一件事情，我们的第一反应往往是这件事儿我可不可以做，但其实，我们真正要叩问自己的，其实是我们应不应该做。

善良，可以解释他们的一切所作所为。

甚至，他们在决定这样做之前，就已经想到了自己的结局。

朱祐樘做了储君，纪氏成了妃子，万贵妃可以说是当场红温，不久之后就动用各种手段把一众宫女宦官、皇妃纪氏全都害死了。

想想吧，从一出生开始，朱祐樘就没有名字，他如风中浮萍，每天过着东躲西藏的生活，干净的水、一顿饱饭之于他都是奢望，他甚至不曾见过外面的世界。而这一切都是拜万贵妃所赐，因为万贵妃不会允许他存在，如果万贵妃在皇帝之前发现了朱祐樘，朱祐樘必死无疑。

但是，就是在这样艰难困苦的环境中，纪氏拼了命地养育朱祐樘长大，更赖以如宦官张敏那样无数的好心人帮助，朱祐樘才活了下来。然而万贵妃最终还是毁掉了这一切，逼死张敏，害死母亲，按理说，朱祐樘和万贵妃应该有深仇大恨才对。

当然，朱祐樘当上皇帝时，万氏早就薨了。但是就算万氏薨了，万氏也有身后之名，万氏背后更有家族，皇帝想要清算，那是轻而易举的。

魏征死后，太宗曾经推倒了他的坟墓；张居正死后，万历也褫夺了张江陵的一切功名。

孝宗在位的时候，就有大臣建议他褫夺万氏贵妃的谥号，更有官员进言将万氏背后的族人全都下狱处死。总之，新账旧账一起算，因为有不少史料和传闻都把皇帝母亲纪氏的死指向了万氏，然而，孝宗叫停了这一切。他保留了万氏的尊荣，优待万氏背后的亲族家眷，甚至不允许继续调查母亲当年真正的死因。

朱祐樘从小到大没有被善待过，可正是由于他从来没有被善待过，他对善良才尤其敏锐，他才比一般人更能识别善良，更加懂得善良待人的可贵之处。

命运以痛吻我，我却报之以歌。

明朝的皇帝，有些个性鲜明，行为独特。比如，孝宗之子武宗朱厚照，他的生活颇为放纵，时而出关或下江南，时而沉迷于宫中的娱乐活动。

武宗是孝宗的独子，孝宗对这个儿子尤为宠爱，任由他各种玩闹。在武宗的眼里，父亲孝宗只是一个没脾气的老头。

但是武宗不知道，人和人，哪怕是父与子，也是不一样的。

武宗在最好的时代里，虚度光阴，而当年的孝宗，则在最坏的时代里，洗尽铅华。

参考文献

1.《孝宗敬皇帝实录·卷五》

2.《明史·卷一百一十三》

3.《后妃传》

4.《大明宪宗纯皇帝实录·卷一百四十七》